全国职业院校公共课教材

生涯规划与就业创业

SHENGYA GUIHUA YU JIUYE CHUANGYE

蒋乃平 杜爱玲 编著

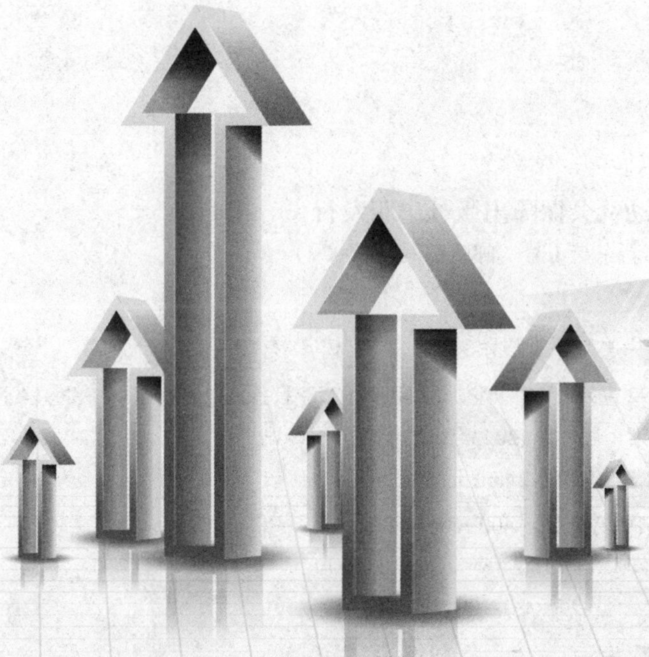

中国劳动社会保障出版社

图书在版编目(CIP)数据

生涯规划与就业创业 / 蒋乃平，杜爱玲编著. -- 北京：中国劳动社会保障出版社，2018

ISBN 978-7-5167-3645-6

Ⅰ. ①生…　Ⅱ. ①蒋…②杜…　Ⅲ. ①职业选择-职业教育-教材
Ⅳ. ①G717.38

中国版本图书馆 CIP 数据核字（2018）第 298432 号

中国劳动社会保障出版社出版发行
（北京市惠新东街 1 号　邮政编码：100029）

*

三河市华骏印务包装有限公司印刷装订　新华书店经销

787 毫米 ×1092 毫米　16 开本　15 印张　258 千字
2018 年 12 月第 1 版　2023 年 12 月第 13 次印刷

定价：29.00 元

营销中心电话：400-606-6496
出版社网址：http://www.class.com.cn
http://jg.class.com.cn

版权专有　侵权必究

如有印装差错，请与本社联系调换：（010）81211666

我社将与版权执法机关配合，大力打击盗印、销售和使用盗版图书活动，敬请广大读者协助举报，经查实将给予举报者奖励。

举报电话：（010）64954652

引言

编者寄语

每个人都有理想和追求，都有自己的梦想。跨进职业院校的你，正处在人生中最美好的青春时光。青春，是多梦的年华，是一个人生命含苞待放、最有活力的时期，意味着进取，意味着上升，蕴含着巨大希望。

人的一生，是寻梦的一生、追求的一生，青年时代尤为如此。

请你记住：只要有期盼、有理想、有梦想，通过不懈追求，勇往直前，你终究会在通向成功的路上发现那些美丽的风景。在遭遇中奋起，在绝境中重生，提升自我，努力前行。最终你会感谢努力的过程，因为它不只是给你带来了成功，也教会了你许许多多人生哲理，让你获得人生的幸福。

人生是一场自我完善的修行，所有的经历，无论悲喜，都是为塑造更完美的自己。待那时，即使青春不再，年华已逝，也终究会遇见最美的自己。

职业生涯规划是对未来职业发展道路的设想和谋划。生涯规划与就业创业这门课，是帮助你学会怎样构筑自己的梦，怎样实现自己的梦，让你有梦、追梦、圆梦的课；是协助你发现、捕捉发展机遇的课；是帮助你确定发展目标、发展措施，并督促自己落实于行动的课；是为你就业、创业，即走好职业生涯第一步提供咨询的课；是引导你自我完善、塑造“将来的你”的课。学好这门课，你就学会了怎样织梦、怎样追梦，就会提醒你自己为圆梦付出努力。

这本教材分五个单元十四课，全书各单元之间、单元内各课之间，环环相扣，相互衔接。

第一单元“职业分类与生涯发展”，帮助你认识职业、了解职业理想。第二单元“了解个性与正视自我”帮助你从职业的角度了解自己，为主动适应职业对从业者的要求做准备。前两个单元是为学习第三单元“发展目标与措施制定”服务的。

在学习第三单元第一课以后，你就能在捕捉发展机遇的基础上，用长远目标、阶段目标搭建出追梦蓝图的框架，绘制自己的职业生涯发展路线图，把“我的梦”与“中国梦”结合起来。第二课学习职业素养、劳模精神、工匠精神、创新能力、学习能力等内容，并对创新能力的关键——创新思维做了专门介绍，这既能让你为自己的职业生涯发展找到方向、树立标杆，也能为你学习第三课即制定发展措施做准备，更能帮助你在今后的职业生涯发展过程中成为创新人才。第三课则是通过措施制定与规划管理，协助你在找出“现在的我”与“将来的我”区别的基础上，按照“前细后粗”的原则，把各阶段的发展措施制定出来。再把前两个单元的必做练习即“职业生涯规划”的“零部件”拿出来，与第三单元各课的必做练习“组装”起来，就是一份具有个人特点的职业生涯发展蓝图。最后，按照第三单元给出的“职业生涯规划各要素应达到的标准”“一份完整职业生涯规划应有的内容和格式”，修改、完善自己的职业生涯规划。

第四单元“角色转换与求职准备”和第五单元“创业精神与创业准备”，是第三单元的延伸，目的在于帮助你认识首次就业是职业生涯发展的起点，创业是职业生涯的飞跃，并在这种认识的基础上进一步修改、完善、调整自己的发展蓝图。

前三个单元的学习过程，就是你怎么织梦的过程，其学习成果就是具有个人特色的“我的梦”即职业生涯规划方案，相当于期中考核。后两个单元的学习过程，是你进一步修改、完善职业生涯规划方案的过程，其学习成果就是你最后完成的追梦蓝图，这应该就是你期末考核的答卷。在自评的基础上，请同学和老师为你提些修改建议并为你的蓝图评分。学的过程就是做的过程，在做的过程中还要有实现梦想的行动指南和追梦动力。因此，本教材各课“思考与体验”里注明“此题必做”的题，你可真的要动脑、动笔哟。

生涯规划与就业创业这门课不但要在“学中做”“做中学”，还要在“做中考”，这与其他课程有点不一样。你觉得这门课有意思吗？愿你能为自己的未来，好好学习这门课，不但要争取在期末得个高分，而且在平常的学习过程中逐渐形成为美好未来拼搏向上、撸起袖子加油干的动力，产出一份助你美梦成真的行动指南。

时光流逝，时代进步，万物更新，作为一个学生，你必须珍惜在校学习的大好时光，认认真真地学习每一门课，并在学习过程中注重学习能力的提升和职业素养的培养，以防被时代抛弃。学习很累，你可能在想：我要自由，不学习多爽！我们往往在某个时刻，觉得自己很不“自由”。但是你是否明白，今天的“不自由”，正是为了向明天真正的自由过渡。请别迷失自己！你想过吗？在日新月异的当今时代，在学校不但要学知识、练技能，更要学会学习。因为不会学习，就无法终身学习。不能终身学习的人，在竞争激烈的社会里必将被淘汰，只能在一旁看着成功者继续攀登，而你只能掩面哭泣。历史车轮滚滚向前，时代潮流浩浩荡荡。在人人渴望成才、人人努力成才、人人皆可成才、人人尽展其才的新时代，历史只会眷顾坚定者、奋进者、搏击者，而不会等待犹豫者、懈怠者、畏难者。

有些人总是不珍惜今天的生活，而去幻想明天未曾得到的幸福。悔恨是人生的愚蠢，也是人生的悲剧。当“自由”过头的时候，不幸便会降临。什么时候能学会活在当下、珍惜现在，什么时候你就寻到了人生的支点。

职业生涯规划犹如青春倒计时器，像唤醒自己该为新的一天奋战的闹钟，提醒自己起身为圆梦而行。提升自我，无论是外在的形象，还是内在的修养；提升自我，无论是性格的完善，还是能力的提升；提升自我，无论是心态的养成，还是意志的磨练，都能缩短你与成功的距离。梦想从学习开始，事业靠本领成就。让青春畅游在书的海洋，你会其乐无穷；让青春飞翔在追梦的天空，你会自信自强。当你用你现在的所获，再去绽放青春的礼花时，你会发现此时的青春，多么快乐幸福，在你的整个生涯里是那样多彩绚丽。

“少壮不努力，老大徒伤悲。”当你步入社会以后，不要因为自己在学生时代的碌碌无为而悔恨；当你面对自己的孩子时，不要因为自己在青年时代的一事无成而羞愧。只要你从现在做起，为将来付出努力，你就能有一个光辉灿烂的未来。这本书不仅是教材，而且能够成为伴随你职业生涯发展始终的好参谋、好朋友。

恰同学少年，风华正茂。你要有“天生我材必有用”的信念，勤字当头，为了自己的梦想，不惧艰险，努力前行。要把远大的抱负落实到实际行动中，让勤奋学习成为青春飞扬的动力，让增长本领成为青春搏击的能量。只有这样，“现在的你”，才能为“将来的你”留下最甜最美的回忆。

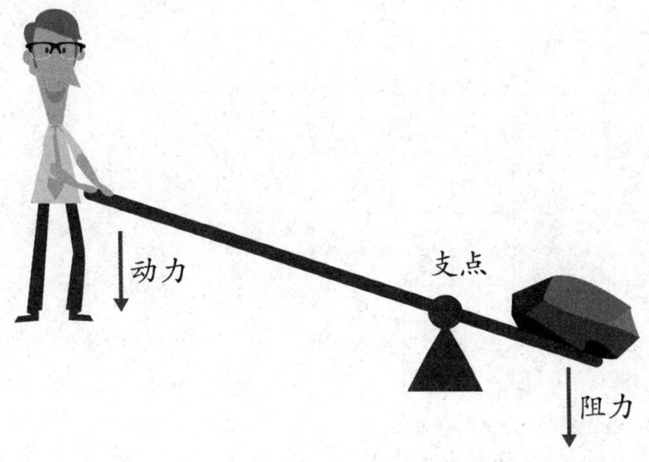

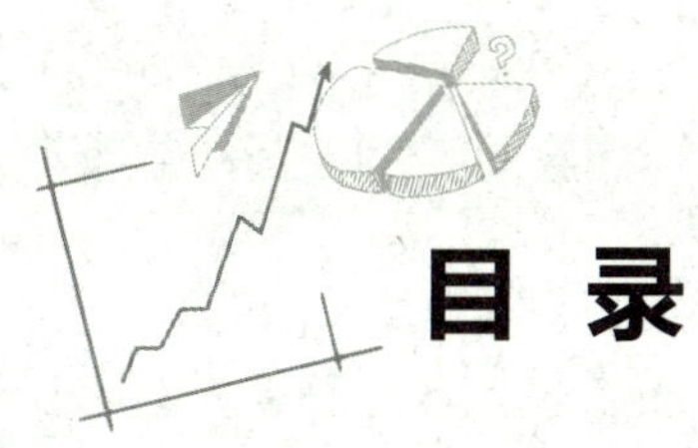

目录

第一单元 职业分类与生涯发展

第二单元 了解个性与正视自我

第三单元 发展目标与措施制定

第四单元 角色转换与求职准备

第五单元　创业精神与创业准备

第一单元
职业分类与生涯发展

学习要点：

1. 理解职业内涵及其与生涯发展的关系，了解行业分类、职业分类、职业资格、技术等级，形成职业院校学生应有的职业意识。

2. 了解科技进步对职业演变的影响，了解职业生涯的横向和纵向发展方向以及纵向发展的三条路径，形成“三百六十行，行行出状元”的信念。

3. 理解职业理想是生涯发展的动力，理解职业理想与生活理想、社会理想之间的辩证关系，了解职业理想的要素和特点。理解终身学习和爱学习、会学习对职业生涯可持续发展的重要作用，并落实在学习能力训练的行动中。

第一课　职业与职业分类

了解职业，并从职业的角度了解自己、了解社会，才有可能有一个可持续发展的职业生涯，才有可能把握自己的未来。

一、职业与生涯发展

1. 职业的内涵

职业是人们在社会中所从事的、有稳定收入的工作。职业既是人们谋生——在社会中生存、发展的手段，也是人们实现人生价值、为社会做贡献的舞台。

人世间的美好梦想，只有通过诚实劳动才能实现；发展中的各种难题，只有通过诚实劳动才能破解；生命里的一切辉煌，只有通过诚实劳动才能铸就。

——习近平

有稳定收入是职业这种特定的劳动区别于其他劳动的关键要素。收入稳定是指工作有一定的连续性。一位教师偶尔发表作品，有稿酬收入，不能说他从事了写作的职业。

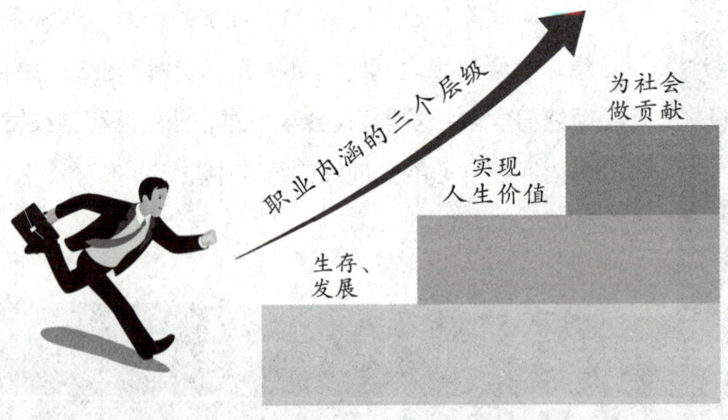

收入应该合法，有些人从事的是非法活动。例如，走私贩私、贩卖毒品、制造假冒伪劣产品的人，会侥幸获取巨额暴利，但他们的收入违反了国家的法律、法规要求，给国家、社会、人民的生活造成了损害，必将会受到法律、法规的制裁。

2．职业与生涯发展的关系

生涯即一个人一生的经历，可以分为三大阶段：从业准备阶段、从业阶段和从业回顾阶段。人的一生不但主要在从业过程中渡过，而且也依靠从业获取收入来维持个人及其家人的衣、食、住、行等。其实，开始职业生活以前，即处于从业准备阶段的儿童和青少年，以及颐养天年，即处于从业回顾阶段的老年人，与职业生涯也有千丝万缕的联系。

从出生开始一直到完成学业，在开始从事某种职业以前，均属于从业准备阶段。该阶段按照年龄和学习内容，可细分为职业认知、职业试探、职业选择、职前准备四个既有区别又相互交融的时期。在这一阶段，不但要依靠从业人员的收入得以生存，而且几乎所有的活动都是围绕为从业做准备而展开的。从业准备阶段夯实的基础和选择的方向不同，不仅意味着职业生活的起点不同，也意味着生涯发展的方向、潜力不同。

从业阶段即职业生涯，是人生的主要阶段。在现代社会中，一个正常人总是要就业的。从个人角度看，人们对职业有三种基本需求：一是维持并提高物质生活的需求，通过从事职业活动取得报酬，满足衣、食、住、行等方面的需求；二是满足精神生活、实现人生价值特别是发展个性的需求，在物质生活水平大大提高的今天，人们的这种需求越来越强烈了；三是承担社会义务的需求，即通过从事职业活动，尽到自己在社会分工中应尽的职责，满足为祖国、为人民多做贡献的需求。不同的人，对这三种需求的期望不一样，但多数人追求的是多重满足——既希望为社会多做贡献，又希望个人的物质、精神需求得到满足。从业阶段中这三种需求的满足程度，反映了生涯发展的程度；同时，这个阶段中不断积累、不断提升、不断发展的活动过程，反映了生涯发展的主要过程。

从业回顾阶段，指退休或不再从事职业活动以后的阶段，是生涯发展的最后历程。此阶段与职业的关系主要表现为三方面：一是发挥余热，继续从事某种职业活动，以逐渐完成从从业阶段到从业回顾阶段的过渡；二是依靠从业阶段的积蓄，以及通过社会保障得到的回馈，即以从业阶段对社会的贡献而得到的医疗、养老方面的福利，安度晚年；三是通过写作、聊天、讲授等多种形式，回顾以往的职业生活，并以此影响未来年轻人的职业发展。如果说，从业准备阶段对职业能力的养成主要是通过“正式”渠道即在校学习进行的，那么，从业回顾阶段则通过“非正式”渠道影响着一代又一代即将从业或已经从业的人们的发展。

案例

今天挣的钱，为明天上新台阶打基础

王安在职业院校学习时就为自己订了一个就业“五年计划”：用五年时间，先运用在校学到的本领给别人打工，积累经验和资金，然后自立门户，自己当老板。毕业后，王安来到深圳一家合资的汽车修理公司，从打下手干起，直到成为能独当一面、精通技术、小有名气、收入颇丰的修理工。在修车的过程中，他不但钻研修理技术，而且十分留意老板和其他管理人员怎样待人接物，怎样让顾客成为回头客，怎样进行成本控制、质量监管等。

在灯红酒绿、车水马龙的深圳，收入不菲的他，避开了高消费的诱惑，省吃俭用，节省开支，存下了一笔钱。五年后，他辞去工作，购买了一些设备，租房办起了自己的汽车修理厂。当上老板的他，不但勤于管理、精打细算，而且注意新车型尤其是电动清洁能源车型的特点，努力钻研技术，经常鏖战于修理第一线，还把每一位顾客敬若上宾，设身处地地为顾客着想，为顾客保养汽车出谋划策，赢得了众多回头客。一年后，他又用赚来的钱，增添设备，增加雇员，扩大了经营规模。现在的他，正在盘算着怎样用现有资产抵押从银行贷款，增加一个修理门店，实施修理厂的“五年发展规划”。

启示

“一口吃不出个胖子”，人的一生要靠自己一步步走出来。走得好与坏，在于自己是否有实事求是的发展目标，是否通过诚实劳动做出了踏踏实实的努力，是否能通过诚实劳动来破解发展中的各种难题。人有追求，有理想，有梦想，才有动力，才会有发展，才能铸就生命中的辉煌。

3. 职业与社会发展的关系

职业具有明显的社会性。每种职业都有其特定的社会责任，承担特定的生产或服务任务，从业者通过自己的职业履行公民对社会应尽的义务。“我的梦”是个人的人生梦、事业梦。一个个人生梦、事业梦的实现，就能促进整个中国梦的实现。这既说明了“我的梦”与“中国梦”之间的关系，也精辟地解读了职业与社会发展的关系。

把人民对美好生活的向往作为奋斗目标，依靠人民创造历史伟业。

——习近平

有职业和职业活动的存在，才构成了当今的人类社会。职业活动是人们社会生活中居首要地位的活动，成千上万种职业构成了现代文明社会的复杂结构，不同的职业分工成为个人与社会联系的纽带；职业活动创造出的物质和精神财富，是社会存在和发展的基本条件；职业活动是经济社会运转的主要内容，是社会进步的动力，从业者乐业、勤业，各行各业正常运转和不断发展，是社会发展的基础和前提；职业活动是保证社会稳定的重要手段，就业是民生之本，人人有其业，生活来源有保证，社会才能稳定。人们通过职业活动为社会创造价值，做出贡献，推动社会整体运转和前进，创造历史伟业。

从业者的成功是经济社会发展的动力。众多从业者在自己的岗位上勤学苦练、奋力拼搏，通过创新性劳动走好职业生涯的每一步，经济社会发展就快。经济社会发展得快，就会创造更多的就业岗位，为更多的人创造就业机会，为从业者增加劳动报酬，为从业者及其家人提高物质和精神生活水平奠定基础。社会发展和人的发展都依托于各种职业的正常运转，经济社会与个人通过职业互动，通过职业活动得到发展。

人生价值是自我价值和社会价值的统一。人是社会的人，每个人的劳动都是社会总劳动中的一部分，人只有通过交换各自的劳动才能满足人的生存需要。在实现自我价值的过程中，又体现为为他人服务，为社会、为国家、为创造历史伟业做贡献，从而实现其社会价值。

二、行业分类与职业分类

行业分类和职业分类是一个动态的社会现象，世界各国都会随着经济社会发展，对其进行调整、完善和补充。

1. 产业和行业分类

产业是国民经济活动最基本的类型。国家统计局1985年根据联合国的划分标准，把我国产业分为三大产业：第一产业、第二产业、第三产业。第一产业包括农业、林业、牧业、渔业、水利业；第二产业包括工业和建筑业；第三产业是指第一、第二产业以外的服务和流通两大类，主要有流通部门、生产生活服务部门、文化科学教育部门、社会公共服务部门等。

行业是指从事相同性质的经济活动的所有单位的集合。采用经济活动的同质性原则划分国民经济行业，即每一个行业类别都按照同一种经济活动的性质划分，而不是依据编制、会计制度或部门管理等划分。我国《国民经济行业分类》国家标准于1984年首次发布，又分别于1994年、2002年、2011年、2017年进行了四次修订。从修订时间的间隔来看，我国行业类别变化的速度有越来越快的趋势。

2017年发布的《国民经济行业分类》，是按照国际通行的经济活动同质性原则划分的，同时也立足我国国情，及时、准确地反映了我国经济新常态和产业结构转型升级涌现出来的新产业、新业态、新商业模式。该分类共分有20个行业门类、97个大类、473个中类、1380个小类。与2011年发布的《国民经济行业分类》比较，门类没有变化，大类增加了1个，中类增加了41个，小类增加了286个。详见表1–1。

表1–1　2017年发布的《国民经济行业分类》中的20个行业门类及其代码

代码	行业门类	代码	行业门类
A	农、林、牧、渔业	K	房地产业
B	采矿业	L	租赁和商务服务业
C	制造业	M	科学研究和技术服务业
D	电力、热力、燃气及水生产和供应业	N	水利、环境和公共设施管理业
E	建筑业	O	居民服务、修理和其他服务业
F	批发和零售业	P	教育
G	交通运输、仓储和邮政业	Q	卫生和社会工作
H	住宿和餐饮业	R	文化、体育和娱乐业
I	信息传输、软件和信息技术服务业	S	公共管理、社会保障和社会组织
J	金融业	T	国际组织

2. 职业分类

职业分类是指以工作性质的同一性或相似性为基本原则，对社会职业进行的系统划分与归类。我国的职业分类主要体现在由人力资源社会保障部、国家统计局等部门联合组织编制的《中华人民共和国职业分类大典》（以下简称《大典》）中。此《大典》主要依据《中华人民共和国劳动法》中“国家确定职业分类，对规定的职业制定职业技能标准，实行职业资格证书制度”的相关规定，于1999年正式颁布，2015年进行了修订。

职业是动态的社会现象。随着时间的推移和技术的进步，客观反映经济发展和科技进步的职业结构也发生了相应的变化，产业结构的调整在职业领域也引起了相应反响。一批新职业如雨后春笋般涌现，需要补充纳入《大典》；一些传统职业在新技术引进后其职业活动内容发生了很大变化，《大典》中原有的职业定义及工作内容表述需要修订和更新；一部分职业已经或正在消失，需要删减。1999 年版《大典》，将我国职业归为 8 个大类、66 个中类、413 个小类、1838 个细类（职业）；2015 年版，调整为 8 个大类、75 个中类、434 个小类、1481 个细类（职业）。与 1999 年版相比，8 个大类不变，增加了 9 个中类、21 个小类，减少了 357 个细类（职业），并对所有类别的信息描述做了修订、完善。细类总数虽有减少，但其中新增了 347 个细类（职业）。详见表 1–2。

表 1–2　1999 年版、2015 年版《大典》中相关分类的数量变化比较　（单位：个）

大类（大类名称按修订后的 2015 年版表述）	含中类数		含小类数		含细类数	
	1999 年	2015 年	1999 年	2015 年	1999 年	2015 年
第一大类：党的机关、国家机关、群众团体和社会组织、企事业单位负责人	5	6	16	15	25	23
第二大类：专业技术人员	14	11	115	120	379	451
第三大类：办事人员和有关人员	4	3	12	9	45	25
第四大类：社会生产服务和生活服务人员	8	15	43	93	147	278
第五大类：农、林、牧、渔业生产及辅助人员	6	6	30	24	121	52
第六大类：生产制造及有关人员	27	32	195	171	1119	650
第七大类：军人	1	1	1	1	1	1
第八大类：不便分类的其他从业人员	1	1	1	1	1	1
小计：	66	75	413	434	1838	1481

新增职业之一：动车组制修师

2015 年版《大典》中新增的职业包括“网络与信息安全管理员”“快递员”“文化经纪人”“动车组制修师”“风电机组制造工”“音像制品复制工”等。许多新职业的产生，本身就蕴涵着巨大的就业潜力，成为就业岗位的增长点。以快递行业为例，这个近年来随着电子商务而兴起的职业，在 1999 年版《大典》中并不存在，新版《大典》中新增了快递工程技术人员、快递员和快件处理员 3 个职业、13 个工种。

2015 年版《大典》中取消的职业包括“收购员”“平炉炼钢工”“凸版和凹版制版工”“唱片工”等。有一些职业为适应形势开始调整和转化，如“光盘复制工”“市话测量员”“话务员”等职业由于社会发展和科技进步等原因，被相应调整和转化为“音像制品复制工”“信息通信网络测量员”“呼叫中心服务员”等。

小资料

职业分类增加绿色职业标识

2015 年版《大典》中增加了绿色职业标识，共标示 127 个绿色职业，并统一以“绿色职业”的汉语拼音首字母“L”为标识。本次修订借鉴发达国家经验，结合我国实际，对具有“环保、低碳、循环”特征的职业活动进行研究分析，将部分社会认知度较高、具有显著绿色特征的职业标示为绿色职业。这是我国职业分类的首次尝试，旨在注重人类生产生活与生态环境的可持续发展，推动绿色职业发展，促进绿色就业。绿色职业活动主要包括：监测、保护与治理、美化生态环境，生产太阳能、风能、生物质能等新能源，提供大运量、高效率交通运力，回收与利用废弃物等领域的生产活动，以及与其相关的以科学研究、技术研发、设计规划等方式提供服务的社会活动。如环境监测员、太阳能利用工、轮胎翻修工等职业。

小资料

《大典》中的职业编号及其内涵解读（以车工为例）

车工在《大典》中的编号是 6-18-01-01，“6”指车工属于职业分类中的第 6 大类“生产制造及有关人员”，“18”指车工属于本大类第 18 个中类“机械制造基础加工人员”，第一个“01”指车工属于“机械制造基础加工人员”5 个小类中第 1 个小类“机械冷加工人员”，第二个“01”指车工属于“机械冷加工人员”12 个职业中排序第 1 位的职业。

“生产制造及有关人员”是《大典》大类中的第 6 大类，《大典》把此大类定义为：从事产品生产及设备制造、矿产开采、工程施工和运输设备操作的人员及有关人员。此大类分为 32 个中类：农副产品加工人员，食品、饮料生产加工人员，烟草及其制品加工人员，纺织、针织、印染人员，纺织品、服装和皮革、毛皮制品加工制作人员，木材加工、家具与木制品制作人员，纸及纸制品生产加工人员，印刷和记录媒介复制人员，文教、工美、体育和娱乐用品制作人员，石油加工和炼焦、煤化工生产人员，化学原料和化学制品制造人员，医药制造人员，化学纤维制造人员，橡胶和塑料制品制造人员，非金属矿物制品制造人员，采矿人员，金属冶炼和压延加工人员，机械制造基础加工人员，金属制品制造人员，通用设备制造人员，专用设备制造人员，汽车制造人员，铁路、船舶、航空设备制造人员，电气机械和器材制造人员，计算机、通信和其他电子设备制造人员，仪器仪表制造人员，废弃资源综合利用人员，电力、热力、气体、水生产和输配人员，建筑施工人员，运输设备和通用工程机械操作人员及有关人员，生产辅助人员，其他生产制造及有关人员。

“机械制造基础加工人员”是《大典》中的中类，属于第 6 大类“生产制造及有关人员”。《大典》把“机械制造基础加工人员”定义为：从事工件冷加工、热加工、表面处理及工装工具制造的人员。

其中“机械冷加工人员”这个小类，包括车工、铣工、刨插工、磨工、镗工、钻床工、多工序数控机床操作调整工、电切削工、拉床工、下料工、铆工、冲压工 12 个职业。

《大典》对每个职业都有简明扼要的定义和工作描述，还列举了归属于此职业的类似工种。例如，把车工定义为：操作车床，进行工件旋转表面切削加工的人员。

车工的主要工作任务为：

1. 安装夹具，调整车床，定位与装夹工工件；

2. 选择、刃磨、安装刀具；

3. 操作车床数控系统，进行人机之间指令和提示等信息交流；

4. 操作车床，进行工件内外圆柱面、端面、锥面、圆孔和螺纹等型面的切削加工；

5. 使用量具，进行制件精度检验及误差分析；

6. 维护保养机床和工装。

本职业包含但不限于下列工种：数控车工。

3. 行业分类与职业分类的区别

行业分类与职业分类有质的区别，其分类依据不同，应用范围也有很大区别。行业分类是按照经济活动的同质性原则进行划分的，有关文件主要由统计部门组织制定，主要应用于计划、统计、财政、税收、工商等国家宏观管理中对经济活动的分类，并用于信息处理和信息交换。职业分类按照工作性质的同一性或相似性划分职业，有关文件主要由人力资源社会保障部门组织制定，主要应用于经济信息交流、就业服务、人口统计、职业培训和职业指导，以及职业技能鉴定和职业资格标准制定等领域。通俗来讲，行业是针对“单位”所从事的主要“经济活动”而言的，职业是针对“人”所从事的“工作”而言的。

职业与行业之间又是相互交叉的。一种职业可能存在于一个行业之中，也可能存在于多个行业之中。例如，电工这一职业，既存在于“电力、热力、燃气及水生产和供应业”这一行业门类中，也存在于采矿业、制造业、建筑业、住宿和餐饮业、房地产业、金融业等多个行业门类中。

4. 专业与职业

职业院校的专业主要是根据社会、生产分工需要而划分的。职业院校的专业设置以就业为导向，具有明显的技术性和职业性。各专业都有各自的教学计划和培养目标。其专业设置，在分类上从宽到窄分为专业大类、专业、专业方向三级。专业大类及二级类命名相对稳定，三级名称灵活；同一名称的专业，不同地区、不同院校有不同的侧重与特点。

专业和职业既有区别，又密切相关。任何专业，都对应着某个职业群，甚至若干个相关的职业群。职业群一般由基本操作技能相通，工作内容、社会作用以及从业者所应具备的素养接近的若干个职业所构成。职业群主要有横竖两种划分方式：横向划分，即相通的职业存在于不同的产业或者行业中，如计算机专业、财会专业、机加工专业对应的职业群，广泛分布于国民经济的多个产业之中；纵向划分，即同一职业存在于同一行业若干个不同的岗位及其可能晋升的职务上，如保安专业所对应的职业群包括押运业务保安、巡逻业务保安、场所业务保安、守护业务保安、消防业务保安等，汽车专业所对应的职业群包括汽车制造、汽车维修、汽车检测、汽车销售等。

职业院校的专业不等同于职业，即它不与社会职业一一对应，却又与社会职业有着非常紧密的联系。这主要体现在四个方面：一是专业划分基础为一组具有一致性的相关职业的职业能力，包括基础理论知识和技术应用能力等；二是以达到具有一致性的相关职业的职业能力与工作资格为专业培养目标；三是专业教学过程的实施与相关的职业劳动过程、职业工作环境和职业活动空间具有一致性；四是学生对专业的选择与其对将来从事职业的社会地位和社会价值的判断相一致。

职业院校学生由于已经专业定向，其毕业面临第一次职业选择时，一般可有三种选择：一是毕业后在所学专业对应职业群中选择岗位直接就业，在职业实践中不断提升自己的业务水平；二是边工作、边学习，在工作中提升实践能力，通过业余学习提升学历；三是先升学，从所学专业出发选择升学方向，取得高一级学历后再就业。

三、职业资格与职业等级

按照职业资格标准全方位提升自身素养，依照技术等级标准制定攀升台阶，是职业院校毕业生职业生涯可持续发展的重要保证。

1. 职业资格

职业资格是指从事某一职业所必备的学识、技术和能力的基本要求。职业资格由国家相关部门通过学历认定、资格考试、专家评定、职业技能鉴定等方式进行评价，对合格者授予国家职业资格证书。国家职业资格证书是劳动者具有从事某一职业所必备的学识和技能的证明。

没有证，可干不了这个

2017年，人力资源社会保障部印发《关于公布国家职业资格目录的通知》，确定职业资格分为两大类：专业技术人员职业资格有59项（准入类36项、水平评价类23项），技能人员职业资格有81项（准入类5项、水平评价类76项）。

有证，才能证明你的技能水平

准入类职业资格，其所涉及职业（工种）必须关系公共利益或涉及国家安全、公共安全、人身健康、生命财产安全，且必须有法律法规或国务院决定作为依据。简言之，准入类职业必须持证上岗，

考证就等于拿“饭碗”。

水平评价类职业资格，其所涉及职业（工种）具有较强的专业性和社会通用性，技术技能要求较高。水平评价类职业资格标志持证者的水平和业务能力，与用人单位认定其薪酬水平相关，与能否上岗无关，即此类职业不强调必须持证上岗。简言之，只要用人单位认可，会干就能上岗。

职业资格目录明确了国家职业资格范围、实施机构和设定依据。目录之外一律不得许可和认定职业资格，目录之内除准入类职业资格外一律不得与就业创业挂钩。目录接受社会监督，保持相对稳定，实行动态调整。新设职业资格应当遵守《国务院关于严格控制新设行政许可的通知》规定并广泛听取社会意见后，按程序报经国务院批准。行业协会、学会等社会组织和企事业单位可依据市场需要自行开展能力水平评价活动，但不得变相开展资格资质许可和认定。

2. 职业资格等级

（1）技术人员的技能等级

技能等级是用以衡量技术人员的业务水平和工作能力，并据以确定其技术水平的统一尺度。它根据各工种的技术复杂程度、劳动繁重程度和责任大小，规定技术等级的数目，以及各个等级具体的技术要求，对应相应级别的职业资格证书。原有的技能等级证书，已经并入职业资格证书，不再单独颁发。有的大型企业为了给员工定岗定级，自己组织考试，只评级，不发国家职业资格证书。职业院校多数专业的毕业生需获取对应技能等级的职业资格证书。

高级技师：能够熟练运用专门技术和特殊能力在本职业的各个领域完成复杂的、非常规性工作；熟练掌握本职业的关键操作技术，能够独立处理和解决高难度的技术难题；在技术攻关方面有创新，能组织开展技术改造、技术革新活动；能组织开展系统的专业技术培训；具有技术管理能力。

技师：能够熟练运用专门技术和特殊能力完成复杂的、非常规性的工作；掌握本职业的关键技术，能够独立处理和解决技术难题；在技术方面有创新；能组织指导他人进行工作；能培训一般人员；具有一定的技术管理能力。

高级工：能够熟练运用基本技术和专门能力完成较为复杂的工作，包括完成部分非常规性工作；能够独立处理工作中出现的问题；能指导他人进行工作或协助培训一般人员。

中级工：能够熟练运用基本技能独立完成本职业的常规工作；在特定情况下，能运用专门技能完成技术较为复杂的工作，能够与他人进行合作。

初级工：能够运用基本技能独立完成本职业的常规工作。

一家企业的老总感慨万千：为什么进口元件在国内组装的产品不如国外原装产品的质量好，其中一个重要原因就是国内进行组装的技术工人水平不如国外的高。另一位外企老总毫不掩饰地说："争夺中国现有的技能人才，是使产品质量占领制高点的关键要素之一。"

案例

难觅的磨具钳工

上海磁悬浮列车需要制作一个关键零部件，结果找遍了上海市也没有合适的人能够解决这个难题，最后是在长春的一家合资厂里找到了合适的技术工人李荣，他是一名磨具钳工，具体工作是装配压铸模具，主要是为汽车发动机、变速箱等零部件做模子。即使在制造业发达国家，许多工序都可以用机器代替，唯有模具装配这个环节必须用手工，李荣干的正是这个"手工"。按照国家职业标准，李荣属于钳工中的高级技师。在技术工人的发展阶梯上，李荣已经站到了宝塔的顶端。

启示

对企业而言，资本是财富，是企业安身立命之本；对个人而言，技能是财富，是一个人生存之本。技能和财富的对接过程，是一名职业院校学生的成长过程。经济社会的发展给当代职业院校学生提供了机遇，只有像李荣这样具备了优秀职业素养的人，才能接受工作的挑战。

（2）专业技术人员的职称等级

专业技术职称分正高级、副高级、中级、初级四级，不同的专业系列有本系列的专门称谓。例如，高等学校把教师的四级职称分别称为教授、副教授、讲师、助理讲师；中小学教师职称名称依次为正高级教师、高级教师、一级教师、二级教师和三级教师。有些职称系列分五级，但最后两级相当于分四级中的初级。例如，工程技术人员分为教授级高级工程师、高级工程师、工程师、助理工程师和技术员五级，其中助理工程师、技术员相当于高等学校的助理讲师。职

小资料

2016 年 7 月，在公务员系列中增加了专业技术类公务员、行政执法类公务员两个子系列。专业技术类公务员职务，由一级总监至专业技术员分十一个层次，对应十八个级别。行政执法类公务员职务，由督办至二级行政执法员分十一个层次，对应十七个级别。

业院校部分专业对应的岗位可获取专业技术人员职业资格证书。比如，会计专业。

凡是有职业资格准入要求的职业，必须首先取得职业资格，才能参加技能等级、专业技术职称的考核评选。即技能人员、专业技术人员在取得准入类职业资格证书以后，才能经过考核在技能等级、专业技术职称上逐步晋升。

（3）公务员级别

公务员指各级国家行政机关中除工勤人员以外的工作人员。报考省级以上政府工作部门的公务员应具有大专以上文化程度，报考市（地）级以下政府工作部门的公务员，其文化程度由省级录用主管机关规定。国家公务员的职务分为领导职务和非领导职务，领导职务从国务院总理至办事员分十二个层次，对应十五个级别。

3. 学历文凭与职业资格证书

学历是一个人学习的经历，表明一个人在某所学校学习某类专业，是毕业还是肄业。职业资格证书是对劳动者达到某一职业所要求的知识和技能标准的认证。

不同职业对学历有不同的要求，国家有关部门也明确规定学历认定是获得职业资格证书的必要条件。我国实行九年制义务教育，因此，获得职业资格的起点学历是初中学历。有些职业要求更高的学历，比如，获取专业技术人员职业资格证书的起点学历是中专，取得省级以上政府工作部门的公务员职业资格，应具有大专以上文化程度。

学历并不等于能力。在现实的职业生活中，学历高的人能力并不一定高，学历低的人能力并不一定低。中央电视台播出的《大国工匠》栏目报道的技能拔尖人才，有不少人的学历不高。当然，学历不高并不等于不学习、没知识，有些人是靠自学成才达到某个层次的同等学力，甚至更高，如那些学历不高的大国工匠以及著名的数学家华罗庚，都是自学成才的典范。

当前，职业资格证书制度越来越受到社会的重视。随着职业资格证书制度的实施，越来越多的人在完成正常学业的同时，参加相关的职业资格证书的考试考核，做到一专多能。

4. 职业资格证书与职业竞争力

随着技术进步的加速，用人单位对复合型人才的需求大幅度增加，对从业人员职业素养要求越来越高，特别是对实用型人才的需求不但讲究“适用”，而且追求“效率”“效益”。从人力成本的角度看，有多个职业资格证书的毕业生，往往受到青睐。例如，想在星级宾馆、度假村、大型娱乐健身场所之类的工程部竞争职位，如果既有相应专业的学历证明，又持有与电工、制冷、电器维修、管工、电梯，乃至网络维护等方面的职业资格证书，哪怕其中有些是初级的，也会成为用人单位争相聘用的技能人才。

学生取证既需要投资，又需要投入相当的精力和时间，所以多取证不等于乱取证。职业院校学生应分两步走来决定自己的取证种类和级别：第一步，确定应取证书的种类，根据自己所学专业和求职意向，在众多证书中选择，哪些是必取的，哪些是选取的；第二步，确定每种证书的级别，求职主方向的证书级别应在中级或中级以上，辅方向为中级或中级以下，能取得“入门”资格就行。

用职业资格证书来证明自己的能力

我国倡导的“一带一路”已经开始走向世界，青年人“走出去”的机会越来越多。你想取一个国外的职业资格证书，想“走出去”到国外就业吗？一些跨国公司有自己的职业资格证书，我国也引进了一些。这些证书不仅在境外就业时有用，对在国内的外资企业、合资企业求职也大有裨益。不过，取这些证书需要更多的投入，职业院校学生在选择这些证书时，一定要认真分析投入产出比，了解此类证书对自己求职就业的实际作用，更要注意组织相关培训的机构，是否通过了人力资源社会保障部职业技能鉴定中心下设的国际证书协调办公室的审核，防止上当受骗。

思考与体验

1. 你所学专业对应哪些职业？你希望毕业后从事什么职业？上网搜索或到图书馆借阅最新版《中华人民共和国职业分类大典》。学学怎么使用《大典》，再在《大典》中搜索查找自己希望从事的职业，查一查这个职业的编码、名称、职业定义和职业描述以及归入该职业的工种组成。认真看看《大典》中对这个职业的基本活动描述，思考一下自己已符合哪些要求，还有哪些方面需继续做出努力？还可从《大典》里找找有哪些职业与自己喜欢的职业相近，想想这些职业能纳入你毕业时的择业范围吗？

2. 请阅读下面2017年版《国民经济行业分类》中的部分行业类别。你听说过这些行业吗？能从行业的称谓中粗略地知道这些行业是干什么的吗？主要从事什么经济活动？想一想哪些行业与自己现在的生活有关？哪些行业今后可能会与自己的生活有关？里面有与你职业生涯发展可能有关的行业吗？

※ 农、林、牧、渔业门类中的种子种苗培育活动、畜牧良种繁殖活动、畜禽粪污处理活动

※ 采矿业门类中的海洋石油开采

※ 制造业门类中的生物质液体燃料（生物燃油）生产、生物质致密成型燃料加工、基因工程药物和疫苗制造、特种玻璃制造、工业机器人制造、特殊作业机器人制造、增材制造装备制造、新能源车整车制造、高铁车组制造、可穿戴智能设备制造、智能车载设备制造、智能无人飞行器制造、服务消费机器人制造

小资料

增材制造(Additive Manufacturing, AM)俗称3D打印，是融合了计算机辅助设计、材料加工与成形技术，以数字模型文件为基础，通过软件与数控系统将专用的金属材料、非金属材料以及医用生物材料，按照挤压、烧结、熔融、光固化、喷射等方式逐层堆积，制造出实体物品的制造技术。与传统的、对原材料进行切削、组装的加工模式不同，这是一种“自下而上”通过材料累加的制造方法，从无到有。这使得过去受到传统制造方式约束而无法实现的复杂结构件制造，变为可能。

近二十年来，AM技术取得了快速发展，“快速原型制造”(Rapid Prototyping)、“三维打印”(3D Printing)、“实体自由制造”(Solid Free-form Fabrication)之类各异的叫法分别从不同侧面表达了这一技术的特点。

※ 电力、热力、燃气及水生产和供应业门类中的生物质能发电、海水淡化处理

※ 建筑业门类中的节能环保工程施工、核电工程施工、风能发电工程施工、太阳能发电工程施工

※ 批发和零售业门类中的互联网批发

※ 交通运输、仓储和邮政业门类中的公共自行车服务、多式联运

※ 住宿和餐饮业门类中的民宿服务、露营地服务、外卖送餐服务

※ 信息传输、软件和信息技术服务业门类中的互联网生产服务平台、互联网生活服务平台、互联网科技创新平台、互联网公共服务平台、其他互联网平台、互联网数据服务、物联网技术服务、地理遥感信息服务

※ 金融业门类中的小额贷款公司服务、消费金融公司服务、网络借贷服务、创业投资基金、天使投资

小资料

天使投资（Angel Investment），是权益资本投资的一种形式，是指个人或机构出资协助具有专门技术或独特概念的原创项目或小型初创企业，进行一次性的前期投资。天使投资人又被称为投资天使（Business Angel）。

天使投资平台，是天使投资人与创业者聚合交流的一种形式，大量的天使投资人和创业项目同时在平台出现，使得交流对象众多，是项目快速成交的好方式。天使投资平台分为线上、线下以及两者结合等几种形式。

※ 租赁和商务服务业门类中的园区管理服务、商业综合体管理服务、供应链管理服务

※ 科学研究和技术服务业门类中的工业设计服务、新能源技术推广服务、环保技术推广服务、三维（3D）打印技术推广服务、创业空间服务

※ 水利、环境和公共设施管理业门类中的土地管理业

3. 试一试，从数字中发现问题，练练思维能力。查看本课“二、行业分类与职业分类”中表1—2“1999年版、2015年版《大典》中相关分类的数量变化比较”中的数字对比时，你有想法吗？与同学们议议，从数字中可以想出些什么？能从中看出点门道的同学，多半是爱思考、知识面广、分析能力强的人。

4. 根据自己所学专业和求职目标，确定自己必取、选取的职业资格证书种类和级别。可上网搜索人力资源社会保障部《关于公布国家职业资格目录的通知》（人社部发〔2017〕68号），查阅其中技能人员准入类、水平评价类职业资格都有哪些。（此题必做）

（1）查找所学专业对应职业群中的职业，有哪些有国家颁布的职业资格标准？这些职业资格，哪些属于准入类，哪些属于水平评价类？

（2）查找这些职业资格标准的分级情况。

（3）这些职业资格标准中，理论知识和操作技能要求的范围和主要特点是什么？

（4）结合本人和所学专业实际，制订一个取证计划表，落实取证所需要的措施。

取证计划

	取证名称	取证等级	取证时间	取证措施（学习计划）
必取				
选取				

第二课　职业演变与人才观念

一、科技进步与职业演变

1. 技术革命对职业演变的拉动

职业是社会分工的产物。原始社会末期，畜牧业、手工业与农业的分工，以及商品交换的出现，人类社会产生了最初的职业。在18世纪以前，由于科技发展比较缓慢，社会分工和职业发展总的来说速度也比较慢。据史料记载，我国春秋战国时期把职业分为士、商、农、工四大类，私营手工业职业约35种；唐朝才有36行的说法；到宋代也只有72行360余种职业；360行之说已是明代的事情了。

到了18世纪，由于科学技术的进步、生产工具的改革和社会化大生产，生产力得到空前的发展，劳动专业化程度、技术水平的提高使社会分工和职业分化进入了高速发展时期，出现了成千上万种职业。

职业总是在不断地分化和演变，科学技术进步对职业演变有重大影响和推动作用。在科技进步拉动下形成的生产力发展，是导致职业分化和演变的根本原因。随着社会生产力的发展，大规模的机器生产细化了职业分工。经济繁荣发展和人们生活水平提高，使职业在生产方式、工作类型、服务内容上产生了一系列变化。

从科技领域来说，18世纪以来，人类社会经历了三次技术革命：以机械为主导的第一次技术革命，开始于18世纪60年代，其主要标志是蒸汽机的广泛应用；以电力为主导的第二次技术革命，发生在19世纪70年代，其主要标志是电力的广泛应用；以信息为主导的第三次技术革命，发生在20世纪40年代到50年代，其主要标志是电子计算机的诞生、原子能的利用、空间技术的广泛应用等。每次技术革命都起源于某一两项具有根本性和强大带动性的重大技术的突破，引发出新的技术体系的建立和新的产业升级。三次技术革命和三次产业升级，将人类社会由农业社会推进到工业社会，创造了人类社会的现代文明。

从近年来的科技进步看，第四次技术革命已经悄然到来。以人工智能、量子信息技术等为主的全新技术革命，也必然引发新一轮技术体系建立和产业升级。

职业随着科技进步、社会发展不断地新陈代谢，不停地淘汰和产生。每次技术革命都大幅度拉动了生产力发展，使生产方式产生了质的变化，促进了职业演变，即老职业的淘汰和新职业的产生以及传统职业的内涵更新。正如马克思所说，机械方面的每一项重大发明都使分工加剧，而每一次分工的加剧也同样引起了机械方面的新发明。此外，社会制度和管理制度的变革也促使一些职业演变，人们物质生活水平的提高也会促使直接为其服务的职业的产生和发展。

2. 职业演变的趋势

随着科学技术的发明和广泛应用，科技转化为生产力，促成了现代职业迅速演变，每次新的产业革命必然伴随着职业的重新组合和大批新职业的产生。未来职业发展的趋势，在社会分工、职业类型、职业内涵等方面都会有明显特点。

在社会分工上，随着社会生产力的发展、科学技术的进步必然导致社会分工越来越细。任何一种产品，都不会是某一个劳动者的劳动成果，而是许多劳动者分工合作完成的，随之而来的是职业分工也越来越细、越来越专。社会对职业的专业技术水平要求越来越高，因此，对劳动者的素养提出了更高的要求。这也必然造成第一产业与第二产业的人数相对减少，第三产业的人数大量增加。

在职业类型上，随着科技进步，进入信息化和知识经济时代，与信息传播有关的计算机技术应用和与智能化有关的职业将得到发展，与人民生活水平提高和需求旺盛有关的文化教育、卫生保健、休闲娱乐、旅游有关的职业会有很大发展。此外，社会生产力的发展、科学技术的进步必然导致体力劳动的减少，脑力劳动的增加。体力劳动脑力化，即职业的技能化加强。劳动密集型产业逐渐向知识密集型转变，随之带来的是各种就业单位对单纯体力劳动者的需求将明显减少。

在职业内涵上，职业的智能化和综合化越来越强。社会生产力的发展、科学技术的进步必然导致职业之间知识的相互重叠，要求从业人员的素养越来越全面，要求人们具备较宽的知识面和多种技能，具有较强的环境适应性、处理人际关系和终身学习的能力。

在实现中华民族伟大复兴的进程中，我国坚持以信息化带动工业化，以工业化促进信息化，走出一条科技含量高、经济效益好、资源消耗低、环境污染少、人力资源优势得到充分发挥的新型工业化路子，按照统筹城乡发展、统筹区域发展、统筹经济社会发展、统筹人与自然和谐发展、统筹国内发展和对外开放的要求，建立促进经济社会可持续发展的机制。这种机制也将促进职业演变。

3. 新时代急需高技能人才

生产技能在经历了“经验型技能”“技术型技能”这两个阶段后，在知识经济飞速发展的今天，“知识型技能”开始发挥越来越大的作用。所谓知识型技能，就是在新的生产条件下，人们把科学知识、科学原理和科学方法直接运用到生产活动中，创造出现实产品或提升服务的能力。在很多情景下，这种能力表现为以熟练的心智技能为基础的实际动手操作能力。此外，由于现代科学的各个分支互相渗透，生产服务的综合化、技术技能的相互交叉叠加，产生了一批掌握多种技能的复合型高技能人群。如机电一体化人才、综合服务一体化人才，以及新兴的创意和操作一体化人才，他们是生产的中坚力量，在新兴的、知识型的产业中他们甚至将成为生产的主体。

高技能人才具有较高的知识层次、较强的创新能力，是熟练掌握心智技能的知识型技能人才，形象地说，就是既能动脑又能动手的复合型技能人才。从能力结构来看，高技能人才是具有较高心智和一定操作技能的工作群体；从产业结构来看，高技能人才是在制造业中创造产品、服务业中提供核心价值的专门人员；从社会分工中所处的位置来看，高技能人才是生产或服务领域的技术领军人物，是一线生产或服务岗位上的骨干。

二、纵向发展与横向发展

对于职业院校学生的职业生涯发展来说，其发展方向可以分为横向发展和纵向发展。

1. 横向发展

横向发展往往能为职业生涯发展带来机会。职业院校学生职业生涯的横向发展，主要表现为两方面：一是首次就业时拓展择业面，选择适合本人个性的职业；二是今后可能的转岗甚至“跳槽”，出现新的发展途径。例如，计算机及应用专业的毕业生，既可以到计算机公司当职员，从事计算机及相关软硬件产品的销售工作，系统集成工程项目的施工及有关技术支持工作，软硬件的售前、售后客户服务与咨询工作，用户初级培训工作等；也可以到制造业企业当技术工人，从事计算机控制机器设备的操作、测试、维修工作；还可以到机关、企事业单位任职，承担计算机机房的操作、管理和维护工作，办公室相关信息处理、打字等操作工作；还可以任职专业技术类公务员、行政执法类公务员。

即使是一些针对性很强的专业，也可以按自己的个性特点择业、转岗。例如，有关汽车制造与维修专业的毕业生，可以在汽车制造、汽车维修、汽车检测、汽车销售、汽车驾驶、交通运营等多种岗位中进行选择或转岗。

在转岗或跳槽时，要谨慎选择，一要尽量选择与自己所学专业相关的职业。例如，中文导游转为外语导游，虽然身份仍为导游，收入却区别很大。又如，普通钳工是个通用工种，绝大多数二产类企业都需要，就业面宽，就业机会多，而且是专业化程度高的钳工的基础。而专业化程度高的钳工，如模具钳工、机修钳工、划线钳工等，又是许多企业高薪招聘的职位。能独当一面、有实践经验、技高一筹的专业化钳工，往往是企业求贤若渴的对象。二要注意选择能发挥自己优势的职业或岗位。例如，普通高校学生虽然有理论功底深的长处，职业院校学生却有实践能力强的优势，转岗或跳槽时应该扬长避短地选择机会。虽然跳槽可能带来新的发展机遇，但跳槽过于频繁，也常导致一事无成的后果。

2. 纵向发展

职业的纵向发展主要体现为两方面：一是技术或职务等级的提升；二是能引起社会角色变化的职务、职业转换。适合职业院校学生纵向发展的职业群，是职业院校学生有一段工作经历后可能晋升的岗位或转换社会角色的职业。

职业生涯纵向发展路径主要有三个方向。

一是技术路径：技术工人、专业技术人员沿着本工种、本专业的技术等级、专业职称，由低向高发展。

二是管理路径：公务员和企事业单位的管理者沿着职务等级，由低向高发展。

三是创业路径：企业家掌握的资产、企业规模，由少向多、由小到大发展。

上述三个方向的纵向发展，社会角色并没有质的变化。然而，在实际的职业活动中，

三条发展路径之间不但相通，甚至相互交叉。在纵向发展过程中，除了等级提升和经济收入的提高以外，往往还伴有社会角色的变化，在纵向发展的基础上，又实现了横向发展。

在技术路径和管理路径中，技术、职称或职务等级的提升，是在原等级基础上的晋升，是单纯纵向的路径。例如，学数控专业的职业院校学生，毕业后可以从中级工或高级工起步，沿技师、高级技师方向晋升；学导游专业的职业院校学生，毕业时取得导游员资格证书，工作满一年后可以考初级导游证，再沿中级、高级、特级导游的阶梯晋升；学前教育专业的毕业生如果取得了教师职业资格证书，可以沿初级、中级、高级教师的阶梯攀登。此类纵向发展，仅为等级的提升，社会角色没有发生质的变化。

三条路径之间可以相互转化，这种转化能引起社会角色的变化。工人成为班组长，是职务的变化，社会角色没有变，如果提升为车间主任、部门主管或经理，其职业生涯发展路径就由“技术路径”转为“管理路径”，转变为管理人员。如果“下海”创办自己的企业，职业生涯发展就走上了“创业路径”，身份由“领工资”的雇员，变成了给雇员“发工资”的老板。

3. 横向发展和纵向发展都需要不断学习

无论是职业生涯的横向发展，还是纵向发展，都要求从业者不断提高职业素养，不断学习，持续提高知识和技能水平。例如，已获中文中级导游员资格的导游想申报中文高级导游员，就要取得中级导游证满3年，且取证后实际带团不少于90个工作日，带团工作期间表现出良好的职业道德，有娴熟的导游技能，并有所创新，能预见并妥善处理旅行中发生的特殊疑难问题，有一定的业务研究能力，能创作内容健康、语言优美的导游词，能用标准的普通话或一种常用方言工作，语言准确、生动、形象，能培训和指导中级导游员，同时还要求具有本科及以上学历或旅游类及外语类大专学历。又如，普通钳工转为专业化程度高的钳工，既需要参加专项培训，又需要实践锻炼，还需要通过考核。

每个职业都有各自横向和纵向发展的路线。每个职业院校学生都应该从自己所学专业出发，分析适合自己横向和纵向发展的职业。展望未来，志在千里，追求自己的职业生涯可持续发展，把自己的梦与所在地区经济社会发展联系起来，与行业的兴旺发达联系起来，把“我的梦”融入“中国梦”之中，这是每个青年人应有的胸怀。

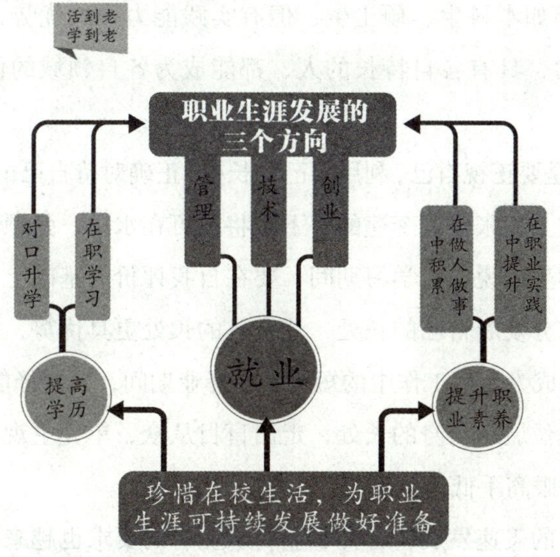

三、树立正确的人才观念

1. 天生我材必有用

什么是人才？一个著名的企业家说：需要即人才。这看似简单的五个字其实道出了人才的真谛。人才是具有某种特长的人，能创造良好的社会效益和经济效益。现代制造业和现代服务业的兴起，为职业院校毕业生大显身手提供了舞台。作为一名职业院校学生，要树立“天生我材必有用”的理念，对自己的职业生涯充满信心。

经济社会由各行业构成，行行都需要高素养的从业者，行行都能产生自己的精英和“状元”。当今时代，是务实创新、人才辈出的新时代，为“三百六十行，行行出状元”创造了更有利的外部环境。随着经济社会发展，人们的观念也在变化，从重学历变为越来越看重才智和能力，看重是否具有创造良好效益的特长。职业院校专门培养有特定技能的高素养劳动者，而掌握特定技能的职业院校学生在未来职业活动中勤奋向上、积累经验，就能够成为创造高效益的人才。事实证明，一批又一批职业院校毕业生通过自己的拼搏，成为各自职业领域中的带头人，为本行业的发展，为祖国的繁荣富强做出了贡献。

2. 扬长避短，自信成才

每个人都有其特长也有其不足，要敢于在竞争中发挥自己特长。职业院校学生

虽然理论功底上不如本科生、硕士生，但有实践能力强的优势，也是用人单位需要的人才。只要努力，具有各自特长的人，都能成为各自领域的佼佼者，都能成为社会有用的人才。

扬长避短，就是要正视自己，利用自己的长处，正确对待自己的短处。正如《水浒传》中的描述：在陆地上，张顺是李逵的手下败将；可在水中，张顺却占了上风。那么，对于职业院校的学生来说，在学习期间，要在自我评价的基础上“扬长补短”地发展自己，也就是要充分发展自己的长处，让自己的长处更具优势，同时，也要提升自己的短处，使短处不成为今后工作中的短板。在择业期间，要选择能让自己“扬长避短”的职业，向用人单位展示自身的长处，走出盲目从众、单凭主观愿望择业的误区，做到既不清高自傲、眼高手低，也不悲观失望、无所适从。

随着科学技术的飞速发展，各种职业对从业者的要求也越来越高。职业院校学生应该对照今后即将从事的职业对从业者的要求，做自我分析，发现自己胜任这一职业的长处以及差距和不足，以此来克服自卑或自傲心态，为提升自身素养确定可以实现的目标。

首先，对即将从事的职业要有自信，要敢说“我能行”。一个人只有自信，才能成为自己所希望成为的那种人。在自信心初步建立的同时，必须树立职业理想，这样由自信心引发出的学习和工作热情才有行动方向、奋斗目标。只有自信，才能克服自卑心态，大胆参与竞争，接受挑战，实现自己的职业理想。

才须学也。非学无以广才，非志无以成学。

——诸葛亮

其次，要对照即将从事的职业的要求找差距，克服自傲心态。人需要自信，但过分的自信就是自傲，自傲的人就会过高地估计自己，最后必然走向失败。要正确认识自我、认识社会，对自己进行实事求是的评价，优点和长处不夸张一分，缺点和短处也不掩盖一分，这样才能准确地进行自我定位，并做有效努力提升自己，为今后取得成功、达到理想目标奠定基础。

小资料

如何克服职业自卑感？

有人因职业而产生自卑心理，觉得自己的职业不如别人，在与人交往中，不愿谈及自己的职业，甚至不愿报出自己单位的名称或工种，怕别人瞧不起。职业自卑感是后天形成的，既有客观因素，也有主观因素。

克服和消除职业自卑心理，可以从以下几个方面去努力。首先，塑造自己坚强的性格。一个人是否产生职业自卑心理，与其性格特征有很大关系。通常性格怯懦、意志薄弱的人容易丧失进取心，更容易产生自卑心理；而那些性格比较开朗、大胆、意志坚强的人通常会勇于进取，更易建立自信心。其次，自卑是失去心理平衡的一种精神状态，要恢复这种失调的心理，就要在比较中认识自己，根据自己各方面的条件对自己提出要求，经常对自己进行反思和调整。例如，强调任何正当职业都有特殊的作用，每一种正当职业都有着无穷的奥秘，胜任每一种正当职业都不容易。经常运用这种方法调整心理，可以增强职业自信心和职业荣誉感。

思考与体验

1. 议一议：有哪些职业虽然已经存在很久，但其工作内容、工作方式、使用的工具发生了重大变化？

2. 学校招生宣传材料中大都会列出与你所学专业对应的职业，你能想出几个招生宣传材料中没有列入，但确实是与所学专业对应的职业吗？这是近些年才新出现的职业吗？

3. 你对“有志者事竟成”是怎样理解的？在网上搜一搜有关案例，和同学们交流。

4. 寻访事业有成的本校毕业生，体会“三百六十行，行行出状元”的真谛。

5. 比一比：看谁见识广。与自己所学专业对应的职业群中，有哪些适合职业院校毕业生初次就业？哪些适合今后晋升即纵向发展？哪些适合今后转岗即横向发展？列出与所学专业对应的适于职业院校学生横向、纵向发展可能涉及的职业。想一想，适合自己岗位成才的纵向发展的职业是什么？（此题必做）

第三课　职业理想与终身学习

一、职业理想是生涯发展的动力

有志向、有抱负、有梦想，有取得一个成功职业生涯的追求，是职业院校学生应有的人生理想。爱学习、会学习，有终身学习的理念，就能有一个成功的未来。

1. 理想及其类别

理想是人们对未来事物有根据、合理的想象和希望。有所思才有所梦，梦的内容反映的是追求，体现的是抱负，是拼搏努力、积极向上的动力。理想犹如人生道路上的明灯，为我们的未来指出方向。风华正茂的职业院校学生应该有美好的人生理想。

从理想的内容角度看，理想可分三个层面：生活理想、职业理想、社会理想。

（1）生活理想

生活理想是人们对未来生活的追求和向往。既包括对吃、穿、住、行等物质生活的追求和向往，也包括对文化娱乐、人际关系等精神生活的追求和向往，还包括对婚姻、家庭生活的追求和向往。

（2）职业理想

职业理想是人们对未来工作部门、工作性质以及在职业上达到的程度的追求和向往，是职业生涯发展的内在动力。

（3）社会理想

社会理想是人们对未来社会的设想，包括对未来社会的政治制度、经济制度、科学文化制度、社会面貌等的预见和设想。

中国梦是全国各族人民的共同理想，也是青年一代应该牢固树立的远大理想。新时代中国特色社会主义是我们党带领人民历经千辛万苦找到的实现中国梦的正确道路，也是广大青年应该牢固树立的人生信念。

中国梦的最大特点就是把国家、民族和个人作为一个命运共同体，把国家利益、民族利益和每个人的具体利益紧紧地联系在一起。中国梦关系着中国未来的发展方向，凝聚了中国人民对中华民族伟大复兴的憧憬和期待。它是整个中华民族不断追求的梦想，是亿万人民世代相传的夙愿，能让每个中国人都成为中国梦的参与者、创造者。

案例

为中国梦“提速”是每位高铁工人的追求

——技校毕业生亮相第十三届全国人大首场“代表通道”

生于1977年的技校毕业生郭锐，1997年当上了钳工。他现在已经成为钳工高级技师，从事高铁转向架分体式轴向组装，并当选为第十三届全国人大代表。2018年3月，他在全国人大首场“代表通道”亮相接受记者采访，面对密密麻麻的镜头，他紧张、激动又无比自豪地说：“高铁是中国制造迈向中国创造的代表。产业报国，勇于创新，为中国梦提速，是我们每个高铁工人的精神追求。”

郭锐从小耳濡目染，喜欢看当钳工的父亲像变戏法一样制作各种物品。他少年时期最大的梦想，就是做一名比父亲还要优秀的钳工，亲手制造火车。郭锐9岁那年，有一天趁爸爸不在家，靠几件简单工具，一个上午就用铁皮边角料为家里打了一只铁桶，而且铁皮弯曲、窝边和咬合堪称完美，一点不输市场上出售的产品。

郭锐在四方机厂液力传动分厂就业后，下决心练一手“绝活”。靠着钻研的狠劲和向前辈同事的虚心请教，郭锐钻研出了一套操作法，大大提高了部件的合格率。

2006年，郭锐调入中车四方股份公司转向架分厂，从事转向架的装配。转向架是高速动车组的核心部件。一列高速动车组转向架，装配的直接相关部件就有上千个，装配尺寸数据有上万个。转向架装配精度必须控制在0.04毫米以内，是中国高铁进入每小时350千米时代的关键部件。“有图纸，不等于就能装好。怎么装，装到什么程度，只能靠自己摸索。”“再高端的设备，有时也比不了人工。”他把这种人的作用称作“手劲儿”。动车组要跑得“又快又稳”，关键看转向架装配工序。一个简单的螺帽，拧到什么程度都有讲究，以保证它既不容易崩裂，也不容易松动。吊起、放平、液压、测量……循环往复，这个高铁转向架的组装工作，他做了十年。

当初引进技术时，外方专家只会告诉你怎么装，但不会告诉你为什么这么装。涉及装配的关键技术，更是守口如瓶。郭锐说：“不搞清装配数据、装配关系、工作原理，就等于没真正掌握装配工艺。”他决心自己试验摸索，短短两个月时间，他就和同事们突破了多项瓶颈难题，让外方专家惊叹不已。

他与技术团队编制的《高速动车组转向架装配作业要领书》《钢丝螺套施工通用标准》中，提出的四点等高调整作业法、高速动车组轴承压装工艺、轴箱体装配工艺……，有的成为指导现场作业的标准性文件，有的大大提高了产品质量、生产效率。

2006 年至今，他经手了时速 200 ~ 380 千米各个速度等级的高速动车组。郭锐和从事高铁生产的所有员工一样，每月都要在厂长的带领下庄严地为产品质量宣誓，发自内心地表达对产品质量的责任。在建设交通强国、制造强国的过程中，始终需要这种精益求精、一丝不苟的工匠精神。

他常说："笨鸟先飞，我并不比别人更聪明，所以需要比别人更努力。"从中级工到高级技师，从市技术能手到全国技术能手，从获得青岛市津贴到获得国务院政府津贴，20 年来，郭锐实现了职业生涯的一次次飞跃。2012 年，郭锐辞去班长职务，以便自己有更多的时间将技能、知识传授给年轻员工。现在，郭锐拥有以他名字命名的"郭锐劳模创新工作室"和"郭锐技能大师工作室"。郭锐把带徒传技、做"知识型"高铁员工作为目标，带领一线技能工人创新攻关。至今，他带出的徒弟，7 人成长为高级技师，12 人成长为技师，3 人获技能专家称号，成为动车组转向架装配线上的骨干力量。自工作室成立至 2017 年，完成了 192 项攻关课题，发明了 140 项应用在生产线上的"绝招绝技"，解决技术难题 587 项，创造经济效益 3 000 余万元。

郭锐是高速动车组转向架装配领域的巧手工匠，至今已获得 50 多项国家、省、市级荣誉，享受国务院政府特殊津贴，2017 年获全国五一劳动奖章。从他和他的团队手中装配出的高速动车组超过 1000 列，安全运行超过 16 亿千米。他在全国人大"代表通道"对记者说："要让自己亲手装配的动车组跑得更快更好，为高铁名片增光添彩。""为中国梦'提速'是高铁人的梦想，我们将为复兴号风行世界、交通强国而努力奋斗。"

启示

"成为优秀钳工，亲手制造火车"，是郭锐的职业理想。他把"我的梦"有机融合于"中国梦"之中，高屋建瓴地对待自己的职业，因而对自己的岗位有真挚、深沉的感情。在循环往复、似乎单调的职业活动中，郭锐表现出强烈的责任心，在工作中精益求精、一丝不苟、尽职尽责、好学上进、勇于创新，沿着技术路线成长为一名优秀的大国工匠。

2. 职业生涯与理想的三个层面

从业阶段是生涯三大阶段即从业准备阶段、从业阶段、从业回顾阶段中最重要的阶段，每个人的生活理想、社会理想都通过从业阶段的职业生涯来实现。让青春因奉献而厚重，“只有把人生理想融入国家和民族的事业中，才能最终成就一番事业”，这绝不是空洞的口号。“我的梦”是个人的梦，是个人的追求和理想，往往体现为对美好生活的期盼和向往。而这种对美好生活的期盼和向往，以及对社会理想的追求，必须通过从事一份职业来实现，因而追求一个成功的职业生涯即职业理想，成为“我的梦”的重要内容。

对于个人来说，要实现自己的生活理想，就必须通过自己从事的不断发展的职业，来获得不断增长的报酬，同时为国家的兴旺发达、经济社会发展做贡献，也就是为实现个人的社会理想做出努力。而国家的繁荣昌盛、社会的安定和谐，又为百姓创造了安居乐业的大环境。

习近平同志指出，我们的人民热爱生活，期盼有更好的教育、更稳定的工作、更满意的收入、更可靠的社会保障、更高水平的医疗卫生服务、更舒适的居住条件、更优美的环境，期盼着孩子们能成长得更好、工作得更好、生活得更好。人民对美好生活的向往，就是我们的奋斗目标。用两个“期盼”简明扼要、生动具体地表述了人民的生活理想，用“我们的奋斗目标”画龙点睛地说明了社会理想。在党的十九大报告中，他强调“把人民对美好生活的向往作为奋斗目标，依靠人民创造历史伟业”，这就解读了职业理想与社会理想、生活理想之间的关系。

3. 职业理想的特点和要素

职业理想具有四个特点。

一是社会性。职业存在于社会中，职业理想随着社会职业的出现而产生，并随着社会职业的增加而不断丰富和完善。简言之，个人职业理想的实现，离不开社会。

二是时代性。不同技术水平的时代，职业的种类不同，技术含量不同，人们职业理想的内容和实现的机会也不同。个人的生存发展、个人价值的实现离不开社会发展的大环境。在中华民族伟大复兴的新时代，个人实现职业理想拥有了优越的外部环境。那么，在制定个人职业理想时，不仅要体现技术水平的进步，也要符合时代的要求。

三是发展性。人们的职业理想随职业声望和职业地位的变化而变化，个人的职业理想随着年龄、社会阅历的增长，由朦胧、幻想变为现实、稳定。简言之，职业理想是逐渐形成和成熟的，要善于根据自己的实际情况及时调整职业理想。

四是个体差异性。每个人的观念与思想、知识与能力、个性与身体状况都有各自的特点，所处的环境不同，成长中遇到的变化不同，每个人的职业理想都与他人有差异。简言之，职业理想不可能完全雷同，要善于从实际出发，制定符合自身特点的职业理想。

基于职业理想的特点，职业理想应具有四个要素：

一是职业理想应建立在现实的基础上，而不是脱离实际的空想和远距现实的幻想；

二是职业理想与经济收入紧密相连，这与人们提高物质生活、精神生活水平的追求直接相关；

三是职业理想追求社会的认可，追求自己的职业生活对经济社会发展的积极作用；

四是职业理想有具体的追求目标，表现为一个具体的职业或有一定范围、标准的方向。

案例

桥梁专家茅以升和一位职业院校学生的职业理想

我国著名桥梁专家茅以升从小好学上进，善于思考，11 岁时在家乡看到端午节龙舟比赛中桥塌人亡的悲惨情景，暗下决心，长大一定学造桥。从此，他处处留心桥，观察桥，15 岁时以优异的成绩考入唐山路矿学堂学习。在 5 年时间里，他记录了 200 本笔记，约 900 万字，摞在一起足有一人多高。他学成以后就为人民造桥。1937 年，他主持设计和建造了中国桥梁建筑史上第一座现代化大桥——钱塘江铁路公路两用桥。茅以升的名字和我国许多新建大桥一起，永远留在祖国大江南北。他实现了个人的职业理想，也实现了为人民造福的宏愿。

有位年轻人因家乡处在深山之中，没有像样的路、过河的桥，致使生活贫困，上学要绕很大的弯子，走很远的路。在上学的路上，甚至发生过人员伤亡的惨剧。因此，中学毕业时，他根据自身的条件，怀着改变家乡落后面貌、为家乡修路建桥的理想，报考一所职业院校的路桥专业并如愿以偿。毕业后，他用所学的技术出色地奋战在路桥建设第一线，很快成为所在单位的骨干，并当上了全行业的先进工作者。

启示

路桥专业的先辈和后来者，有着相通的职业理想，都在实现职业理想的过程中，付出了努力，完善了自我，实现了自己的抱负。

4. 职业理想的作用

职业理想是人生发展动力。缺少动力的人，犹如没有燃料的汽车，无法在人生道路上前进。职业理想的确立，就是为人生实践活动确立了目的，为人生设定了奋斗目标。在力所能及的范围内，追求的目标越高、越现实，直接激发出来的动力就越充足、越持久，人们就会为之付出孜孜不倦的努力，产生坚定意志，对自己的职业理想形成责任感、紧迫感、自豪感和光荣感。

正确的职业理想是人在职业活动中的精神支柱。职业理想是社会理想的具体化。没有职业理想，个人的社会理想就会落空。职业理想是实现个人社会理想的桥梁。人们总是通过职业理想的实现来达到改造社会、造福人类的目的。一个人在社会所需要的职业岗位上，发挥聪明才智，做出了有利于社会经济发展的贡献，就是为实现自己的职业理想而做出的努力。人们通过对自己职业理想的追求和实践，既满足了经济社会发展需求，推动了社会进步，又满足了个人生存发展的需要。

职业院校学生只有有了正确的职业理想，才能展望未来、珍惜现在，才能自觉地、目标明确地锤炼和提高自己，才能通过职业活动实现生活理想，实现自我价值，得到社会对自己的认同，才能在适应社会、融入社会、改造社会的过程中不断地完善自我，促进人生价值的实现，才能珍惜在校生活的每一天，为实现职业理想奠定基础。

志不立，天下无可成之事。立志是人生的起跑点，反映着一个人的理想、胸怀、

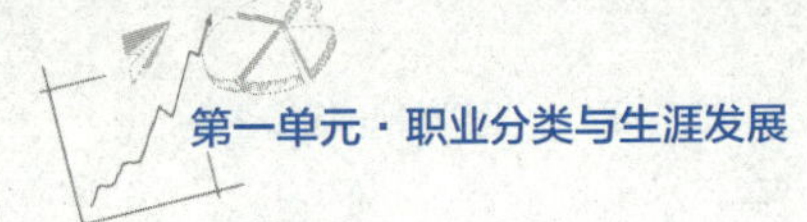

情趣和价值观，影响着一个人的奋斗目标及成就的大小。著名寓言作家克雷洛夫曾做过一个精彩的比喻："现实是此岸，理想是彼岸，中间隔着湍急的河流，行动则是架在川上的桥梁。"叩开职业理想的大门，重要的是持之以恒的奋斗。

实现职业理想要从现在做起，从每一门课、每一项社会活动这些小目标开始行动。在实现职业理想的过程中，要把理想之花化为人生的具体足迹，必须脚踏实地从现在做起，从小事做起。人生道路是漫长的，职业理想的实现不可能一蹴而就，它需要一步一个脚印地前进。眼高手低，形象地描绘了没本事还想入非非的人。提高职业素养，是实现职业理想的基础，"莫等闲，白了少年头，空悲切"。同学们，就让我们珍惜现在宝贵的光阴，努力学习，努力奋斗吧！

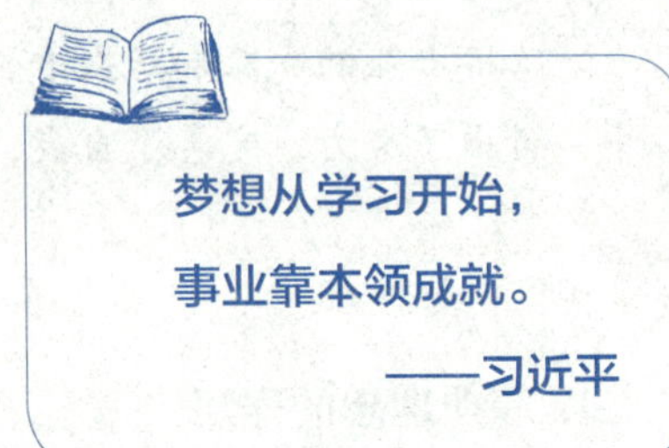

梦想从学习开始，
事业靠本领成就。
——习近平

二、终身学习是生涯发展的保证

终身学习是指社会每个成员为适应社会发展和实现个体发展的需要所进行的贯穿于一生的学习。

1. 职业生涯发展需要活到老、学到老

从业者职业生涯发展，无论是横向发展还是纵向发展，无论是转岗还是晋升，都需要终身学习。想得到更多的报酬，想实现人生价值，想为祖国多做贡献，就必须终身学习，以主动适应新职业、新岗位、新技术、新工艺。

首先，科技进步和社会经济发展拉动的快速职业演变，要求人们不断学习。未来学家在20世纪80年代就预测，21世纪人类的职业大约每过15年就要更新20%，而50年后，现存的大部分职业将寿终正寝，取而代之的是我们现在难以想象的职业。这个预测现在已经成为现实，而且演变速度正在加速。一个人一辈子在一个单位从事同一种职业，固定在一个岗位上从业的可能性越来越小。多数人在职业生涯发展过程中，会多次变换工作岗位，这就需要不断学习。有些岗位需要从业者在这个岗位上终其一生、专攻一门技术。但要想精通这一门，也需要不断学习。从业者不学习，就无法适应科技进步和经济社会发展的要求。

其次，经济社会发展对劳动者的从业素养要求越来越高，要求人们终身学习。我国正在加快建设制造强国，加快发展先进制造业，推动互联网、大数据、人工智能和实体经济深度融合，在中高端消费、创新引领、绿色低碳、共享经济、现代供应链、人力资本服务等领域培育新增长点、形成新动能。在传统产业优化升级的同时，加快发展现代服务业，瞄准国际标准提高水平，培育世界级先进制造业集群。在这个过程中，必然对劳动者应具备的从业素养要求会越来越全面。这也就要求人们要具备较宽的知识面和多种技能，具有较强的适应社会变化的能力，需要人们终身学习。

本领不是天生的，是要通过学习和实践来获得的。当今时代，知识更新周期大大缩短，各种新知识、新情况、新事物层出不穷。有人研究过，18 世纪以前，知识更新速度为 90 年左右翻一番；20 世纪 90 年代以来，知识更新加速到 3 至 5 年翻一番。近 50 年来，人类社会创造的知识比过去 3000 年的总和还要多。还有人说，在农耕时代，一个人读几年书，就可以用一辈子；在工业经济时代，一个人读十几年书，才够用一辈子；到了知识经济时代，一个人必须学习一辈子，才能跟上时代前进的脚步。

——习近平

最后，丰富的知识是享受多彩生活的基础，人们对生活及自我实现要求的不断提升，要求人们终身学习。学习的作用不仅仅是掌握专业知识和技能，学习还使人有较宽的知识面，让人聪慧文明，让人爱好广泛，让人高尚完美，让人全面发展。例如，听一首歌、看一幅画、读一本书、品一个菜、喝一杯茶、赏一处景……知识面的宽窄、人文素养的高低，会让不同的人有差异极大的感受。终身学习不仅能满足我们生存和发展的需要，使我们得到更大的发展空间，而且能充实我们的精神生活，提高生活品质。

活到老、学到老，既是一个人职业生涯可持续发展的必要条件，也是一个人不断完善自我、享受人生的需要；不仅能为职业生涯可持续发展更新知识、技能，而

> 天上不会掉馅饼，努力奋斗才能梦想成真。
>
> ——习近平

且能让我们精神充实，得到启迪，升华人性。在学校里提升学历水平是学习，但无论学历高低，走出校门、走上社会，都必须继续学习。从本质上看，无论哪一级的学历教育，都是为终身学习打基础的教育，学历高低只是基础厚薄的不同，更重要的是一生持续不断地学习。

2. 职业生涯发展需要爱学习、会学习

爱学习、会学习，才能把终身学习落在实处，才能让自己的职业生涯可持续发展。

爱学习，是把学习作为享受人生幸福的一种途径，把学习作为一种追求、一种爱好、一种健康的生活方式。习近平总书记曾诚挚地对学生提出要“爱学习、爱劳动、爱祖国”。这“三爱”是学生的本分，不爱学习、不爱劳动，爱祖国就成了一句空话。不爱学习，实质上就是不关注自己的未来，不关注自己的职业生涯可持续发展，其实也不关心自己的亲人。一个不爱自己、不爱亲人的人，又是个没多少知识、技能的人，能用什么来表达对祖国的爱？

技校生成了给龙门吊、桥吊“治病”的大国工匠 案例

生于1979年的冯鸿昌，是位从大山里走出来的技工学校毕业生。17岁到厦门港海天码头实习，18岁参加工作，28岁成为高级技师，31岁成为全国劳动模范，33岁当选中共十八大代表，35岁获我国产业工人最高奖“中华技能大奖”，享受国务院特殊津贴。2018年，不满40岁的他成为第十三届全国人民代表大会代表。

码头上矗立着许多为集装箱货轮装载货柜的桥吊、龙门吊，有几十层楼高。1.7米出头、戴着眼镜的冯鸿昌，显得有些斯文甚至渺小。但维修起这些庞然大物，他可是手到病除的技术大拿，是港口码头设备维修的技术状元。

“从学徒成长为技术骨干没有什么秘诀，有的只是不懈学习和点滴积累。”从一个毛头小伙成长为全国劳模，冯鸿昌的历程很辛苦，但他说的最多的是“不断学习”。

“维修没有独门绝技，只有熟能生巧。”说起成为码头“明星”的“秘诀”，冯鸿昌如是说。出生福建山村的他，在技校学的是汽车维修，1997年到码头实习以前，从来没有接触过桥吊。跟着老师傅爬上70米高的桥吊例行检修时，他头皮发麻，双腿打战。好不容易克服了“恐高”，冯鸿昌很快又感受到了技术的重要性——他花半个小时才能找出发动机水管漏水问题，师傅2分钟就解决了。老师傅告诉他：“要想在大城市扎根留下来，就必须掌握一门技术。”于是，冯鸿昌把“学习”“钻研”两个词刻在了心里。身为学徒工的冯鸿昌，白天跟着老师傅学，晚上抱着书本啃。每次完成维修任务，他都会把故障判断、维修要领、处理方法记在本子上，反复琢磨。

“不知道可以学，通过学习我一定能做好！”冯鸿昌坚信。工作之余，别的工友在打扑克、侃大山、玩网游，他不是在向老师傅请教，就是在狭小宿舍硬挤出的4平方米书房内认真苦读。“知识是一辈子都学不完的。我虽然是个打工的，但我不能混日子，也没有混日子。我要在以后几十年里，把该掌握的知识钻透学精。”公司举办学习培训班，员工自愿参加。一个周末，电闪雷鸣，暴雨如注。老师都迟到了半个小时，以为不会有人来上课。可当老师走进教室却发现，竟然还有一名学生坐在角落里安静地看着书，这个人正是冯鸿昌。

1999年，公司从国外引进许多新设备。这些全英文的设备技术资料，对冯鸿昌来说简直就是“天书”。他用半个月的工资买了台“文曲星”，对着图纸一字一句翻译，整理出一份完整的标注出各种参数的设备维修中文资料。不久，公司决定让冯鸿昌负责美国品牌的柴油机大修，两吨重的柴油机，几百个零件，没有独自大修经验的冯鸿昌有点茫然。为不损坏零部件，他查阅资料，设计出了几种不同规格的专用工具。调试、检测、再调试、再检测，仅一周时间，大修后的柴油机“复活”了。随后，冯鸿昌又带领班组完成了10多台进口柴油机的大修工作。

他拿出半年的工资，自费参加厦门市高级技工学校职业院校班的学习。每天下班，骑1个小时的单车赶到学校上课。有同事劝冯鸿昌：“你是个外来工，没户口、没房子，随便混混就行了，干吗这么拼？”冯鸿昌回答：“正因为是外来工，我才更应加倍努力，拥有一技之长，才能得到这个城市的认可。”通过学习，冯鸿昌成了掌握英语、计算机操作、机械制图和CAD操作等方面的码头“全才”。

2001年，冯鸿昌参加了厦门市劳动局主办的职工技术竞赛，22岁的他以总分第一摘得“技术状元”的桂冠。2007年7月，参加校企培训，取得高级钳工、电大大专文凭和技师、高级技师等8个证书。2011年作为全国劳模，免试保送中国劳动关系学院劳模本科班学习……“学习，坚持不懈地学习，才是立身之本。”冯鸿昌这样诠释他的成长。

冯鸿昌告诉年轻的学生：不管你是职业院校学生，还是博士生，学历只是到公司上班的敲门砖而已，更多的是到企业里面去学习，养成时时学习、终生学习的习惯。

启示

知识改变命运，学习成就未来，技能成就人生。人生不一定要名牌大学毕业，但一定要把学习作为立身之本。爱学习、会学习、终身学习，是职业生涯可持续发展的必要前提，是追梦、圆梦的利器。学习，既有提升学历的学习，还有在职业劳动实践中带着问题的学习，更有在探索、创新中的学习。

思考与体验

1. 和同学们讨论：蒸汽机是第一次技术革命的标志，蒸汽机安上轮子就成为了火车头，蒸汽火车的问世催生了哪些职业？

2. 以计算机为代表的信息技术是第三次技术革命的标志。比一比，看谁说出的因计算机问世而产生的新职业种类多。

3. 随着互联网和人工智能的应用越来越普遍，更多的新科技影响着经济社会发展，哪些职业将面临淘汰？哪些职业将虽然存在，工作方式却有了极大变化？哪些新职业可能诞生？

4. 以亲人、朋友或你认识的人为例，理一理他们职业生涯横向发展、纵向发展的过程，说说他们转岗、晋升与终身学习的关系，以及终身学习为什么那么重要。

5. 和同学交流，在校期间怎样提高学习能力。可与同学订个互相帮助的协议，以提高上课时的注意力为目标，互相监督、互相提醒，三天后互相评价注意力提高的效果。（此题必做）

如果能坚持一个月，你会发现，不但注意力有所提高，学习兴趣也和以前不一样了。如果在提高注意力的过程中，有意识地训练观察力，你的学习兴趣会有大幅度提升。有了兴趣，学习能力的提高效果会更好。利用在学校学习的这两三年，为了你自己的美好未来，从提高注意力做起，随时练练观察力，会大有所获，坚持就是胜利！

6. 阅读以下材料，品味职业理想在人生中的作用，思考职业理想与社会理想的关系。

知识分子的典型代表、新时期的“铁人”王启民，20 世纪 60 年代大学毕业后到大庆油田工作。30 多年间，他始终战斗在生产第一线。面对大庆油田产量下滑、开采难度加大、国家建设对石油急需的现状，他“恨不得钻到地下把油层搞清楚”，立志“跨过洋人头，敢为天下先”。为了打破西方对石油技术的封锁，获得第一手科研资料，他以铁人般的毅力，10 多年吃住在生产第一线，不怕艰苦和疾病，攻克一道道世界性的难关。他就是这样为大庆油田连续稳产原油做出了杰出的贡献，脚踏实地地实现着自己的人生理想。

7. 社会调查，访问事业有成的本校毕业生，了解他们“有梦、追梦、筑梦”的事迹，体验职业理想的作用。具体调查过程为：

（1）拟一份题为“职业理想对职业生涯发展的作用”的访谈提纲；

（2）请毕业生谈学生时代的职业理想及其对从业后职业生涯发展的作用；

（3）在小组会或班会上，说说自己的梦，谈谈自己的职业理想，互相评议一下，看谁说得最具体，最符合本人实际，激励作用最强。

8. 你有“我的梦”吗？具体吗？现实吗？“我的梦”的社会性、时代性、发展性表现在什么地方？符合你本人特点吗？

9. 实现中华民族伟大复兴，即中国梦的实现过程，对你的追梦、圆梦有利吗？能发挥什么作用？

10. 以“理想开启美好人生”为主题开展演讲比赛。其主要过程为：

（1）个人撰写演讲稿；

（2）以小组为单位，开展组内演讲；

（3）每个小组选派一名代表在全班演讲；

（4）班委会组织全班同学投票，评出优胜者。

11. 成才过程，既要扬长补短，又要扬长避短。结合你即将从事的职业，认真分析、梳理一下自己的长处和短处。为了更好地圆梦，思考怎样弥补自己的短处。（此题必做）

马斯洛的需求结构理论

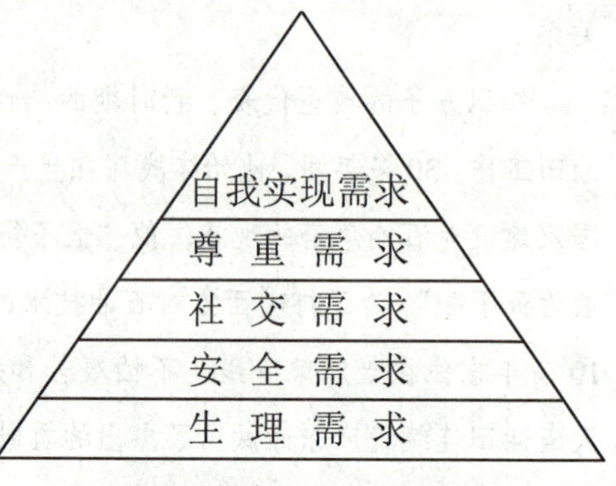

马斯洛需求结构理论图解

美国心理学家马斯洛1943年提出关于人的需求结构理论。该理论基于两个基本假设：一是人主要是受满足某种需要的欲望所驱使的需求动物，人类的需求是无止境的，当个人满足一种需求之后，就会产生另一种需求；二是人类所追求的需求具有普遍性，这些需求有层次之分。

马斯洛把人的需求分为五个层次：生理需求是维持人类自身生存的基本需求，是人类最原始、最基本的需求，如衣、食、住、行、性的需求；在生理需要得到满足之后，人就会产生安全需求，如避免职业病及事故，摆脱失业威胁，寻求某些社会保障的需求；再上一层需求，是社交的需求，如满足归属感，希望得到友爱等；尊重需求可分为内部尊重及外部尊重，前者指希望自己有实力，后者指对地位、威望的需求；自我实现的需求是个人的最高需求，要求实现个人抱负，施展才能。

马斯洛认为，上述五种需求是按次序逐级上升的。当下一级需求获得满足之后，追求上一级的需求就成为行动的动力了。

第一个进入太空的地球人——加加林是职校毕业生

思考

1. 加加林有什么梦？他怎样为美梦成真做出努力？

2. 他一生曾经在哪些学校或部门学习或接受培训，曾经从事过哪些职业？你能画个简单的图示来表明他的学习经历和职业变迁吗？

3. 宇航员训练时加加林脱鞋的细节，与他对航天梦的追求有什么关系？成为第一个进入太空的地球人之后，他还有新的梦吗？他还学习吗？

世界上第一个进入太空的宇航员尤里·阿列克谢耶维奇·加加林，是个勤奋好学的职

业学校毕业生。他出生于前苏联一个农民家庭，父母、祖父母都是农民，生活困苦。很小的时候，加加林就对神秘的太空发生了浓厚的兴趣。一天，他在院子里看月亮，妈妈在屋里做饭。妈妈问他怎么还不进来，他说：“我可以到月亮上去玩吗？”妈妈没有笑话他异想天开，而是风趣地说：“去吧，别忘了回来吃晚饭。”这大大地鼓励了加加林，他对太空的兴趣更浓了。

童年的加加林非常爱学习，但由于家庭经济困难，15 岁的他中断了中学学业，进了一家工厂工作，以减轻爸爸妈妈的负担。翻砂车间的工作很繁重，不仅需要知识和经验，而且需要体力。这不是一件轻松的事，但筋疲力尽的加加林依然每天坚持去工人夜校学习。1951 年，他以优异成绩毕业于柳别尔齐职业中学，成为冶金工人，并继续在萨拉托夫工业技术学校学习。在校期间，他怀着对太空的好奇心和对飞行的向往，加入了萨拉托夫航空俱乐部，在业余时间学习飞行。1955 年从萨拉托夫工业技术学校毕业后，他加入军队成为一名战士，并进入奥伦堡航空军事学校学习飞行。1957 年他从契卡洛夫第一军事航空飞行员学校结业，成为苏联北海舰队航空军团航空兵歼击机飞行员。

1959 年 10 月，宇航员的选拔工作在全国展开了。加加林从 3 400 多名 35 岁以下的空军飞行员中脱颖而出，成为 20 名入选者中的一员，并于 1960 年 3 月被送往莫斯科，开始在宇航员训练中心接受培训。加加林在培训中表现优异，被选为航天员。1961 年 4 月 12 日，他驾驶“东方 1 号”飞船在太空遨游了 89 分钟，完成了人类的首次太空飞行，使人类在太空观察到了自己居住的地球。由此，他成为第一个进入太空的地球人。

加加林能够从备选的 20 名宇航员中脱颖而出，说明了他具有优良的综合品质。有一个细节尤其体现了他的与众不同：在确定人选前一个星期，航天飞船的主设计师罗廖夫发现，在进入飞船练习舱前，只有加加林一个人脱下鞋子，只穿袜子进入座舱。就是这个细小的举动一下子赢得了罗廖夫的好感，他感到这个 27 岁的青年既懂规矩，又如此珍爱他为之倾注心血的飞船，于是决定让加加林完成人类首次太空飞行的神圣使命。

首次太空飞行之后，加加林于 1961 年 5 月成为宇航员队长，1962 年升任中校，1963 年升任上校，同年升为宇航员训练中心副主任。在训练其他宇航员的同时，他自己并没有放弃训练，并梦想着能够再次进入太空。1967 年 4 月，他完成了联盟号宇宙飞船首次飞行的培训准备工作，成为宇航员科马洛夫的替补。在繁忙的工作之余，加加林进入茹克夫斯基航空工程学院学习，学院又推荐他到高等军事学院研究生院当函授生。他在成为第一个进入太空的地球人之后，才上了大学，而且是在不脱产的情况下完成的学业。

加加林在进行航天训练之余，并未放弃驾驶歼击机，还专门进入茹科夫斯基航空军事学院继续提高飞行技术。1968 年 3 月 27 日，他与另一名飞行员驾驶双座歼击机进行飞行训练时，因突发事故而罹难。他的故乡格扎茨克被命名为“加加林城”，他所在的宇航员训练中心以他的名字命名，月球背面的一座环形山和太空中的一颗小行星也是以他的名字命名的。为纪念加加林首次进入太空的壮举，俄罗斯把每年的 4 月 12 日定为航天节；第 65 届联合国大会通过决议，把每年的 4 月 12 日定为载人空间飞行国际日；国际航空联合会设立了加加林金质奖章。加加林成为宇宙时代的象征。

第二单元
了解个性与正视自我

学习要点：

1. 了解怎样从职业的角度来了解自己的个性以及兴趣、性格和能力，明确兴趣可以培养、性格可以调适、能力可以提高，理解调整自我、主动适应职业的必要性。

2. 了解自己的职业价值观和智商、情商，正视自己的学习状况、行为习惯，理解主动按即将从事的职业对从业者的要求，调整、提升自己的必要性，并落实在良好行为习惯养成的实际行动中。

第一课　了解个性与主动适应

从职业的角度来了解自己，才能按职业对从业者的素养要求调适自己的个性，主动适应社会和职业对从业者的要求；才能依据将要改变的自己，确定职业生涯发展目标；才能制订出既能激励自己，又脚踏实地的职业生涯规划。这是有梦、筑梦的必要前提。

一、个性与职业

每个人都有自己的个性，不同职业对从业者的个性也有不同要求。职业院校学生在了解职业对从业者个性要求的基础上，应努力塑造自己的个性，主动适应职业要求，增强自身对职业的适应性，拓展择业面，增加自己的就业和生涯发展机会。

1. 人职匹配

个性，是一个人在一定社会条件和教育影响下形成的比较固定的特性，具有整体性、独特性、稳定性和社会性。个性，包含性格、兴趣、能力等心理特征，还包含品德、信仰、良心以及由此形成的尊严、魅力等，内涵很丰富，是在一个人的生理素养基础上，在一定社会历史条件下，通过社会实践活动形成和发展起来的。由于各种职业工作性质、社会责任、工作内容和方式不同，因而对从业者的个性要求也有所不同。

别让张飞去绣花

人与职业之间存在着某种匹配关系，各种职业之间的差异和各人之间的个性差异是客观存在的，并不是每个人都能适应某种职业，从业者应该按职业要求，主动调适个性来适应职业要求。“人职匹配”既用于求职者对职业的选择，即帮助求职者找到适合自己的职业；也用于为职业找到胜任的人，即指导用人单位正确进行求职者的招聘甄选和员工的选拔晋升。

小资料

特质一因素匹配理论

由美国职业指导专家弗兰克·帕森斯创立，经美国职业指导专家威廉士和佩特森发展成型。该理论的核心是追求人与职业的合理匹配，认为所有的人在成长与发展方面都存在着差异，每一个人都有着不同于其他人的特点（特质），这些特点与某种职业所需的特质存在着某种相关性。人的特性是可以用科学手段测量的，职业因素也可以运用一定方法进行分析确定。

这种人职匹配过程需要以下三个步骤来完成。

首先，评价人格特性。对需要选择职业的人的生理条件、身体条件、心理条件、年龄、文化程度、所学专业和工种技能水平及业绩、失业原因、求职要求、个人职业兴趣测验、爱好测验、人格测验、能力测验、社会背景、家庭成员职业、家庭经济状况和文化背景等多方面的材料做出综合评价。

其次，分析职业因素。职业因素分析主要是通过综合分析职业岗位对人的要求，包括各种职业（工种、职位、职务）的不同工作内容对人的不同要求，如对人的生理条件、身体条件、心理条件、年龄、文化程度、所学专业和工种技能水平及业绩等方面的要求，使求职者有较明确的选择目标。

再次，合理匹配人格特性与职业因素。即把对个人的人格特性评价与职业因素分析结果相对照，从而使求职者能够寻求到适合自己的职业。

2. 按人格划分职业类型

人格是人的性格、气质、能力等特征的总和。美国专家霍兰德提出的人格—职业类型匹配理论，以人格与职业的关系作为分类依据，认为个人的人格与工作环境之间的适配和对应，是职业满意度、职业稳定性与职业成就的基础。他把职业分为六种类型，这六种类型的关系可以用六角形图来表示，如图 2–1 所示。故人格—职业类型匹配理论亦被称为“六角形理论”，详见表 2–1。

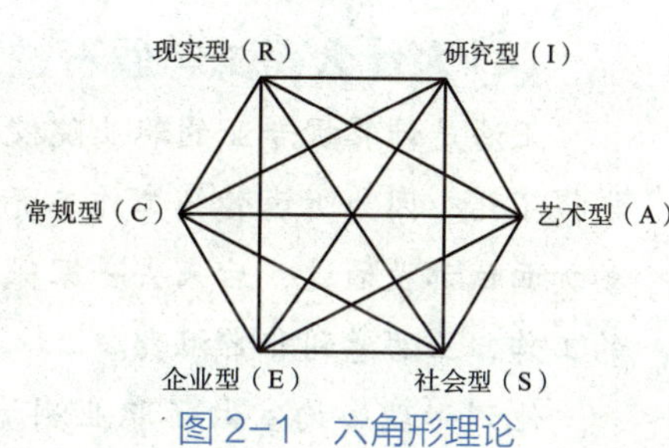

图 2–1　六角形理论

表 2–1　六角形理论

编码	人格类型	职业类型	对职业的偏好
R	现实型	现实型职业	有运动机械操作的能力，喜欢机械、工具、植物或动物，偏好户外活动
I	研究型	研究型职业	喜欢观察、学习、研究、分析、评估和解决问题

续表

编码	人格类型	职业类型	对职业的偏好
A	艺术型	艺术型职业	有艺术、直觉、创造的能力，喜欢运用想象力和创造力，在自由的环境中工作
S	社会型	社会型职业	擅长和人相处，喜欢教导、帮助、启发或训练别人
E	企业型	企业型职业	喜欢和人群互动，自信，有说服力、领导力，追求政治和经济上的成就
C	常规型	常规型职业	喜欢从事资料工作，有写作或数理分析的能力，能够听从指示、完成琐细的工作

六角形中的每个角表示一类职业人格，一般相邻角人格类型相容或接近，对角的人格类型往往是截然相对的，但每一种人格都有与之相匹配的职业类型。通过测试，可以找到个人的职业编码。比如，一个编码为ASI的人，在艺术型、社会型、研究型三方面得分较高，他最适合做的职业是艺术家、画家、记者、教师、教练、护士、社区工作者等。

从人格与职业关系的角度进行职业分类，侧重于兴趣，以此做出人职匹配的分析是粗线条的。为让人们能更准确地了解自己与职业的匹配程度，越来越多的生涯咨询专家开始从兴趣、能力、性格等多种角度，即从人的心理特征方面进行更细致的职业分类。

案例

为什么面试总通不过?

王浩是计算机专业的职业院校毕业生，对计算机网络方面很感兴趣，专业课学得不错。因为听说营销工作工资高，就想找营销方面的工作。他到好几家公司参加面试都没通过，后来去一家保险公司面试也被淘汰。看到同学们都找到满意的工作，王浩感到非常沮丧。

他到心理咨询室做了职业测试，辅导老师通过分析认为王浩的职业类型是RIC，即现实、研究、常规型，认为他不适合从事营销方面的工作，而比较适合从事技术操作类工作，并建议他不要把工资收入作为求职的首要条件，应找一份与自己个性相匹配的工作。王浩改变了求职方向，几天后就在一家公司通过了面试，找到了一份网络维护方面的工作，而且干起工作又开心、又顺手。两年后，王浩晋升为该公司的网络主管，工资也提高了。

启示

人职是否匹配是用人单位面试的重要内容。如果一味追求收入高，在求职时寻求与自己个性不匹配的职业，那么面试这关就很难通过。

二、兴趣及其培养

1. 兴趣及其对职业生涯发展的作用

兴趣是一个人积极探究某种事物的心理倾向，兴趣对职业活动起着重要作用。

首先，兴趣可以影响人们的职业定向和职业选择。在选择职业的过程中，只要条件许可，求职者总会考虑自己对某种工作是否感兴趣。兴趣的发展一般从有趣开始，逐渐产生乐趣，并不断与奋斗目标相结合，发展成为志趣，从而表现出方向性和意志性的特点。如果人对某一职业产生了浓厚兴趣，就会热爱、关注、追求这个职业，并为之尽心竭力。

其次，兴趣可以开发人的潜能，激发人们在职业活动中不断创新。一个人对某事物感兴趣，就会激发起他对该事物的求知欲和探索热情，使他能最大限度地去挖掘潜能，在职业实践活动中充分施展才华，创造出新的业绩。

最后，对某一职业感兴趣，可以使人们尽快适应职业环境，提高工作效率。有关研究资料表明，如果一个人对某一工作有兴趣，他便能发挥其全部才能的80%~90%；如果一个人对所从事的工作不感兴趣，他在工作中只能发挥其全部才能的20%~30%。

2. 职业兴趣与职业的关系

科学家依据兴趣与职业的关系划分职业类型，即把兴趣划分为10类，每类对应着不同的职业群，统称为职业兴趣。这种分类，既反映了这类职业要求从业者应具备的兴趣类型，也反映了具有某种兴趣类型特点的人适合从事哪类职业。

表2—2职业兴趣类型特点与相应的职业中所列的是10类比较典型的职业兴趣。有的人兴趣比较单纯、集中，表中某一类型就可以涵盖了；有的人兴趣比较广泛，可能兼有两类或几类特点，那么对职业的适应面就比较宽。

兴趣是撬起地球的支点

表 2—2　职业兴趣类型特点与相应的职业

职业兴趣类型编号	职业兴趣特点	相应的职业
1	愿与事物打交道	喜欢同工具、器具或数字等事物打交道，而不喜欢从事与人和动物打交道的职业。相应的职业诸如制图员、修理工、裁缝、木匠、建筑工、出纳员、记账员、会计等
2	愿与人相接触	喜欢销售、采访、传递信息一类活动。相应的职业有记者、营业员、服务员、推销员等
3	愿干有规律的工作	喜欢在预先安排的程序下做细致的工作。相应的职业有邮件分类员、图书管理员、办公室职员、档案整理员、打字员、统计员等
4	愿从事社会福利和助人工作	乐意帮助别人，试图改善他人的状况，喜欢独自与人接触。相应的职业有医生、律师、护士、咨询人员等
5	愿做领导和组织工作	喜欢管理人员的工作，爱好掌管一些事情，在企事业单位中起重要的作用。相应的职业有辅导员、行政人员、管理人员等
6	愿研究人的行为	喜欢谈论涉及人的主题，爱研究人的行为举止和心理状态。相应的专业有心理学、政治学、人类学等
7	愿从事科学技术事业	喜欢分析的、推理的、测试的活动，长于理论分析。喜欢独立地解决问题，也喜欢通过实验做出新发现。相应的专业有生物、化学、工程学、物理学等
8	愿从事抽象和创造性的工作	喜爱需要有想象力和创造力的工作，爱创造新的式样和概念。相应的职业有演员、创作人员、设计人员、画家等
9	愿做操纵机器的技术工作	喜欢运用一定的技术操纵各种机械、制造产品或完成其他任务。相应的职业有机床工、驾驶员、飞行员等
10	愿从事具体的工作	喜欢制作能看得见、摸得着的产品，希望很快看到自己劳动的成果，从完成的产品中得到自我满足。相应的职业有厨师、园林工、理发师、美容师、室内装饰工、农民、工人等

3. 职业兴趣可以培养

在实际工作中，单纯从兴趣出发选择职业，达到高度的人职匹配，往往是不现实的。一个人既进入了自己所期望的公司，又从事自己喜欢的职业，这是非常幸运的，也是可遇不可求的。因此，为实现人职匹配，从兴趣的角度看，一般有两种选择：一是从事自己感兴趣的工作；二是让自己对这个工作感兴趣。大多数人通过第二种选择，不仅在职业活动中获得了快乐，也收获了成功的职业生涯。

不少在校学生特别是一些初入学的职业院校学生，认为自己对所学专业及即将从事的职业不感兴趣。其实，这主要是因为我们对与专业相对应的职业群或即将从事的职业不够了解造成的。

人们往往对自己所从事的职业有一个了解、喜欢、热爱、沉醉和奉献的过程。许多有成就的人并非一开始就对自己所从事的职业有兴趣，而是在后来的接触中了解这个职业，通过了解开始喜欢，在喜欢的基础上产生了对职业的热爱。

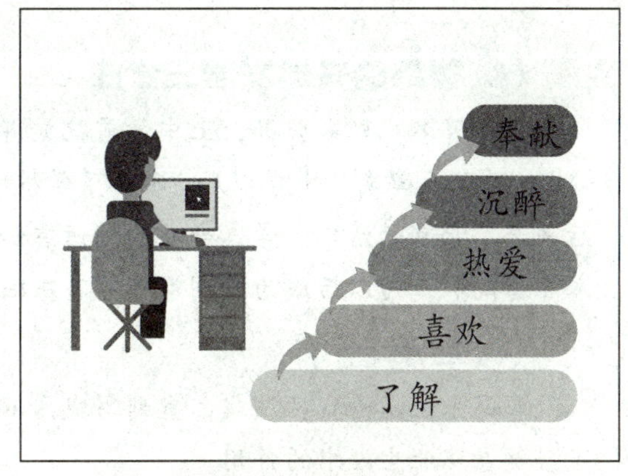

了解即将从事的职业
是热爱即将从事的职业的基础

那么，怎么了解自己即将从事的职业呢？

首先，多搜集自己所学专业对应职业群的有关信息，关注它们的现状和发展趋势；多参与职业实践活动，在实践中感受这一职业的快乐；多了解本行业成功人士的事迹，通过真人真事感悟这一职业的乐趣。

兴趣是激励学习的最好老师。“知之者不如好之者，好之者不如乐之者。”讲的就是这个道理。

有了学习的浓厚兴趣，就可以变“要我学”为“我要学”，变“学一阵”为“学一生”。

——习近平

其次，学好专业课。知识的积累、技能的提高，是形成职业兴趣的源泉。兴趣是在长期的教育影响与社会实践中不断发展起来的。专业课的学习过程，也是对即将从事的职业深入了解的过程。

最后，要拓展自己的兴趣范围。培养自己对众多事物的兴趣，增强对陌生事物的好奇心，由好奇心引发学习兴趣。世界上各职业之间是有联系的。如果兴趣广泛，就能留意到这一职业群中的其他职业。当然，在对这一职业群产生广泛兴趣的基础上，应重点培养对其中某一职业的兴趣，从而更好地发挥兴趣的导向性作用。

如果在横向发展的职业群中没有找到自己感兴趣的职业，只对纵向发展路线中的职位感兴趣，那么“先苦后甜”的策略能解决这个问题：先经过实践锻炼和理论提高，积累一定工作经验后，再努力晋升岗位。为了将来能从事自己感兴趣的工作，就要学会适应，并尽力做好现在的工作。

产生了兴趣，对这个职业感到“有趣”之后，要努力将其提升为“爱好”，再升华为“志趣”。职业兴趣的产生有个逐渐发展的过程，即有趣、爱好、志趣三个阶段。

案例

曹禺的兴趣发展三步曲

我国著名戏剧家曹禺，上中学前就觉得戏曲、电影有趣，爱看京剧和“文明戏”；进了天津南开中学以后，参加了学校的话剧团，培养并发展了自己的爱好；后来进了北京的清华大学，专攻西方语言和文学，在大学毕业前写出了第一个剧本《雷雨》，为以后成为戏剧家奠定了基础。

启示

曹禺先生从看戏、演戏，直到写戏，不仅反映了兴趣发展的三步曲，也反映了兴趣在职业生涯中的作用。

三、性格及其调适

1. 性格与职业

性格是指一个人对事物的稳定态度和与其相适应的习惯化了的行为方式，分为外向型、内向型、中间型三类。

外向型人的主要特征有活动性、灵活性、开放性、现实性、适应性、显示性等。这种类型的人多为开朗的乐天派，为人处世灵活多变、热情好客，能较好地适应外界变化，善于与人打交道。然而，他们有时做事马马虎虎，容易急躁。外向型的人，适合从事工作内容变化较大的职业，如外交官、公关人员、组织管理者、营业员、采购员、服务员、推销员、律师、导游等。如果外向的人还具有显示性高的特点，就能较好地适应具有竞争性、创造性、自我表现力强的职业，如演员、导演、运动员、记者等。

内向型人的主要特征有安定性、规律性、伦理性、计划性、缜密性、克制性等。这种类型的人多数较严谨、有计划、讲信誉、守规则。但他们有时处事犹豫不决，迟迟不见行动。在处理人际关系时，不如外向型的人爽快和易于接近。不过，专心致志、持之以恒是内向型人的长处。内向型的人能较好地处理工作内容相对固定的工作，比较适合的职业有基础理论研究者、画家、绘图员、档案管理员、图书管理员、计算机操作员等。如果内向型的人还具有安定性高的特点，就能较好地适应需要以沉着的态度处理大量日常工作的职业，以及特别需要耐心和恒心的职业，如会计、工程和机械设计师、仓库保管员等。

中间型既有外向型的一些特征，又有内向型的一些特征，所以中间型的人在职业适应性方面更宽泛。

不同类型的职业对从业者性格的要求各不相同，不同类型性格的人适合的职业也各不相同。例如，让类似“张飞”性格的人去做文员，一定会让上司头痛；让类似“林黛玉”性格的人去开拓市场，业绩肯定不太理想。不同职业要求从业者具有与之相适应的职业性格。

在职业活动中，并不是每一种职业对性格都有特殊要求。例如诗人，李白飘逸，性格外向，被人称为“诗仙”；杜甫沉郁，性格内向，被人称为“诗圣”。性格外向的人，可以大笔勾勒、跌宕生姿；性格内向的人，可以深邃含蓄、意味隽永。

2. 职业性格与职业的关系

职业性格是人们在长期特定职业生活中所形成的与职业相联系的比较稳定的心理特征。科学家依据性格与职业的关系把职业性格划分为9类，并详细解读了每类中与职业相关的性格特点，详见表2—3。这种分类清晰地反映了性格与职业的关系。

表2—3　9种职业性格及其特点

编号	职业性格	与职业相关的性格特点
1	变化型	在新的或意外的工作环境中感到愉快，喜欢工作内容经常有些变化，在有压力的情况下工作出色，追求并能适应多样化工作，善于将注意力从一件事转到另一件事情上
2	重复型	适合并喜欢连续不停地从事同样的工作，喜欢按照固定模式或别人安排好的计划、进度办事，爱好重复的、有标准规则的工作
3	服从型	喜欢配合别人或按照别人的指示办事，愿意让别人支配自己的工作，不愿意自己独立做出决策
4	独立型	喜欢计划自己的活动并指导别人的活动，在独立的、负有责任的工作中感到愉快，喜欢对将要发生的事情做出决定
5	协作型	在与人协同工作时感到愉快，善于引导别人按客观规律办事，希望得到同事的喜欢
6	劝服型	善于说服别人，能通过谈话和文字进行沟通，对别人的反应有较强的判断能力，并善于影响他人的态度、观点和判断
7	机智型	在紧张、危险的情况下也能很好地执行任务，出现意外时能自我控制、镇定自若，不易慌乱，应变能力强
8	自我表现型	喜欢表现自己，善于表达自己的思想和感情
9	严谨型	注意细节的精确，在工作过程中能按规则、有步骤地把工作做得尽善尽美，工作严格、努力、自觉、认真，按质按量，以便能看到自己完成的出色工作效果

事实上，只具有单一职业性格类型的人较少，大多数人兼有多种类型，只不过有的占主导地位，有的占次要地位。同样，每一种职业要求从业者具有的性络类型也不是一种，而且所要求的几种性格类型也有主次之分。例如，参照表2—3，金属切削加工这一职业要求从业者性格为2、3、5项，即重复型、服从型和协作型（排在第一位的为主，下同；以下只写职业性格编号），而机械制造工程技术这一职业则要求从业者性格为1、4、7项。又如，商业管理、商业采购这两种职业要求从业者性格均为1、4、6项，而售货员这一职业则要求从业者性格为1、5、6项。再如，厨师为1、4、9项，会计为9、2、3项，演员为8、5、1项，导游为1、4、8项，警察为7、4、1项，护士为1、4、5项，药剂士为1、4、9项，公共卫生护士为1、4、7项。

专业定向并不等于职业定向。在所学专业对应的职业群和相关职业群中，寻找适合自己的职业，拓宽自己的择业面，或在职业群中转岗，都能使自己从事与个性相符或相近的职业。例如，会计这个职业，通常适合性格内向的人，而性格外向的学生掌握了财会知识后，如果从事推销、管理类工作，或创办自己的企业，会更有利。又如，电器安装工要求从业者的性格以变化型为主，并具有独立型和机智型的特征；而专业知识、技能相近的企业电工，则要求从业者性格以重复型为主，并具有服从型和协作型的特征。再如，药剂师要求从业者性格以重复型为主，并具有独立型和严谨型的特征；而专业知识、技能相近的药剂销售员，则要求从业者性格以变化型为主，并具有协作型和劝服型的特征。

3．性格可以调适

性格是一种相对稳定的心理特征，虽然有先天因素，但主要是后天形成的，更多地受社会条件制约，对于青年人来说，性格可塑性强。职业需要与之相适应的性格的人，职业也能改变从业者的性格。已经专业定向的职业院校学生，应该按照即将从事的职业对从业者的性格要求，在日常生活、职业环境中磨炼自己，改造甚至重塑自己的性格。

性格不同的孪生姐妹

案例

有一对孪生姐妹同在一个家庭里成长，同在一个小学、中学、大学里受教育。姐姐活泼开朗、善于交际、勇敢果断、处事主动，妹妹文静内向、不善交际、怕羞胆怯、缺少主见、依附性强。为什么在同样环境下成长的双胞胎，会在性格上有这么大的差别？原因在于她们俩出生不久，她们的祖母和父母亲就做出了决定，要求姐姐照顾妹妹，做妹妹的榜样，带头执行长辈委派的任务。

启示

性格虽然有“天生”的因素，但又是在人后天的生活过程中逐渐形成的，因而也能在生活过程中予以调适。特别在青少年时期，性格可塑性很强。

由于职业演变和个人发展的需要，多数人在自己的职业生涯中会多次转换职业。不同职业对从业者性格要求不同，从业者为了生存和发展的需要，应该通过调适性格，主动适应职业要求，做职业生涯发展的主人。

一个性格固化的年轻人，由于难以适应发展过程中的岗位变换，在“职业选人”的现实中，职业生涯发展就会遇到难以逾越的关口。在现实职场中，很多用人单位都会把新参加工作的毕业生，安排在一线岗位上，通过基层岗位的锻炼和考察，并以此为依据来考虑员工的发展。在个人发展过程中，从业者为了生涯发展，会设法转换岗位，还有可能通过转换企业即“跳槽”，来捕捉岗位变换和升迁的机会。在这个变化和发展过程中，需要按岗位对从业者职业性格的要求来调适性格，以适应过渡岗位的需要。

例如，学财会专业的学生在毕业时，已经取得了会计上岗证、会计电算化证等资格证书，但很少有人能在毕业时直接当上会计，甚至当出纳的机会都不多。学财会专业的学生今后要想当上会计，就需要经过岗位过渡。例如，在商场等大企业就业，从售货员、推销员等岗位起步，经过收银员、出纳等岗位过渡，当上会计以后，再在会计岗位上获得专业技术职称的晋升；或者在为众多小企业处理会计事务的会计公司就业，从外勤岗位起步，经过会计助理等岗位的过渡，再升任会计，条件成熟时还可以创办自己的会计公司，当管理会计等员工的经营者。这些起步、过渡的岗位对从业者性格的要求，与会计对从业者性格的要求不同，甚至大相径庭。然而，从业者必须通过调适性格适应这些岗位，并取得成绩、站稳脚跟，才能继续发展。

性格是在对人、对事的态度和行为方式上所表现出来的人格特征，其形成受人的价值观、人生观、世界观的影响，与人生经历、成长环境、家庭背景、现实刺激等多种因素有关。换言之，人的性格实质是人的一种行为习惯，主要表现为对自己、对别人、对事物的态度和所采取的言行。

播下一个行动，收获一种习惯；
播下一种习惯，收获一种性格；
播下一种性格，收获一种命运。

——威廉·詹姆士

既然是习惯，就具有可塑性。荀子曰：“积行成习，积习成性，积性成命。”即一个人长期的行为会形成习惯，习惯会形成性格，性格又决定了命运。行为心理学的研究证明：

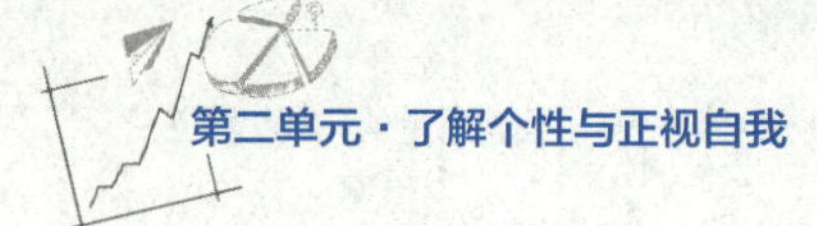

同一行为经过3周以上的重复会形成习惯，经过3个月以上的重复会形成稳定的习惯。

为了追梦、圆梦，职业院校学生要依据首次就业岗位对从业者的性格要求，在日常学习、日常生活中按照习惯养成的规律，学会调适性格的方法，调适自己的性格。要经常提醒自己，通过养成行为习惯调适性格，是职业生涯发展的需要，也是追梦的需要。

案例

“薛宝钗”变成了“王熙凤”

一个学营销的职业院校学生，在校时是全班有名的“东方女性代表”，深沉、文静、少言寡语。毕业后，在一次同学聚会时，同学们惊诧不已，差点不敢认她。昔日的“薛宝钗”变成了“王熙凤”，显得精明干练、能言善辩。长期的对外商业应酬磨炼了她，使她逐渐改变了原有的性格，适应了职业的需要。

启示

性格是稳定的，但又可改变的，在职业环境中不断磨炼自己，性格会发生变化。职业院校学生应根据所学专业对应职业群对从业者性格的要求，主动创造条件，在相应的职业环境中调适自己的性格。

案例

不要害怕和陌生人说话

一个偶然的机会，小田到保险公司当起了保险业务员。保险业务最难跨越的关键一步是“说明关”，就是要向原本陌生的人讲解有关保险的品种和细则，讲解保险对于他（她）和家人的意义。只有讲得合情合理，精辟入微，才能引起人家的兴趣。小田本是性格内向、多思少语的人，一向不善于在人面前侃侃而谈。他便独居一室，对着镜子练说话，把要介绍的保险品种，背得滚瓜烂熟。他每天坚持“陌生拜访”，设法与陌生人说话聊天。

他相信，每十个陌生人中有一两个人会和自己聊上几句，那么一天中愿与自己聊上几句的五六个人中，就可能有一个人愿意和自己谈保险，只要坚持做了一个月，就可以做三个月，可以做更长时间。小田坚持苦练，练着练着就放开了，一放开，业务也便见了成效。如今，小田已是一个性情开朗、能说会道的保险业务员，他结交了许多原本陌生的人，并以他的坦诚和热忱使他们成为他的客户、他的朋友，还为他引荐了更多的新客户和新朋友。这两年，小田的业务开展得越来越顺利。

启示

在日常生活中我们能够发现，从事同样职业的人，往往在性格上有相似之处。文艺工作者往往活泼、开朗、情感丰富，服务人员多半热情、耐心、和气，科学工作者多半严谨、认真、实事求是，石油工人豪放、粗犷，精密仪器修理工细致、精确，高空作业工人大胆、勇敢。长期的实践活动，使这些原本有不同性格的人，逐渐有了相似的性格特征。

四、能力及其提高

1. 社会能力是职业能力的重要内涵

能力是指顺利完成某种活动所具备的稳定的个性心理特征。由于分类的依据不同，能力可以有多种形式的分类。例如，从能力使用范围角度可分为一般能力和特殊能力，前者适于一般的活动，后者适于特殊专业活动；从能力发展水平角度可分为再造能力和创造能力，前者是指在活动中能把掌握的知识、技能按照所提供的式样予以实现，具有模仿性，后者是指会创造出新的、独特的东西。心理学还把能力分为显能和潜能。显能指一个人现在已经具有的现实能力；潜能是指一个人经过进一步学习和训练，而达到更高水平的可能性能力。

职业能力是从业者在职业活动中表现出的改造自然和改造社会的实践能力。职业能力是直接影响人们活动效率、保证人们顺利完成某种活动所必需的能力。各行各业为了保证职业活动顺利完成，都要求从业者必须具备该项职业活动所需的能力。在职业活动中，职业的成功与否，与个人能力是否符合职业要求息息相关，因此职业能力往往是我们评价一个人的重要标准。一般来说，职业能力分为专业能力、方法能力和社会能力，其内涵及相应的主要能力，详见表 2–4。

表 2–4　职业能力的分类

类别	内涵	主要能力
专业能力	从事职业活动所需要的运用专业知识、技能的能力（强调应用性、针对性）	运用某种职业必备专业知识、技能的能力，适应职业岗位变换的能力，将环保、能源、质量、安全、经济、法律、美学等方面的知识运用于实际的能力等
方法能力	从事职业活动所需要的工作方法、学习方法方面的能力（强调合理性、逻辑性、创新性）	分析与综合能力、决策与迁移能力、信息接收和处理能力、自学能力、提出合理化建议的能力、审美和创造美的能力、创新能力等
社会能力	从事职业活动所需要的社会行为能力（强调对社会的适应性，具有积极的人生态度）	交往与合作能力、塑造自我形象的能力、自我控制能力、反省能力、适应变化的能力、抗挫折能力、推销自我的能力、谈判能力、组织和执行任务的能力、竞争能力等

在职业能力中，社会能力是从业者适应社会、融入社会的能力，强调在职业活动中对社会的适应性，是职业能力的重要组成部分。社会能力在职业院校学生求职以及整个

职业生涯过程中，有非常重要的作用。一个人能否适应社会、融入社会，不但直接关系求职就业的成功率，而且影响职业生涯能否顺利发展。只有适应社会才能立足社会，进而才能改造社会。

告别学校，走向社会，你准备好了吗？

职业院校毕业生，走上社会，要想生存发展，首先得有一份职业，在一个单位工作，以获取劳动报酬。在工作岗位上，你需要接触领导、同事、顾客，并得到他们的认可，被他们接受，这在很大程度上取决于你的社会能力。社会能力强，会很快被接受，并同他们打成一片，成为团队中的一员；相反，就可能被排斥和拒绝。

自己开公司当老板，对社会能力的要求更高；否则，下属可以“炒老板的鱿鱼”，顾客不上门、不回头，企业的上下游不配合，只能成为破产的老板。凡是成功的企业家都具有较强的社会能力。

有人认为自己有技术、有专长，靠技术、靠专长吃饭，不靠关系吃饭。其实，“关系”并不等于社会能力。任何技术、专长在应用的过程中，都需要别人合作。离开他人的协作，个人的技术和专长很难得到发挥。

社会能力的高低，在一定程度上反映这个人的道德水准。道德是调节个人与他人、社会和自然界之间关系的行为规范的总和，是靠社会舆论、传统习惯、教育和内心信念来维持的。如果从业者的社会行为能力低下，为所在人群所不容，说明他调节关系的行为能力差，反映他在道德认识、道德理想、道德情感等方面有缺陷。职业教育是能力本位的教育，从这个角度看，社会能力是职业道德在职业能力中的具体体现。

德国企业家不但重视雇员的专业能力，而且更重视雇员的社会能力；英国企业家则强调员工跨职业的通用能力，其中就包含社会能力的相关内容。

案例

为什么她晋升了？

公司来了两个职业院校毕业生，一个是英，一个是玲。俩人被安排在同一个部门，做同样的工作，工作能力和工作业绩不相上下，但俩人在待人接物方面，却有天壤之别。

英是一个大嗓门女孩，见到人要么直呼其名，要么小刘小许地喊。有一次，张经理正在会议室接待客人，英突然出现在门口，大声喊："老张，你的电话。"刚刚35岁的张经理，竟被人喊老张，又是当着客人的面，而且喊自己的人还是自己的部下。张经理的脸突然阴沉下来，出去接电话时，看也不看英一眼。

而玲就不同了，见到谁都毕恭毕敬的，小心翼翼地喊某经理、某主任，没有职务的，她就喊某大姐或某大哥，年龄稍长的职工，她就喊某老师。

英只有上班时才来公司，下班就走人，与公司里的人也没有过多交往。玲就不同了，她下班以后，看有人加班就会留下来，问问人家需不需要帮忙。谁有什么困难，她也会尽力帮助。当然，她有时也会向别人求助。遇到业务难题，她会虚心向有经验的同事请教。

后来，张经理手下的一个副经理调到别的部门主持工作了，公司决定采用公开竞聘的方式选拔新的副经理。因为英和玲都是业务骨干，符合公司规定的竞聘条件，于是俩人都报名竞聘。竞聘的结果是，玲以绝对的优势击败了英，成为公司最年轻的中层干部。

启示

待人处事的能力很重要，善于沟通、交流在工作中会事半功倍。

在职业生涯中，有的人一生从事某项技术工作。开始时做最基础的技术工作，后来可能做一定层次的技术组织工作，到最后可能成为技术权威，从事技术领导工作。在不同的阶段他的技术水平会不断地提高，但从社会能力的角度看，不管在哪个阶段，都需要较强的社会能力。有的人一开始从事某项基础工作，到后来成为企业家，成为领导者。在做基础工作时还需要一定的专业能力，而成为企业家、领导者后，专业能力可能已经不太重要，社会能力却越来越重要。有的人在一生中变换很多职业，不同的职业需要不同的专业技能，而不管从事何种职业，社会能力自始至终都是重要的。可见，社会能力对职业生涯发展具有极其重要的意义，它将伴随你终生，助你在职业生涯中顺利发展。

2. 职业能力与职业的关系

除了以上提到的不同依据的职业能力分类以外，依据能力与职业的关系将职业能力可划分为9类。这种分类，既反映了某类职业要求从业者应具备的能力类型，也反映了具有某种能力类型特点的人适合从事哪类职业，详见表2—5。

表 2—5　职业能力类型及其对从业者的要求

简称	职业能力类型	职业能力特点	对从业者要求
G	一般学习能力	又称为智力。它是指人认识、理解客观事物并运用知识、经验等解决问题的能力。它包括记忆能力、观察能力、注意能力、想象能力、思维能力。其核心是逻辑思维能力	一般学习能力是人在学习、工作、日常生活中必须具备、广泛使用的能力。职业或专业的水平越高，对人的一般学习能力的要求亦越高。例如，要当好一名医生，必须具有较高的智力水平；当一名护士，则只需要中等智力水平；而当一名护理员，智力水平稍低的人亦能胜任
V	言语能力	是指对词及其含义的理解能力和使用能力，对词、句子、段落、篇章的理解能力，以及善于清楚而正确地表达自己的观念和向别人介绍信息的能力。包括语言文字的理解能力、口头表达能力	不同的职业对人的言语能力要求不同。要想胜任教师、营业员、服务员、护士等职业，必须具备较强的言语能力；机床工、机械师、良种培育者、农民、纺织工等人员，则不一定需要较强的言语能力
N	算术能力	是指迅速而准确地运算能力	会计、出纳、统计、建筑师、工业药剂师等职业，必须具有较强的算术能力；法官、律师、历史学研究者、护士、X 光技师等职业，要求从业者具备中等水平算术能力；演员、话务员、招待员、厨师、理发员、导游、矿工、石匠、渔民等职业，则对从业者算术能力要求较低
S	空间判断能力	指能看懂几何图形，对立体图形的理解力，识别物体在空间运动中的联系，解决几何问题。如果在中学时爱好平面几何和立体几何，并且学得较好，往往空间判断能力较强	与图纸、工程、建筑等打交道的工作以及牙科医生、内科医生、外科医生等职业，对从业者空间判断能力要求很高；裁缝、电工、木工、无线电修理工、机床工，也要求从业者具有一般的空间判断力；律师、公证人、政治学研究者、哲学研究者、经济学研究者、会计、出纳、营业员、服务员、秘书、译员等职业，对从业者空间判断能力要求较低
P	形态知觉	指对物体或图形的有关细节具有正确的知觉能力，对图形的明暗、线条的宽度和长度能做出视觉的区别和比较，看出其细微的差异	生物学家、建筑师、测量员、制图员、农业技术员、医生、兽医、药剂师、配镜师、画家、理发师、无线电修理工，需要较强的形态知觉；法官、哲学学者、教师、护理员、护士、营养学家、演员、X 光技师，需要中等的形态知觉；历史学家、政治学家、社会服务工作人员、招待员、售货员、办公室职员，对从业者形态知觉要求较低
Q	职员能力	指对言语或表格式的材料具有知觉细节的能力，发现错字和正确地校对数字的能力	统计员、经济学家、记账员、出纳员、办公室职员、打字员等从业者，必须具备一定的职员能力；机床操作工、电工、木工、裁缝、演员、运动员等，则不一定需要这种能力
K	眼－手协调	指眼与手迅速、准确、协调地做出精确的动作和运动反应	对驾驶员、飞行员、牙科医生、外科医生、雕刻家、运动员、舞蹈家来说，这种能力显得尤其重要；对于社会科学研究者和社会工作者来说，则要求较低
F	手指灵活	指手指迅速而准确地活动和操作小的物体	纺织工、打字员、裁缝、外科医生、五官科医生、护士、雕刻家、画家等，手指必须灵活；政治家、哲学家、法官、律师、作者、农民、门卫等，则不一定需要手指很灵活
M	手的灵巧	指手灵巧而迅速活动的能力	体育运动员、舞蹈家、画家、兽医等，手必须能灵巧地活动；对教师、电台播音员、翻译、心理学家来说，这种能力不太重要

案例

陈景润和张秉贵的职业能力

陈景润这位在数学世界里闪着奇光异彩的大学问家，曾经当过中学数学教师，而且是一个不大受学生欢迎的教师。他的学习能力极高，有超常的记忆能力、想象能力、思维能力、算术能力，但他却十分缺乏言语能力，人际交往能力和组织管理能力也不高。这种能力特征，使他能成为一名攀登科学高峰的数学家，却不能成为一名优秀的中学数学教师。

北京市百货大楼优秀售货员张秉贵，在当时手工操作的条件下，运用良好的言语能力、眼–手协调能力、注意力分配能力以及手的灵巧，创造了对排长队的顾客同时接待三人的“接一、问二、联三”的方法，即接待第一位顾客时，向第二位顾客问好，并用点头或眼神向第三位顾客示意；运用快速心算能力，采取“一口清”的办法，一口气报出商品单价、实重、应收款、实收款、应找款；运用敏捷的操作能力，采取“一抓准”的方法，熟练地对糖果进行抓、称、包、扎等工序。他平均每50秒钟就能接待完一位顾客，而且是连续作业，因而成为全国劳动模范。

启示

每一个职业都要求从业者具备与这个职业相适应的能力，即职业能力。对职业的热爱和沉醉，能促使从业者不但具有符合职业需要的能力，还能形成超乎常人水平的职业能力。

3. 职业能力可以提高

脑袋里的智慧，就像打火石里的火花一样，不去打它是不肯出来的。

——莎士比亚

多数人都拥有自己不了解的能力和机会，都有可能做到未曾梦想的事情。

——戴尔·卡耐基

每个人的能力不同，具有的职业能力有差异，在学生时代以及终身要勤于扬长补短，在职业活动中要善于扬长避短。在职业能力上，有人善于动手操作；有人喜欢用脑思考；有人善于了解、表达，有很好的社交能力；有人长于应变、决策，表现出很好的管理能力。然而，绝大部分正常发展的人，能力发展水平不会相差很多。绝大多数人，只要在职业实践中经过刻苦努力，职业能力都可以获得发展和提高。

职业能力可以通过训练得以提高。一个人开始时不具备某种职业能力，但只要他

能在职业实践中刻苦努力地训练，不但可以具备相应职业能力并得到提高，甚至可以挖掘出相关潜能。

潜能是潜在的能量。每个人都有自己没发现、没感觉到的能力，即具有没被开发出来的能力。通过有意识、有目标、循序渐进的努力和刻苦训练，就能不断挖掘出潜能。

案例

小张的刀法是练出来的

小张学的是畜牧兽医专业，毕业后当了兽医，可他自己心里总觉得没底。一次，邻居大叔扯上他："你不是学兽医的吗？快看看我家的鸡是怎么了？"小张钻进又臭又热的鸡舍对半死不活的鸡看了半天，也没看出啥门道。情急之下，他灵机一动，出了个"给鸡舍开窗透气，撒点儿磷酸钙"的点子，结果总算对付过去了，但那"瞎猫碰见死耗子"的感觉，着实让小张发现：这书还远没念够哪！于是，他决定边开诊所边自学。为了练习骟仔猪手术，他拿自家的小猪当试验品，等他把家里的仔猪"祸害"得差不多了，才去行医。乡亲们惊奇地发现，原来笨手笨脚的张家小子，现在动起刀来跟老兽医似的。这消息四处流传开去，小张的诊所"火"了。

启示

初出茅庐，对职业活动往往捉襟见肘，缺乏经验。但是，随着职业实践活动的深入，在从业者自身的努力下，职业能力就会不断提高。因此，职业能力要靠自己在职业实践中去培养和提高。

开发潜能有三大要素，即高度的自信、坚定的意志、强烈的愿望。有人埋怨自己的才能被埋没，怀才不遇，郁郁寡欢。其实，是自己缺乏信心和勇气，自卑、懒惰、安于现状、不思进取，是自我埋没。如果能有梦、筑梦，给自己一点刺激，多一点信心、勇气和干劲，多一分决心、胆略和毅力，就有可能使自己身上处于休眠状态的潜能发挥出来，创造出连自己也吃惊的成功。

从业者的个性以及个性所包含的兴趣、性格、能力等心理特点，符合职业对从业者要求的人是幸运的，但是能够使自己的个性适合职业要求的人则是优秀的。对于已经专业定向的职业院校学生来说，主动适应职业要求应该是最好的选择。了解了不同职业对从业人员有不同心理品质要求，可以在了解自己职业个性特点的基础上，对照未来职业岗位对从业人员的要求，主动塑造符合职业要求的职业个性品质，以使自己能更好适应工作岗位对人员的素养要求。

能有机会在职业岗位上当“本色演员”当然好，但能拓展“戏路”、胜任“非本色”的角色，不仅能争取到更多的就业机会，而且也能证明自己有更高的水平。各种心理测试结果反映的都是现有水平，我们应珍惜在校生活塑造自我，不应该带着固化的个性走向职场，而应该抬头挺胸地主动适应职业，昂首阔步地走上社会。

案例

“配角”获了奖

有一个平时不爱说话的职业院校学生，在班里是个被别人指挥的“配角”，但她很羡慕其他同学能在大庭广众之下有声有色地演讲，很羡慕班干部有那么强的组织能力，能把各种活动组织得那么好。她意识到今后步入社会，走上工作岗位，缺乏语言表达能力和组织能力，自己将失去很多机会。于是，她开始在小组会上积极发言，为参加演讲比赛一次又一次地对着镜子训练，并从找几个同学出板报开始，锻炼自己的组织能力。终于，她不但在演讲比赛中获了奖，而且显示出较强的组织能力。

启示

对自己生疏的东西要敢于学习，敢于尝试，不要没去做就认为自己肯定不行。你如果从未在班上表演过唱歌，那么你不妨借助卡拉OK机多练几次。这样的话，你可能不但会有一天能在大庭广众面前放声高歌，而且还有可能发现自己很有歌唱的天分。

每个人都有未被发现的潜能

思考与体验

1. 每个人都有自己的个性特点，而每类职业又需要与其职业性格相匹配的从业者，要想成为职业生涯的成功者，首先应该了解自己。你了解自己吗？你能在20分钟内，用20句话把自己概括出来吗？

例如：

我是一个学习成绩中等，但动手能力强的职业院校低年级学生。

我是一个热情、活泼、爱唱、爱跳的女孩。

我是父母的掌上明珠，有点娇气。

我是一个善于和年长者相处、愿意帮助他人的人。

你了解自己吗？

我爱学专业课，但对文化课特别是数学有点头痛。

……

在限定时间内挖空心思地“寻找自我”，写出20句能把自身特点充分表达出来的话，这并不容易。人们往往忽视去认识自己、评价自己，其实经常问问“自己是谁”，经常剖析自己，不但有助于目标明确地提高自己，也有利于今后的就业和职业生涯发展。

2. 测试个人的职业兴趣、职业性格和职业能力。

（1）用本单元阅读园地中的“职业兴趣自我评定量表”，测试自己的职业兴趣，并记录结果，思考测试结果与自己的兴趣是否一致。也可上网寻找免费的职业兴趣自测表，最好选择使用方便、能自动显示自测结果的自测表。

（2）用教材正文中提及的9种职业性格，分析自己的职业性格，或上网搜索职业性格测试表进行测试。

（3）在网上寻找免费的职业能力自测表，测试自己的职业能力。

3. 结合自己所学专业，说出初次就业以及晋升过程中，即纵向发展过程中，需要调适个性的例子。如果你既能用外向、内向、中间型性格解释，还能用9种职业性格进行解读，那么你今后职业生涯成功的概率就大大增加了。再试试举出一个在转岗、“跳槽”，即横向发展过程中，需要调适个性的例子。如果你也能说明白，那么你在感悟人生方面一定会大有所获。如果你能有意识、目标明确地调适性格，那么你在培养职业兴趣、提高职业能力方面就更能取得成效。（此题必做）

4. 找几个因为挖掘出个人潜能而获得成功的职业生涯的例子，和同学交流感想。

5. 下表是对社会能力的进一步分解，你能为每一项社会能力再增加些子能力吗？根据此表分析一下自己的社会能力在哪些方面有优势，哪些地方比较弱，并针对自己的弱项制订一个针对性强的训练计划。

社会能力分解表

序号	能力类型	能力分解项								
1	交往与合作能力	交往与合作的心理基础	沟通能力	与同学和朋友交往的能力	与同事交往与合作的能力	与父母、老师、领导交往的能力	与公关对象交往的能力	与不相识对象交往的能力	接待外宾的能力	
2	塑造自我形象的能力	塑造自我形象的基础	塑造“第一印象”的能力	在学校生活中塑造自我形象的能力	在职业群体中塑造自我形象的能力	在公众(公关)场合中塑造自我形象的能力				
3	自我控制能力	自我控制的基础	控制暴怒的能力	控制因喜悦而忘形的能力	处理同学或同事误解的能力	遭受上级刁难或面对不友好者的自控能力				
4	反省能力	反省的基础	对学习的反省能力	对执行任务的反省能力	对人际关系的反省能力	借鉴反省的能力	反省后调整的能力			
5	抗挫折能力	抗挫折的基础	正确对待学习逆境的能力	处理交往失败的能力	对待家庭异常环境的能力	正视求职或创业困境的能力	处理执行任务过程中遭遇挫折的应变能力	预测可能发生何种挫折的能力	在逆境中摆脱压力、寻求喜悦的能力	促使挫折向积极方向转化的能力
6	适应变化的能力	适应变化的基础	把握外界变化实质的能力	根据变化更新知识和技能的能力	根据变化自我角色重新定位的能力	迅速打开工作局面的能力				
7	收集和处理信息的能力	确定需要收集的信息主题的能力	根据主题多渠道收集信息的能力	信息分类能力	判断信息价值并予以筛选的能力	信息储存、检索和交换能力	在工作和生活中及时使用信息并将其转化为实践的能力			
8	组织和执行任务的能力	领会上级意图的能力	制订和推进任务计划的能力	组织人、财、物落实的能力	调动合作者积极性，按计划分步推进实施过程的能力	及时应对工作任务实施过程中遇到变化或困难的能力	完成任务后的总结提高能力			

续表

序号	能力类型	能力分解项								
9	推销自我的能力	敢于推销自己的心理基础	根据对方需求调整自己的能力	推销自我时讲究礼貌的能力	巧妙展示自己技能、特长和文化底蕴的能力	扬长避短地推销自己的能力	多渠道推销自己的能力			
10	谈判能力	制定谈判程序的能力	在谈判前了解对方和做好准备工作的能力	谈判中讲究礼貌礼仪和尊重对方的能力	谈判时分析对方心理的能力	谈判过程中运用语言技巧的能力	使谈判结果取得“双赢”的能力	起草谈判文件和签订合同的能力	讲究信誉的能力	
11	竞争能力	竞争的心理基础	积极进取、不畏强手的能力	讲究效率、合理安排时间的能力	注重效益、追求最佳效果的能力	在竞争中讲究策略的能力	通过竞争不断提高自身素养的能力	竞争成功后制定下一轮竞争目标的能力		
12	创新能力	创新的基础	创新的思维能力	创新的方法能力	创新付之于实践的能力					

6. 根据下面的案例，分析职业院校学生应该怎样提高社会能力。

小刘与小高同时就读于一所职业院校。在学习中，小刘认识到技工教育重在培养技术和技能型人才，因此不仅注重专业知识的学习，还利用业余时间去考相关专业技能证书，到餐厅打工。同时，小刘还是学生干部，经常组织学生开展多种文体活动。毕业时，小刘不仅顺利拿到了毕业证书，而且取得了三个相关职业的职业资格证书，成为品学兼优、成熟、富有一定社会经验的毕业生，顺利进入了国家航天部门工作。而小高认为上职业院校不过是混一张文凭，课余就到网吧玩游戏，参加朋友聚会，毕业时仅有一纸毕业证书。他到多个单位求职，由于能力低、不能胜任工作而失败。

第二课　正视自我与主动提升

正视自我，主动按即将从事的职业对从业者的要求，调整自己的职业价值观，提升自己的智商、情商，改善自己的学习状况、行为习惯，是取得成功职业生涯的必要前提。

一、职业价值观及其调整

1．职业价值取向

职业价值取向是人们谋取一份职业的社会行为目的，决定人的就业方向和职业行为，影响人在职业活动中的态度，是人在从业过程中的驱动力。简言之，职业价值取向是人们谋取一份职业的目的，即为什么要谋取这份职业。一般来说，职业价值取向分为13种，详见表2—6。

青年的价值取向决定了未来整个社会的价值取向，而青年又处在价值观形成和确立的时期，抓好这一时期的价值观养成十分重要。这就像穿衣服扣扣子一样，如果第一粒扣子扣错了，剩余的扣子都会扣错。

——习近平

小资料

社会主义核心价值观

党的十八大以来，中央高度重视培育和践行社会主义核心价值观。社会主义核心价值观的基本内容有三层十二个方面。

国家层面的价值目标：富强、民主、文明、和谐；

社会层面的价值取向：自由、平等、公正、法治；

公民层面的价值准则：爱国、敬业、诚信、友善。

不同的人职业价值取向不同，美国心理学家洛特克把人们形形色色的职业价值取向归纳为13种。一般来讲，绝大多数人的职业价值取向不是单一的，往往有多种，是综合性取向。不同的人不仅在取向范围上有区别，而且在取向重要性排序上也有区别。

表 2–6 13 种职业价值取向

取向	内涵
成就感	希望提升社会地位，得到社会认同，追求成功，重视旁人对自己的评价
道德感	重视所从事职业在社会发展中的作用，将个人职业生涯发展与社会发展的目标紧密结合，愿意为社会和他人贡献一分力量
美感	能有机会多角度地欣赏周围的人和事物的美，有机会展现美和创造美
挑战感	能有机会运用自己的聪明才智解决困难，能突破传统方式，用创新方法处理事务
健康	能让自己免于焦虑、紧张和恐惧，希望能够平心静气地处理事务，追求身体的健康和心理的安逸
收入与财富	所从事职业能明显、有效地增加自己的收入，重视收入的不断增长
独立性	工作有弹性，可以掌握自己的时间和行动，自由度高
家庭和人际关系	重视自己所从事的职业对家庭的影响，关心、体贴家人和他人，愿意协助他人解决困难，重视人际关系的和谐
欢乐	享受人生，结交新朋友，追求职业活动中的欢乐感
权力	能够影响或控制他人，让他人照着自己的意愿行动
安全感	能满足基本需求，职业稳定，有安全感，发生突如其来的职业变动的可能性小
自我成长	所从事的职业有利于知识、能力的提升，有利于人生经验的积累，有利于职务的晋升
协助他人	重视自己的行为使他人受惠，重视自己的付出有助于所在团体的发展

2．从实际出发调整自己的职业价值取向

每个人的职业价值取向，直接影响从业者的幸福感和满足感。过分从个人意愿出发、脱离实际的职业价值取向不容易得到满足。脱离实际主要表现为两方面：

第一，脱离本人实际，即脱离个人实际能力和家庭的实际状况；

第二，脱离环境实际，即脱离国家经济社会发展的大环境和本人生活的乡土环境、社区环境。

要想改变这两种脱离实际的状况，提升职业价值取向的满足感，应该在了解职业价值取向的基础上，把握这些取向的关系。表 2—6 中的 13 种职业价值取向可以分为三类，与人对职业的三种基本需要一致：一是维持并提高物质生活的需要，通过从事职业活动取得报酬，满足衣、食、住、行等方面的需求，这是最基本的要求；二是满足精神生活，实现人生价值特别是发展个性的需要，在物质生活水平大大提高的今天，人们的这种需要越来越强烈了；三是承担社会义务的需要，即通过从事职业活动，履行社会分工中应尽的职责，为祖国、为人民多做贡献，尽一个公民应尽的义务。

不同思想境界的人，对这三种需求排列的次序不同，但多数人追求的是多重满足，既希望为社会多做贡献，又希望个人的物质、精神需要得到满足。我们要善于根据实际情况，把自己的梦和祖国的伟大事业联系在一起，将奋斗的平台放在祖国的伟大事业上，努力认真地处理好这三种需要之间的辩证关系。

个人的职业价值取向必须从实际出发。我们要经常反思自己的职业价值取向，并及时调整使之符合实际。

二、智商、情商及其提升

智商反映一个人的聪明才智，情商衡量一个人外在因素对他的影响和对自己内在情绪的把握程度，智商和情商可以作为择业和预测从事这个职业是否能成功的参照指数。

一个人的价值，应该看他贡献了什么，而不应当看他取得了什么。

——爱因斯坦

1. 智商与就业

智商是一个智力商数，表示一个人智力水平的高低。它反映一个人的认知能力、思维能力、语言能力、观察能力、计算能力、律动能力等，即理性思维、判断、推理、决策的能力，是大脑左半球的功能。

智商在同龄人口中基本上呈常态分布（如图 2—2）。在同龄人口中，人们的智商水平不同，有的智商高，有的智商低，呈现两头小、中间大的趋势。即智商很高和智商很低的人都是极少数，而智商中等的人占绝大多数。

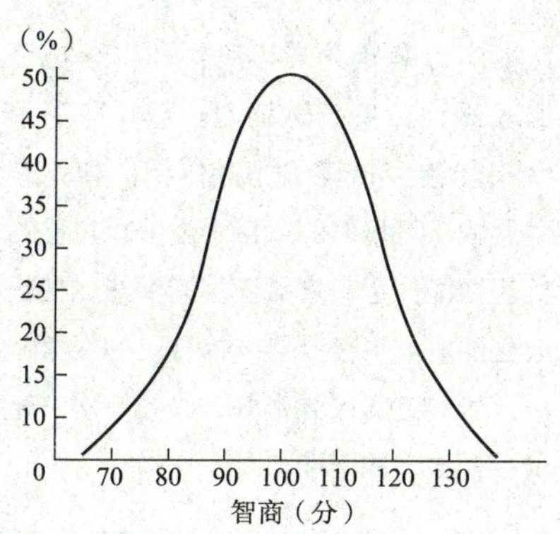

图 2—2　同龄人口中智商的常态分布

智商是可以提高的。虽然智商与遗传有关，但其水平与后天条件也密切相关。社会、环境、家庭、学校、所从事的实践活动以及主观努力程度等因素，都会影响智力发展。心理学研究表明，智力随着年龄增长而发展变化，在不同的年龄阶段，人们的智力水平存在着很大差异，有一个智力水平不断增长到稳定，最后又逐渐衰退的过程。

智商高，有利于专业知识的学习。但智商测试的结果与职业的关系并非绝对，即智商高的人不一定会有成功的职业生涯。人类个体在很多方面存在着差异，各自在生产实践和社会实践中的才能也不相同，职业过程也是复杂多变的。许多被认为是智商高的学生，在职业生涯中未必有建树；而有些被认为是智商低的人，却取得了很大的成就。在学术研究领域有这样的例子，在以技能为主的职业领域中就更是如此。

专业技能分为常规技能和专长技能。常规技能是通过简单的练习就能掌握，主要用于完成常规任务。专长技能是在长期的专门实践过程中积累而成的，是情感、知觉、体能、经验的复合体。它不仅能保证高效地完成常规任务，而且能促进非常规任务的顺利完成。高水平的烹饪、雕刻、磨具制造等属于这类技能。有一些工作，非常依赖专业知识和专业技能，例如外科医生、律师、民航飞行师、乐器演奏家等。有一些工作，则比较依赖个人的个性特长，例如推销员、文字校对员等。有一些工作，更多的与社会经验相关，例如，做贸易、做生意，或搞活动策划等。

智商测试长期以来主要用于测试学生的智力。这种测试的结果，用与学校考试形式一样的书面方式来检验，当然其智商高低与其学习成绩往往是吻合的。而以非书面的其他方式来检验，就不一定一致。传统智力理论局限于书本学习的智力，认为智力是由语言能力、推理能力、记忆能力等因素组成，并以语言能力和数学逻辑能力为核心。而研究与实践证明，这些仅仅是智力范畴的一个组成部分而并非全部。

对于今后将成为以科技创新能力、实践动手能力和解决实际问题能力为特色的实用型人才的职业院校学生而言，

小资料

多元智能

科学家提出，人具有多元智能，主要有交流交往智能、身体运动智能、视觉空间智能、音乐节奏智能、语言智能、逻辑和数理智能、自我意识智能、自然观察智能 8 种智能。在解决生产、生活中实际存在的难题时，人的这 8 种智能组合在一起发挥作用，其中有一种占主导，被称为优势智能。

不同的难题需要不同智能及其组合。因此，不能说哪种智能最重要，而要看解决什么难题。每一种智能又存在着多种表现形式。例如，语言智能既可以表现为文字表达能力，也可以表现为口头表达能力。智能取决于个人和社会情境的相互作用，智能是发展的、可培养的。每个人都有自己的优势智能，也有未被挖掘的潜能。在职业生涯发展中，既要发挥自己的优势智能，也要注意以强带弱、以强补弱，充分挖掘自己的潜能。

千万不要被一些智商测试的结果吓倒，要坚信：智商超常的人是极少数，职业生涯的成功与否虽然与智商有关，但智商不是决定性因素。同时，我们也应积极开发智力，培养智力构成要素的品质，有意识地训练认知能力、思维能力、语言能力、观察能力、计算能力以及思维能力、判断能力、推理能力、决策能力等。

2. 情商与就业

> 做实际工作情商很重要，更多需要的是做群众工作和解决问题能力，也就是适应社会能力。老话说，万贯家财不如薄技在身，情商当然要与专业知识和技能结合。
>
> ——习近平

情商是情感商数，是人的一种涵养和社会智力，是一种心灵力量，是人的另一种形式的智慧，它表示了一个人认识、控制、调节自身和他人情感的能力。联合国教科文组织在《21世纪全球开智计划》中明确指出，智力并非一个单向度的概念，除了基本智商，它还包涵了人的更多能力，如成就智商、道德智商、情绪智商、体能智商等。

情商的基本内涵可概括为以下五个方面。

第一，了解自我，自我知觉。即当某种情绪出现时便能察觉，这是情感智商的核心。控制情绪时刻变化的能力是自我理解和心理领悟力的基础，若没有能力认识自身的真实情绪，就只有听凭这些情绪的摆布，而能把握自我情绪，就能更好地指导自己的人生，更准确地决策婚姻、职业之类的人生大事。

第二，管理自我，即调控自我的情绪，使之适时、适地、适度。这种能力建立在自我知觉的基础上。这一能力低下者将总是陷于痛苦情绪的旋涡中；反之，这一能力高强者，就可从人生的挫折和失败中迅速跳出，重整旗鼓，迎头赶上。

第三，自我激励。这是服从于某目标而调动、指挥自己情绪的能力。任何方面的成功都必须有情绪的自我控制——延迟满足、压抑冲动。具有这种能力的人，无论从事什么行业都将有更高的效率，更富成效。

第四，认识他人情绪，也称移情。这是在情感的自我知觉基础上发展起来的又一种能力，是最基本的人际关系能力。具有移情能力的人通过细微的社会信号，能敏锐地感受到他人的需求与欲望。这一能力能满足如照料、教育、销售或管理职业类的需求。

第五，处理人际关系。人际关系艺术就是调控与他人反应的技巧。人际关系能力可强化一个人的受社会欢迎程度、领导权威、人际互动效能等。擅长处理人际关系者，凭借与他人的和谐关系即可事事顺利。

因此，情商主要包括五种能力：自我认识能力、情绪管理能力、自我激励能力、了解他人能力、成功社交能力。情商高者能够了解自我，发掘潜能，建立良好的人际关系，并以自动、自发的心态参与竞争，自觉提升自己，同时准确捕捉属于自己成就大业的机遇。美国心理学家强调：两个智商基本相同的人，情商较高的人，事业成功的机会是另一个人的 4 倍以上。他们给出了这样一个公式：

20% 的智商 +80% 的情商 =100% 的成功。

案例

混不下去的高才生

李某是全班公认的高智商人才。毕业后，他进入一家正规且有一定规模的信息技术企业做系统开发，收入不低。但他进去不久，就“混不下去了”。因为他不甘心做初级技术人员，几次越级向上级“举报”，说他的主管对他的方案多次否定，使公司蒙受损失。在同事中，他孤芳自赏，鹤立鸡群。不久，主管知道了他的“举报”行为，其他同事也由于他的清高而疏远他。李某如坐针毡，不得不另谋高就。

启示

李某在校期间忽略了情商的提高，在职业生涯刚起步时就吃了亏。比马云智商高的人何止千万，但是创造商业帝国的却是他，其原因之一就在于他的情商比其他人高，善于交友，善于演讲，善于抓住机遇……他能说会道、对人热诚，无论中国人、外国人，同龄人、年长或年幼的人，他都能说上话，用不了多长时间就能成朋友；他讲话有激情，配合恰当的表情和肢体语言，富有感染力、说服力；他经得住挫折，吃苦耐劳，勇于面对失败和旁人的冷言冷语；他沉着机敏，胆子大，能坚持，在变化面前，不但能沉着应对，还能及时捕捉机会，想他人之不敢想，做他人之不敢做，创出新路。

情商是可以培养的，但是绝不是只靠上学读书，而是经过自我评估、自定目标、自我培养形成的。自我评估能掌握自己情商的欠缺。情商更多的是别人如何看待你，所以它不是自己能完全看清楚的，还应主动了解别人对你的看法，多吸取别人（尤其是情商高的人）的意见。职业院校学生多听听老师、家长、同学的意见，或想办法得到匿名的建议，这对培养自己的情商是大有裨益的。

发现自己缺点后，要确定目标来培养自己的情商。例如，如果发现自己人际关系差，就可以定一个每两个月交一个新朋友的目标；如果发现自己太害羞，就可以定一个每天上课要发言一次的目标；如果发现自己自控能力不好或脾气太坏，就可以请朋友在自己要发脾气时用约定的“密码”来提醒自己平静下来。此外，也可以在每一次自我改善的活动后，请同学、老师对自己的表现进行评价。这样坚持下去，你的情商一定会越来越高。

三、学习状况、行为习惯及其改善

1. 面对现实、正视自己

首先，要敢于面对现实，正视自己的学习状况和行为习惯。职业院校学生学习状况和行为习惯不尽相同：有人学习轻松自如，有人却十分吃力；有人上课专心听讲、积极思考，有人却心猿意马、开小差；有人在日常生活中遵守公德，有人却自由散漫……因此，要对自己的学习状况和行为习惯要加以分析，并寻求对策。

其次，要善于发现自己的长处、挖掘自己的潜能。要了解自己的优势，树立自信心。普通教育注重培养学生的逻辑分析能力，主要通过试卷来考查学习效果，这使一些学生在其他方面的长处难以得到展现。而职业教育以就业为导向，注重职业素养和职业能力的培养，这正是职业院校学生的优势所在。因而，职业院校学生无须妄自菲薄，而要发现自己的长处并善加利用。

2. 习惯在日常学习、生活中养成

习惯是一种定型的行为，是长期积累、反复强化的产物，是经过反复练习而养成的。从心理机制上看，习惯是一种需要，如果不这么做，就会感到很别扭。习惯具有相对的稳定性和自发性，既不需要别人督促、提醒，也不需要自己的意志努力，即“习惯成自然”。时间越久，习惯越难改变。为了今后的职业生涯发展，职业院校的学生一定要持之以恒地养成良好的学习习惯和行为习惯。

首先，要养成良好的学习习惯。职业院校学生在校期间的学习，分为公共课和专业课两类。如果公共课学习基础差，不要气馁！在原有基础上有提高就行。学习公共课，除了学知识以外，重点要提高学习能力、掌握学习方法、养成学习习惯，为今后更新知识打好基础。

专业课学习对于绝大多数同学来说都是零起点，只要从一开始就养成良好的学习

习惯，就完全能进入角色。学习专业课需要手脑并用，有许多知识、技能要在边学边做中获得。专业课也包含两类：一类是面向职业群的，一般在低年级学，课程内容包括理论知识、实验、实训，这些内容是今后转岗、晋升的基础；另一类是针对某一职业的，一般在高年级学，课程包括专业技能等内容，又被称为“专门化”，既是首次就业的“敲门砖”，也是融会贯通前一类内容的好机会。

习惯若不是最好的仆人，便是最坏的主人。

——艾蒙斯

在克服恶习上，迟做总比不做强。

——利德益特

一个钉子挤掉另一个钉子，习惯要由习惯来取代。

——伊拉斯谟

不论学习公共课还是专业课，都要养成好的学习习惯。因为在校学习的时间有限，多数职业院校学生一毕业就可能永远结束学校生活，而人的职业生涯发展需要终身不断地学习。养成爱学习、会学习的习惯，是职业生涯可持续发展的重要保证。

其次，要养成良好的行为习惯。对于想获得成功职业生涯的人来说，仅有良好的学习习惯尚不够，还需养成遵守纪律、注重安全、文明礼貌等行为习惯。进入职场后会发现，遵守职业纪律、注意生产安全，是用人单位对从业者的最低要求，而尊重顾客、尊重师傅，则是用人单位对从业者的最基本的要求。这是因为违反纪律不仅直接影响工作效率，有时还引发安全事故；注重安全不仅关系到用人单位，还关系到从业者自身和家庭幸福，关系到构建和谐社会。很难想象，单位领导会允许员工扰乱正常工作秩序，能工巧匠会把真本领教给一个不尊重自己的年轻人。

具有良好的行为习惯，是用人单位在录用一线从业者时十分看重的品质。良好习惯的养成，并非一朝一夕之功。如果在学校期间的日常生活、学习中，注重培养遵守纪律、礼貌待人等良好行为习惯，做到见人打招呼，做到服从命令、听指挥，到工作岗位上就能很快适应职业纪律的要求，并遵守职业道德规范。

由于不同职业的工作性质、社会责任、工作内容和方式不同，因而对从业者的素养要求也不同。兴趣、性格、能力、行为习惯等方面能否符合职业要求，既是求职者择业时要考虑的因素，也是用人单位甄选人才时十分重视的条件。职业院校学生处于青年时期，可塑性强，应努力提升自身素养，主动适应职业要求。

了解自己的个性以及兴趣、性格、能力，正视自己的价值观、智商和情商、学习状况和行为习惯，都是了解自己即“现在的我”，目的是使“我的梦”符合本人实际。人如果有了具体的职业理想就有了奋发向上的动力，就会目的明确、有意识地按职业对从业者的要求，努力培养兴趣、调适性格、提高能力，认真培养学习能力、提升职业素养。

在实现职业理想不断攀登过程中的“我”，是一个个“明天的我”；实现职业理想时的“我”，是“将来的我”；“现在的我”“明天的我”，是不断完善、不断进步的“我”；持续发展的“我”，构建了走向“将来的我”的阶梯，铺就了“我”的成功路。

思考与体验

1. 结合教材正文中提及的 13 种职业价值取向，分析自己的职业价值取向是什么，或上网搜索职业价值取向测试表进行测试。同时，根据分析或测试结果和所学专业对应的职业群，思考如何从实际出发调整自己的职业价值取向。

2. 根据下表测测自己的情商。

情商测试表

测试内容	情商测试标准	情商测试结果解析
认知自身情绪	1. 对自己的性格类型有比较清晰的了解	在第 1～4 中，认为自己与标准相符达3个以上，表明你对自己的情绪有较高的认知
	2. 知道自己在什么样的情况下容易发生情绪波动	
	3. 懂得从他人的言谈与表情中发现自己的情绪变化	
	4. 有经常反思习惯	

续表

测试内容	情商测试标准	情商测试结果解析
控制自身情绪	5. 遇事三思而后行	在第 5 ~ 10 中，认为自己与标准相符达 4 个以上，表明你对自己的情绪有较高的控制力
	6. 遇有不顺心的事能够抑制自己的烦恼	
	7. 遇到意想不到的突发事件，能够冷静应对	
	8. 受到挫折或委屈，能够保持能屈能伸的乐观心态	
	9. 出现感情冲动时，能够较快地“自我熄火”	
	10. 听到批评意见时或与实际情况不符的意见时，没有耿耿于怀	
自我激励	11. 在社会的竞争中，相信自己能够成功	在第 11 ~ 15 中，认为自己与标准相符达 4 个以上，表明你善于自我激励
	12. 决定要做的事情不轻言放弃	
	13. 在学习和工作中遇到困难，能鼓励自己克服困难	
	14. 相信“失败是成功之母”	
	15. 办事出了差错自己总结经验教训，不怨天尤人	
了解他人情绪	16. 对同学的脾气性格有一定的了解	在第 16 ~ 18 中，认为自己与标准相符达 2 个以上，表明你善于了解他人情绪
	17. 经常留意自己周围人们的情绪变化	
	18. 与人交往知道要了解和尊重他人的情感	
处理人际关系	19. 能够说出家人和朋友的一些优点和长处	在第 19 ~ 24 中，认为自己与标准相符达 5 个以上，表明你善于处理人际关系
	20. 不认为参加社会活动是浪费时间	
	21. 在活动中表现出愿意与他人合作的心态	
	22. 看到他人的进步和成就同样表现出高兴的心情	
	23. 与同学和朋友相处，能够“严于律己，宽以待人”	
	24. 知道失信和欺骗是建立友谊的大敌	

测试结果解析：在 24 个测评标准中，认为自己与标准相符达到 18 个及以上者为高情商者，达到 13 ~ 17 个者为中等情商者，不到 13 个者为低情商者。若为低情商者，有针对性加强自我修养和锻炼，是可以提高情商的。

请找出 3 个你认为自己最应该提升的情商内容，制订一个针对性强的提升计划，并与同桌或好友约定好互相监督、提醒的方式。

3. 按照下列步骤的要求，学习如何养成好习惯。

（1）找出因“不拘小节”（如站、坐、行姿态不雅，语言不文明，卫生习惯不良，日常礼貌不周等）而误事的事例，和同学们交流，并总结经验教训。

（2）写出三条好习惯养成的要求，争取做到文字精练、要求具体、朗朗上口。例如《弟子规》中的“出必告，返必面”，即外出时必须告知父母，回来后也要面告父母。又如“长呼人，即代叫；人不在，己即到”，即如果听见年长者呼唤人，就应立即代他去叫人；如果要找的人不在，自己就立即到年长者那里去看看有什么事。

在小组内交流各自写的三条要求，并做相应修改，把改后的三条要求摆放在每天能看到的地方。

（3）行动落实。从现在起开始落实三条中的一条，请本组或同宿舍的同学监督、帮助，要约定互帮形式。坚持一个月，自评这个习惯是否已经“习惯成自然”，即不费劲就能做到。如果没有，就继续坚持到把这个习惯养成。要知道这样做的意义不仅是为了养成一个好习惯，更说明你是位意志坚强的青年，能成为事业有成的人。

（4）再接再厉。养成一个好习惯后，总结经验，继续培养其他好习惯。

㊀ 职业兴趣自我评定量表

请仔细阅读以下职业兴趣自我评定量表中的问题。对每组问题，如果你的回答是肯定的话，则在“是”栏中打个√；如果你的回答是否定的话，则在“否”一栏中打个√。最后统计每组回答“是”的次数，填入每组“‘是’的次数”一栏中。

职业兴趣自我评定量表

第一组	是	否
(1) 你喜欢自己动手修理自行车、钟表、电线开关一类器具吗?	(　)	(　)
(2) 你对自己家里使用的空调、电饭煲、洗衣机等家用电器的质量和性能了解吗?	(　)	(　)
(3) 你喜欢动手做小型的模型（如滑翔机、汽车、轮船、建筑模型等）吗?	(　)	(　)
(4) 你喜欢与数字、图表打交道（如记账、制表、制图等）的一类工作吗?	(　)	(　)
(5) 你喜欢制作工艺品、装饰品和衣服吗?	(　)	(　)
第一组　“是”的次数（　）		
第二组	**是**	**否**
(1) 你喜欢给别人买东西当顾问吗?	(　)	(　)
(2) 你热衷于参加集体活动吗?	(　)	(　)
(3) 你喜欢接触不同类型的人吗?	(　)	(　)
(4) 你喜欢拜访别人、爱上网进聊天室与人讨论各种问题吗?	(　)	(　)
(5) 你喜欢会议上积极发言吗?	(　)	(　)
第二组　“是”的次数（　）		
第三组	**是**	**否**
(1) 你喜欢没有干扰地、有规则地从事日常工作吗?	(　)	(　)
(2) 你喜欢对任何事物都预先做周密的安排吗?	(　)	(　)
(3) 你善于查阅字典、辞典或上网使用搜索引擎查资料吗?	(　)	(　)
(4) 你善于按固定的程序有条不紊地工作吗?	(　)	(　)
(5) 你喜欢把事物进行分类和归档的工作吗?	(　)	(　)
第三组　“是”的次数（　）		
第四组	**是**	**否**
(1) 你喜欢倾听别人的难处并乐于帮助别人解决困难吗?	(　)	(　)
(2) 你愿意为残疾人服务吗?	(　)	(　)
(3) 在日常生活中，你愿给人们提供帮助吗?	(　)	(　)
(4) 你喜欢向别人传授自己的经验吗?	(　)	(　)
(5) 你喜欢照顾病人吗?	(　)	(　)
第四组　“是”的次数（　）		
第五组	**是**	**否**
(1) 你喜欢主持班集体活动吗?	(　)	(　)
(2) 你喜欢接近领导和老师吗?	(　)	(　)
(3) 你喜欢在人多时当众发表自己的观点和意见吗?	(　)	(　)
(4) 如果老师不在时，你能主动维持班里学习和生活的正常秩序吗?	(　)	(　)
(5) 你具有强烈的责任感和工作魄力吗?	(　)	(　)
第五组　“是”的次数（　）		
第六组	**是**	**否**
(1) 你特别爱读文学著作中对人内心世界的细致描写吗?	(　)	(　)
(2) 你喜欢听人们谈论他们的活动和想法吗?	(　)	(　)
(3) 你喜欢观察和研究人的心理和行为吗?	(　)	(　)
(4) 你喜欢上网或看书阅览有关领导人物、政治家、科学家等名人传记吗?	(　)	(　)
(5) 你很想了解有关世界各国的政治和经济制度吗?	(　)	(　)
第六组　“是”的次数（　）		

续表

第七组	是 否
(1) 你喜欢参观技术展览或收看（收听）技术新消息的节目吗?	( ) ( )
(2) 你喜欢上网搜索科技动态或阅读科技杂志吗?	( ) ( )
(3) 你想了解生机勃勃的大自然的奥秘吗?	( ) ( )
(4) 你喜欢使用科学精密仪器和电子仪器的工作吗?	( ) ( )
(5) 你喜欢复杂的绘图和设计吗?	( ) ( )
第七组 “是”的次数（ ）	
第八组	是 否
(1) 你想设计一种新的发型或服装吗?	( ) ( )
(2) 你喜欢创作吗?	( ) ( )
(3) 你有尝试着写小说或剧本吗?	( ) ( )
(4) 你很想参加学校艺术团或演出小品吗?	( ) ( )
(5) 你爱用新方法、新途径来解决问题吗?	( ) ( )
第八组 “是”的次数（ ）	
第九组	是 否
(1) 你喜欢操作机器吗?	( ) ( )
(2) 你很羡慕机械类工程师的工作吗?	( ) ( )
(3) 你想了解机器的构造和工作性能吗?	( ) ( )
(4) 你喜欢汽车维修、驾驶一类的工作吗?	( ) ( )
(5) 你喜欢参观和研究新的机器设备吗?	( ) ( )
第九组 “是”的次数（ ）	
第十组	是 否
(1) 你喜欢从事非常具体的工作吗?	( ) ( )
(2) 你喜欢做很快就看到产品的工作吗?	( ) ( )
(3) 你喜欢做让别人看到效果的工作吗?	( ) ( )
(4) 你喜欢做那种时间短且可以做得很好的工作吗?	( ) ( )
(5) 你喜欢做有形的事情（如编织、烧饭等）而不喜欢抽象活动吗?	( ) ( )
第十组 “是”的次数（ ）	

统计方法：将每组问题回答“是”的次数填入下表中，挑出次数排前5位的兴趣类型，与本单元表2—2职业兴趣类型特点与相应的职业对照，分析一下自己的职业兴趣倾向。

职业兴趣自我评定结果统计表

	第一组	第二组	第三组	第四组	第五组	第六组	第七组	第八组	第九组	第十组
“是”的次数										
职业兴趣类型编号	1	2	3	4	5	6	7	8	9	10

职业能力评定示例

每一种职业都要求从业者应具有多种职业能力，只不过对一些职业能力要求高些，对另一些职业能力要求低些。

不同职业对从业者的9种职业能力要求表（见下表）中列出了一些常见职业，每一个职业后面都有9个阿拉伯数字，其排列顺序与表2—5职业能力类型及其对从业者的要求中介绍的

9 种职业能力一一对应，即一般学习能力、言语能力、算术能力、空间判断能力、形态知觉、职员能力、眼–手协调、手指灵活、手的灵巧，GVNSPQKFM 是其对应职业能力的简称。

阿拉伯数字 1 ~ 5 表示能力强弱等级，其中 1 代表强、2 代表较强、3 代表一般、4 代表较弱、5 代表弱。有的等级数字下划有下横线，表明该项能力是本职业必备的职业能力。

例如“律师”，后面排列的 9 个等级数字是 113443444。这说明“律师”这个职业对“学习能力”“言语能力”要求高，而且这两项能力是律师必备能力；对“算术能力”要求一般；对“空间判断能力”“形态知觉能力”要求较弱；对“职员能力”虽然要求一般，但它却属于必备能力；对“眼–手协调”“手指灵巧”“手的灵巧”这 3 种职业能力要求较弱。

不同职业对从业者的 9 种职业能力要求

职业名称	G	V	N	S	P	Q	K	F	M
测量员	2	2	2	2	2	3	3	3	3
制图员	2	3	2	2	2	3	2	2	3
建筑和工程技术专家	2	2	2	2	2	3	3	3	3
建筑和工程技术员	2	3	3	3	3	3	3	3	3
律师	1	1	3	4	4	3	4	4	4
大学教师	1	1	3	3	2	3	4	4	4
中学教师	2	2	3	4	3	3	4	4	4
小学和幼儿园教师	2	2	3	3	3	3	3	3	3
职业学校教师（专业课）	2	2	2	3	3	3	3	3	3
职业学校教师（文化课）	2	2	3	4	3	3	4	4	4
护士	2	2	3	3	3	3	3	3	3
护士助手	3	4	4	4	4	3	3	3	3
工业药剂师	1	1	1	3	2	3	3	3	3
医院药剂师	2	2	2	4	2	3	3	3	3
配镜师（医）	2	2	2	2	2	3	3	3	3
眼镜销售商	3	3	3	3	3	4	3	2	3
演员	2	2	4	3	4	4	4	4	4
电台播音员	2	2	3	4	4	3	4	4	4
作家和编辑	2	1	3	3	3	3	4	4	4
翻译人员	2	1	4	4	4	3	4	4	4
体育教练	2	2	2	4	4	3	4	4	4
体育运动员	3	3	4	2	3	4	2	2	2
秘书	3	3	3	4	3	2	3	3	3
打字员	3	3	4	4	4	3	3	3	3
出纳员	3	3	3	4	4	2	3	3	4
统计员	3	3	2	4	3	2	3	3	4
一般办公室职员	3	4	3	4	4	3	3	4	4
商业经营管理人员	2	2	3	4	4	3	4	4	4
售货员	3	3	3	4	4	3	4	4	4
警察	3	3	3	4	3	3	3	4	3
门卫	4	4	5	4	4	4	4	4	4
厨师	4	4	4	4	3	4	3	3	3
服务员	3	3	4	4	4	4	3	4	3
理发师	3	3	4	4	2	4	3	3	3

导游	3 3 4 4 4 4 3 4 3
驾驶员	3 3 4 3 3 5 3 3 3
渔民	4 4 4 4 4 5 3 4 3
机床操作工	3 4 4 3 3 4 3 4 3
锻工	3 4 4 4 3 4 3 4 3
无线电修理工	3 3 3 3 2 4 3 3 3
家具木工	3 3 3 3 3 4 3 4 4
其他一般木工	3 4 4 3 4 4 3 4 3
电工	3 3 3 3 3 4 3 3 3

㊀ 职业能力自我评定量表

如果想知道自己的职业能力如何，就请按下列方法填写职业能力自我评定量表（见下表）。

1. 共有9组评价，每组有5个问题，每个问题后有5个括号，括号上的数字是能力等级。每个问题你只能在5个括号中选一个打“√”。

2. 在每组“各等级次数累计”一栏的括号内填上对应的一纵列内打“√”的次数。用各次数分别乘以对应能力等级的序数后，将乘积填入“总计”一横栏后的括号内。

3. 将“总计”除以5，就得到了这一组相应职业能力的“自评等级”。（如不能整除，可四舍五入后保留一位整数）

4. 9组都算完后，将每组的“自评等级”填入“统计方法”中表内的括号内。

职业能力自我评定量表

现请你根据自己的实际情况，对下面的每一组活动做出自我评价。

第一组

	强	较强	一般	较弱	弱
	1	2	3	4	5
（1）快而容易地学习新的内容	（ ）	（ ）	（ ）	（ ）	（ ）
（2）快而正确地解决数学题目	（ ）	（ ）	（ ）	（ ）	（ ）
（3）你的学习成绩总的来说	（ ）	（ ）	（ ）	（ ）	（ ）
（4）对课文的字、词、句、段落和篇章的理解、分析能力	（ ）	（ ）	（ ）	（ ）	（ ）
（5）对学习过的材料的记忆能力	（ ）	（ ）	（ ）	（ ）	（ ）
各等级次数累计	（ ）	（ ）	（ ）	（ ）	（ ）
	×1	×2	×3	×4	×5

总计 =（　）+（　）+（　）+（　）+（　）=（　）

总计（　）÷5= 自评等级（　）

第二组

	强	较强	一般	较弱	弱
	1	2	3	4	5
（1）善于表达自己的缺点	（ ）	（ ）	（ ）	（ ）	（ ）

续表

（2）阅读速度快，并能抓住中心内容	（ ）	（ ）	（ ）	（ ）	（ ）
（3）掌握词汇量的程度	（ ）	（ ）	（ ）	（ ）	（ ）
（4）向别人解释难懂的概念	（ ）	（ ）	（ ）	（ ）	（ ）
（5）你的语文成绩	（ ）	（ ）	（ ）	（ ）	（ ）
各等级次数累计	（ ）×1	（ ）×2	（ ）×3	（ ）×4	（ ）×5

总计 =（ ）+（ ）+（ ）+（ ）+（ ）=（ ）
总计（ ）÷5= 自评等级（ ）

第三组

	强 1	较强 2	一般 3	较弱 4	弱 5
（1）能做出精确的测量（如测量长、宽、高等）	（ ）	（ ）	（ ）	（ ）	（ ）
（2）笔算能力	（ ）	（ ）	（ ）	（ ）	（ ）
（3）心算能力	（ ）	（ ）	（ ）	（ ）	（ ）
（4）打算盘	（ ）	（ ）	（ ）	（ ）	（ ）
（5）你的数学成绩	（ ）	（ ）	（ ）	（ ）	（ ）
各等级次数累计	（ ）×1	（ ）×2	（ ）×3	（ ）×4	（ ）×5

总计 =（ ）+（ ）+（ ）+（ ）+（ ）=（ ）
总计（ ）÷5= 自评等级（ ）

第四组

	强 1	较强 2	一般 3	较弱 4	弱 5
（1）做立体几何方面的习题	（ ）	（ ）	（ ）	（ ）	（ ）
（2）画三维度的立体图形	（ ）	（ ）	（ ）	（ ）	（ ）
（3）看几何图形的立体感	（ ）	（ ）	（ ）	（ ）	（ ）
（4）想象盒子展开后的平面形状	（ ）	（ ）	（ ）	（ ）	（ ）
（5）想象三维度和三维度的物体	（ ）	（ ）	（ ）	（ ）	（ ）
各等级次数累计	（ ）×1	（ ）×2	（ ）×3	（ ）×4	（ ）×5

总计 =（ ）+（ ）+（ ）+（ ）+（ ）=（ ）
总计（ ）÷5= 自评等级（ ）

第五组

	强 1	较强 2	一般 3	较弱 4	弱 5
（1）发现相似图形中的细微差异	（ ）	（ ）	（ ）	（ ）	（ ）
（2）识别物体的形状差异	（ ）	（ ）	（ ）	（ ）	（ ）
（3）注意到多数人所忽视的物体的细节部分	（ ）	（ ）	（ ）	（ ）	（ ）
（4）检查物体的细节	（ ）	（ ）	（ ）	（ ）	（ ）
（5）观察图案是否正确	（ ）	（ ）	（ ）	（ ）	（ ）

续表

各等级次数累计	( )	( )	( )	( )	( )
	×1	×2	×3	×4	×5

总计 = ( ) + ( ) + ( ) + ( ) + ( ) = ( )

总计 ( ) ÷5= 自评等级 ( )

第六组

	强	较强	一般	较弱	弱
	1	2	3	4	5
(1)快而准确地抄写资料(如姓名、日期、电话号码等)	( )	( )	( )	( )	( )
(2)发现错别字	( )	( )	( )	( )	( )
(3)发现计算错误	( )	( )	( )	( )	( )
(4)在图书馆很快查找出编码卡片	( )	( )	( )	( )	( )
(5)自我控制能力(如较长时间地抄写资料)	( )	( )	( )	( )	( )
各等级次数累计	( )	( )	( )	( )	( )
	×1	×2	×3	×4	×5

总计 = ( ) + ( ) + ( ) + ( ) + ( ) = ( )

总计 ( ) ÷5= 自评等级 ( )

第七组

	强	较强	一般	较弱	弱
	1	2	3	4	5
(1)玩电子游戏	( )	( )	( )	( )	( )
(2)打篮球或排球	( )	( )	( )	( )	( )
(3)打乒乓球或羽毛球	( )	( )	( )	( )	( )
(4)打算盘	( )	( )	( )	( )	( )
(5)计算机文字录入	( )	( )	( )	( )	( )
各等级次数累计	( )	( )	( )	( )	( )
	×1	×2	×3	×4	×5

总计 = ( ) + ( ) + ( ) + ( ) + ( ) = ( )

总计 ( ) ÷5= 自评等级 ( )

第八组

	强	较强	一般	较弱	弱
	1	2	3	4	5
(1)灵巧地使用很小的工具(如镊子等)	( )	( )	( )	( )	( )
(2)穿针眼、编织等使用手指的活动	( )	( )	( )	( )	( )
(3)用手做一件小手工品	( )	( )	( )	( )	( )
(4)使用计算器	( )	( )	( )	( )	( )
(5)弹琴	( )	( )	( )	( )	( )
各等级次数累计	( )	( )	( )	( )	( )
	×1	×2	×3	×4	×5

续表

	强 1	较强 2	一般 3	较弱 4	弱 5
总计 =（ ）+（ ）+（ ）+（ ）+（ ） =（ ） 总计（ ）÷5= 自评等级（ ）					
第九组					
（1）用手把东西分类（如把一大堆苹果分为大、中、小三类）	（ ）	（ ）	（ ）	（ ）	（ ）
（2）用手推、拉东西时手的灵活度	（ ）	（ ）	（ ）	（ ）	（ ）
（3）很快地削水果（如苹果、梨）	（ ）	（ ）	（ ）	（ ）	（ ）
（4）灵活地使用手工工具（如榔头、锤子等）	（ ）	（ ）	（ ）	（ ）	（ ）
（5）在绘画、雕刻等手工活动中手的灵活性	（ ）	（ ）	（ ）	（ ）	（ ）
各等级次数累计	（ ） ×1	（ ） ×2	（ ） ×3	（ ） ×4	（ ） ×5
总计 =（ ）+（ ）+（ ）+（ ）+（ ）=（ ） 总计（ ）÷5= 自评等级（ ）					

统计方法：把每一组的自评等级填入职业能力自我评定结果表（见下表）中。把该表中的等级与前面学过的一些职业对从业者的能力要求做比较，可以分析出自己的职业能力特长和需要重点提高的环节。

在 9 种职业能力中，学习能力是其余 8 种能力的基础，与其他职业能力都有关。因为只要你愿意学习、善于学习，其他职业能力都能得到提高。

职业能力自我评定结果表

组	自评等级	相应的职业能力名称	
第一组	（ ）	一般学习能力	简称（G）
第二组	（ ）	言语能力	简称（V）
第三组	（ ）	算术能力	简称（N）
第四组	（ ）	空间判断能力	简称（S）
第五组	（ ）	形态知觉	简称（P）
第六组	（ ）	职员能力	简称（Q）
第七组	（ ）	眼-手协调	简称（K）
第八组	（ ）	手指灵巧	简称（F）
第九组	（ ）	手的灵巧	简称（M）

第三单元
发展目标与措施制定

学习要点：

1. 学会把握“中国梦”、行业升级和家乡变化，为“我的梦”创造机遇；理解“我的梦”与“中国梦”之间的辩证关系。掌握确定职业生涯发展长远目标、阶段目标的方法，能够设计出职业生涯规划的基本脉络，画出职业生涯发展路线图。

---

2. 了解职业素养、职业能力以及劳模精神、工匠精神的内涵，理解我们为什么要具有符合职业要求的职业素养，重视职业能力训练，并以劳模精神、工匠精神为榜样，重视创新精神、创新能力培养，才能制定出有效的发展措施，才能努力提升学习能力，并把能力训练落实于行动。

---

3. 掌握制定职业生涯发展措施的方法，明白规划管理、调整的重要性。在复习前三个单元有关知识的基础上，学会职业生涯规划的设计方法，能做出一份完整的职业生涯规划。

第一课　把握机遇与确定目标

新时代中国特色社会主义的航线已经明确，中华民族伟大复兴的巨轮正在乘风破浪前行。青年人要善于从历史方位和发展的眼光、以宏观与微观结合的视角，来设计自己的职业生涯。为了明天，珍惜现在，既为自己的职业生涯发展做出努力，又为中华民族伟大复兴做出贡献。

一、把握生涯发展机遇

如果说了解自己的个性以及兴趣、性格、能力，正视自己的价值观、智商和情商、学习状况和行为习惯，是“知己”，那么对祖国经济社会发展蓝图的理解，是宏观的“知彼”，对行业发展趋势、就业环境，以及家乡、家庭的了解是中观、微观的“知彼”。

知己知彼，百战不殆。
——《孙子兵法》

1. 注重国家的发展蓝图

近代以来，久经磨难的中华民族迎来了从站起来、富起来到强起来的伟大飞跃。“所当乘者势也，不可失者时也。”对于国家、民族，能否在关键节点抓住机遇，决定着国家、民族的前途命运。对一个人特别是青年人，能否在关键节点抓住机遇，决定着自己一辈子的职业生涯发展。职业院校学生要把握好前辈通过艰苦卓绝的奋斗而创造的机遇，打开机遇的未来空间，把“我的梦”有机地融入“中国梦”之中，在为实现中华腾飞贡献力量的过程中，圆自己的梦。

目前，职业院校学生的年龄阶段及职业生涯发展阶段，与党的十九大报告中所展示的国家发展蓝图的时间节点基本吻合；与建党100周年、建国100周年的“两个一百年”紧密相连；与2017—2022年的全面建成小康社会决胜期、“两个一百年”奋斗目标的历史交汇期的“两个时期”紧密相连；与2020—2035年和2035—2049年基本实现社会主义现代化、建成富强民主文明和谐美丽的社会主义现代化强国“两个阶段”紧密相连。国家发展蓝图时间节点与目前职业院校学生个人职业生涯发展规划节点的对应关系，如图 3–1 所示。

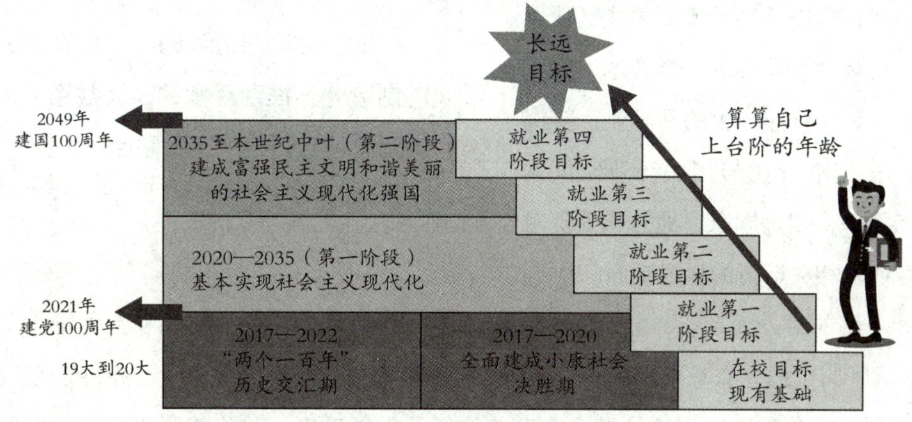

图3—1　国家发展蓝图时间节点与个人职业生涯发展规划

小资料

生涯发展的五个阶段

美国的职业指导专家萨帕（Donald E.Super）把人的职业发展过程分为五个阶段：（1）成长阶段（出生～14 岁），以幻想、兴趣为中心，对自己所理解的职业进行选择与评价；（2）探索阶段（15～24 岁），逐步对自身的兴趣、能力，以及对职业的社会价值、就业机会进行考虑，开始进入劳动力市场或开始从事某种职业；（3）确立阶段（25～44 岁），对选定的职业进行尝试，变换工作到逐步稳定；（4）维持阶段（45～60 岁），劳动者在工作中已经取得了一定的成绩，维持现状，提升自己的社会地位；（5）衰退阶段（60 岁以后），职业生涯接近尾声或退出工作领域。

我国专家也提出与之相似的划分方法，即萌发期、继承期、创造期、成熟期和老年期。

职业院校学生应该把“我的梦”与“中国梦”有机融为一体，制定出符合时代特点发展的长远目标和阶段目标，提升职业生涯发展与经济社会发展的紧密性、一致性，提升参加推动中国特色社会主义进入新时代的自觉性，把个人对职业生涯成功的追求，融入经济社会发展的时代大潮之中。

2. 注重行业的升级动向

职业院校学生职业生涯发展与即将从事的行业发展动向密不可分。行业发展为个人发展提供机会，个人发展促进行业发展。把自己的职业生涯发展融于行业发展之中，

借行业发展提供的机遇发展自己，会让自己的职业生涯发展更顺利。

> **加快建设制造强国，加快发展先进制造业，推动互联网、大数据、人工智能和实体经济深度融合。**
>
> **——习近平**

我们可以从四个方面关注行业发展：一是本行业出现的新技术、新工艺；二是本行业产生的新职业、新岗位；三是本行业与相关行业之间的动态关系；四是国家、地方和外资对本行业及相关行业的投资动向。

了解前两方面动态，能及时按新标准提升职业能力，使自己站在行业前沿不被淘汰，对于岗位成才有重要作用。了解后两方面动态，能把握行业发展趋势，发现新机遇，对于创业十分重要。不论从哪个角度关注行业发展动向，均应着眼于职业生涯的可持续发展，着力于“我的梦”与“中国梦”的有机融合。

3. 注重家乡、家庭变化

你了解家乡的经济特点吗？家乡的范围可大可小，既可以指你生活的村庄和乡镇，也可以是你生活的县、市和省。家乡的经济社会发展状况，与个人职业生涯发展关系最密切、最直接。我们在这里长大，最熟悉这里，人际关系也集中在这里。利用家乡的优势来发展自己，往往能事半功倍。如果能在家乡就业，不但会得到许多无形的帮助，而且更能感受到乡情。如果去外地谋发展，也要善于借助家乡的优势，并记得回报自己的父老乡亲。

我们应该着重从两方面关注家乡经济：一是家乡经济特点；二是本地经济与其他地区经济的比较。这样既可以捕捉到有利于自身发展的机会，也可以验证个人发展目标是否符合经济社会发展需要。很多职业生涯成功的人是在关注家乡经济发展的过程中产生灵感，找到了适合自己的、成功的个人发展方向。

对于家庭条件的分析以及变化趋势的预测，是对自身在社会中所处位置的判断。家庭的经济条件、社会关系、成员的健康状况等，均与个人的职业生涯发展有关。分析自己的家庭环境和变化趋势，也是职业生涯设计的重要基础。例如，如果家里经济条件较差，就可以先考虑就业，再考虑“升学”。家庭状况不是一成不变的，在进行职业生涯规划时应考虑变化的因素。例如，刚开始家里挣钱的人少，需要负担的人多，经济条件比较困难，而过几年后，可能挣钱的人多了，而需要负担的人少了，经济条件就会大大改观。

因此，对经济社会发展现状及其变化趋势的把握，对行业特点和变化趋势的洞察，对自身所处就业环境及其变化趋势的了解是职业生涯规划中不可或缺的“知彼”。此类分析，既是寻找职业生涯发展机会的重要手段，也是个人职业生涯发展符合经济社会发展需求的保证。

“知彼”不仅要有整体发展趋势的认知，更应该有细微的认知。比如，了解自己所学专业对应的职业群，及其对从业者的要求和变化趋势；了解这些职业的职业资格标准、行业职业道德规范；了解这行中的晋升和职务、等级阶梯，各阶梯对从业者的职业素养要求等。了解行业特点及其发展趋势，是高质量设计职业生涯的重要保证。

“知彼”，做得越好、越细致、越深刻、越全面，确立职业目标的基础就越牢靠，成功的可能性就越大。个人的职业生涯发展，既离不开国家经济社会发展的大背景，也离不开个人所在地区经济社会发展的小背景，更离不开行业的发展变动趋势。“我的梦”的实现，离不开中华民族伟大复兴的进程。只有把个人的职业生涯发展融入经济社会发展之中，按照行业特点及其变化趋势设计自己，才是有意义、可落实、能激励自己的职业生涯规划。

“中国梦”的实现，为每个人的职业生涯发展带来了机遇，而机遇是为有准备的人提供的。机遇一方面需要我们敏锐地去发现和捕捉，另一方面需要我们通过努力去创造。

二、长远目标制定要求

1. 确定长远目标分两步进行

职业生涯发展的目标是职业理想的进一步定位和具体化，将理想的人生，化为现实的人生。没有蓝图，休想建成高楼大厦；没有目标，难以拥有美好人生。目标是成功的前提，只有有了明确的目标，才会激励人们努力奋斗，并积极去创造条件实现目标，才会避免随波逐流、浪费青春。

目标既定，在学习和实践过程中无论遇到什么困难、曲折都不灰心丧气，不轻易改变自己决定的目标，而努力不懈地去学习和奋斗，如此才会有所成就，而达到自己的目的。

——吴玉章

确立长远目标是制定职业生涯规划的关键环节。长远目标，是个人职业生涯发展的最高目标或通过二十年或更长时间的努力应达成的目标。

确定长远目标可以分两步走。

第一步，选择职业生涯发展路线。通过第一单元的学习，我们已经了解职业生涯纵向发展路径大致有三个大方向，即沿技术、管理、创业方向逐渐提升。绝大多数人一开始工作，往往都走技术路线，经过一段时间积累之后，才逐渐转为管理或创业路线。在选择职业生涯发展路线时，应该思考：我想往哪一条路线发展？我能往哪一条路线发展？我可以往哪一条路线发展？“想”代表自己的想法，“能”代表本人的条件，“可以”代表外部环境。

第二步，确定既能够自我激励、又符合自身条件的长远目标。长远目标可以是奋斗的方向，还可以是十分具体的职业。

案例

不是每个人都适合当管理者

职业院校毕业生小顾困扰于是走技术道路呢，还是冲刺管理职位？他请教职业生涯咨询师，并进行了个性类型、就业倾向诊断与测试。诊断的结论：小顾表现出现实型与常规型的个性特征，即喜欢需要思考、分析和创造性的工作，不喜欢扮演“恶人”，希望与其合作的员工能有序、自主地完成各自的工作。根据小顾个性偏好、职业满足感的特点，职业生涯咨询师建议他确定和塑造自己成为专业人士，走技术路线。

思考

应结合个人实际确定职业生涯发展路线。不是每一个人都能扮演好管理者的角色。主管与普通员工的角色存在着很大的差异，主管及经理需要经常扮演“恶人”纠正手下人的不当行为，即使这人是你很好的朋友。若按技能、经验与职级的匹配原则看，主管人员应该“轻”专业、“重”管理（协调、沟通、激励与监控）能力的积累。

2. 自身条件及其变化趋势分析

自身条件分析即“知己”，其目的是通过从职业的角度认识自己、了解自己，使职业生涯设计符合本人实际。自身条件分析的内容既包括自己的人格及其兴趣、能力、性格，也包括自己的价值观、智商和情商、学习状况和行为习惯，还包括自己的学识、技能、思维方式、道德水准以及社会交往等内容。

自身条件分析对于职业生涯设计的作用：一是表现为可以实事求是地知道自己是什么样的“材料”，根据“材料”决定“用途”，防止目标脱离实际；二是可以扬长补短，使设计能符合自己的长处，让长处得到更好的发挥。同时，按职业生涯发展目标的要求，有意识、有目的地弥补自己的短处，通过提升自身素养来确保发展目标的实现。只有认识和了解自己，才能选定适合自己发展的生涯路线，才能对自己的生涯目标做出最佳抉择，才能设计出一个既务实，又能激励自己的职业生涯发展规划。

自我分析可以从以下两个方面进行。

第一，要了解“现在的我”。首先可以用笔记下自己的专业特长、兴趣爱好、性格特征、能力潜质等与即将从事的职业相关的因素，以及近年职业兴趣的变化及原因，成功和失败的经历。然后根据记录的情况用第二单元介绍的办法对自己做些测评，给自己一个书面评价。为了提高准确性，最好能在第一次书面评价半个月后，再重新评价一次。

第二，要预测“明天的我”。这种预测，不是胡思乱想，而是在现有基础上，对自己通过努力可能产生变化趋势的分析。预计可能发生什么变化，以及变化可能达到什么程度。这既是确定职业生涯长远目标的重要依据，也是制定实现阶段目标具体措施和安排的基础。要相信自己，知识不够，可以通过勤奋学习来补充；技能较差，可以通过刻苦训练来提高；个性以及兴趣、能力、性格、职业价值观等现状，与即将从事的职业对从业者的要求有差距，可以通过努力来培养、提高，通过调适来改善。

通过了解“现在的我”，预测“明天的我”，细致、深刻、全面地了解自己，是提高职业院校学生职业生涯设计质量的基础。“知己”的核心是要找准优势、找出差距。找准优势，才能有信心，才能在今后的职业生涯中更好地“扬长”；找出差距，才能根据职业发展目标的要求提升自己，才能及时“补短”。

有理想的青年人是不断进步的，要用发展的眼光看自己。在确定长远目标时，一定要依据发展变化后的“我”，这样制定的规划才能富有激励性。因此，长远目标的设定要以自己可能达成的最佳才能、最优性格、最大兴趣、最有利的环境等信息为依据，即以“现在的我”，以及依据目标对从业者要求不断调适、提升后的“明天的我”为依据，来确定职业生涯规划的长远目标——“将来的我”。

小资料

职业生涯发展条件的分析方法

一、优势分析（即已表现出的能力与潜力）

1. 你曾经做过什么？即你已有的人生经历和体验，如在学校期间担任的职务，曾经参与或组织的实践活动，获得过的奖励等。这些可以从侧面反映出一个人的素质状况。在自我分析时，要善于利用过去的经验来推断未来的工作方向与机会。

2. 你学习了什么？在学校期间，你从专业课程中学到了什么。专业在一定程度上决定你的职业方向，因而尽自己最大努力学好专业课程是生涯规划的前提条件之一。同时你要善于从中总结，真正化为自己的智慧。

3. 你做得最成功的事情是什么？你可能做过很多事情，但最成功的是什么？为何成功，是偶然还是必然？通过分析，可以发现自我性格中优势的一面，如坚强、果断等，以此作为个人深层次挖掘的动力之源和魅力闪光点，这可以为职业规划提供有力支撑。

二、劣势分析（即需要弥补、调适、提升的短处）

1. 性格弱点。一个独立性强的人会很难与他人默契合作，而一个优柔寡断的人很难担当企业管理者的重任。卡耐基曾说，人性的弱点并不可怕，关键要有正确的认识，认真对待，尽量寻找弥补、克服的办法，使自我趋于完善。

2. 经验或经历中所欠缺的方面。也许你曾多次失败，就是找不到成功的捷径；也许需要你做某项工作，而之前从未接触过，这都说明你有经历方面的欠缺。欠缺并不可怕，怕的是自己还没有认识到，而一味地不懂装懂。

三、环境分析

1. 对社会大环境的认识与分析。主要包括当前社会政治、经济发展趋势，社会热点职业门类分布与需求状况，自己所选择职业当前与未来发展情况，社会发展趋势对自己职业的影响等。

2. 对自己所选企业的外部环境分析。主要包括所从事行业的发展状况及前景，在本行业中的地位与发展趋势，所面对的市场状况等。

四、人际关系分析

主要包括个人职业生涯中将同哪些人交往，其中哪些人将对自身发展起重要作用，是何种作用，这种作用会持续多久，如何与他们保持联系，可采取什么方法予以实现；工作中会遇到什么样的同事或竞争者，如何相处、对待等。

三、阶段目标搭建要领

1. 阶段目标的特点、要素和设定

长远目标是分阶段实现的，各阶段目标之间的关系应该是阶梯形的，前一个目标是后一个目标的基础，后一个目标是前一个目标的方向，所有的阶段目标都指向长远目标。要想达到长远目标，必须先完成与长远目标方向一致的中、短期目标任务。有无具体的阶段目标是职业生涯设计优劣的重要标志。现实中有很多目标是不可能一步到位的，需要很多阶段性目标来支撑，有些人只看到最后到位时的职业形象，而忽视要达到这一职业目标要从初级岗位干起。

（1）阶段目标有三个特点：一是必须“跳一跳”，为之付出努力，不是轻而易举能达到；二是“够得着”，可望又可及，通过努力能达到，不脱离自身条件，不脱离社会现实；三是“很具体”，指向明确，能让自己明确知道这个职业需要从业者具有什么职业素养，需要采取什么措施才能弥补自身条件与职业素养之间的差距。简言之，每一个阶段目标，是在前一个阶段目标基础上“跳一跳”“够得着”“很具体”的目标。

要向大的目标走去，就得从小的目标开始。

——列宁

（2）阶段目标有四个要素：一是“什么”，即具体的职位、技术等级等；二是“何时”，即什么时间达到；三是“内涵”，即该职位对从业者素养的具体要求，以及该职位对从业者可能有的精神、物质方面的回报或其他期望；四是“机遇”，即达到此目标应有的外部环境即国家、行业、家乡和家庭，以及环境变化后的调节手段或备选方案。

（3）阶段目标的设定有三个要领：一是在分段数量上，职业生涯发展的阶段目标既可分为近期目标与中期目标两大段，也可细分为3~5个阶段，甚至更多；二是在表现形式上，可用简图、表格、文字来表达，也可兼而用之；三是在分段方法上，既可以按职务晋升来设计阶段目标，也可按职业资格水平等级来安排阶段目标，还可以按时间即年龄来设定阶段目标。无论怎样设定阶段目标，都应简明扼要、一目了然、系列清晰、台阶分明，同时，我们所学专业所对应的适合横向、纵向发展的职业及其等级，都应该成为确定阶段目标的重要依据。

（4）阶段目标设计思路：阶段目标的设计思路有很多种，较为常用的是逆向思维的“倒计时”方式，即根据达到长远目标所需要的台阶，一步一步往回倒着设计。这种设计方式既可以“什么”即职位或职业资格水平等级为台阶，再确定上每个台阶的时间；也可以“何时”即以年龄段或时间段为台阶，再确定每个台阶应达到的目标；还可以“什么”“何时”相结合。

“倒计时”设计应有以下步骤：第一步，理清长远目标对从业者的要求，分析自己与这一长远目标之间的差距；第二步，以差距为依据“搭台阶”，以分阶段弥补差距为目的，确定每阶段的“台阶”，为各段目标起个简洁、明确、醒目、层次分明的题目；第三步，注明每个“台阶”对从业者的要求，写清达到目标的内涵和其他相关内容；第四步；理顺各“台阶”的衔接，对前后衔接的两个阶段目标要求进行比较，理顺“什么”与“何时”的关系；第五步，设定达到目标的标准，给每个阶段目标按自我满意度设定标准，如自我满意度高、较高、合格的阶段目标标准，要有应对变化的备案，以便根据当时的环境和机会，灵活选择不同标准，让自己有更多的机会体验成功。

达 · 芬奇学画时从画鸡蛋开始

案例

16世纪意大利杰出的画家达 · 芬奇开始学画时，启蒙老师委罗基奥给他上的第一堂课，是拿出一个鸡蛋让他照着画。画鸡蛋看起来容易，要画好却很难。达 · 芬奇谨从师命，反反复复地一直画了两年鸡蛋，练出了一手相当过硬的基本功，后来终于成了举世闻名的大画家。可以说，他的一幅幅价值连城的名画，就是从鸡蛋里“孵化”出来的。

启示

达·芬奇之所以能成为举世闻名的大画家，是从他画鸡蛋开始的，画好鸡蛋是他成为大画家的第一个台阶。第一阶段目标不仅是后一个目标的基础，也是实现长远目标的保证。要想有一个成功的职业生涯，就要脚踏实地地从现在做起，为实现自己的人生目标打下坚实的基础。

2. 近期目标是最重要的阶段目标

对于职业院校的学生来说，近期阶段目标往往是其毕业时的目标，即首次就业的目标，这是职业生涯规划中非常重要的阶段目标。职业院校的学生正处于职业生涯发展的关键时期。在这个阶段，既是确认发展方向的最佳时期，又是调整个性提升素养，把“现在的我”提升为“明天的我”，夯实职业生涯发展基础的有效时期。

为此，可以把近期目标，分解为若干个任务具体、明确的小目标，或确定小台阶式的小目标，让这些小目标成为“稍加努力、就能达到”的目标，使自己在努力达标的过程中，能品尝取胜的乐趣，得到“成功者”的心理体验，形成“成功者”心态。

对于职业院校学生来说，可以把毕业时自己的职业素养

小资料

就业后职业发展的前五年

职业生涯前五年的主要任务：完成角色转换、适应社会，重新评估自我，晋升或调换发展方向。

工作第一、二年——初入职场，适应社会

褪尽青涩告别校园，如何由学生转型为独立的职业人，这是工作第一年的首要任务。作为职场新人，需要克服个人想象与社会、公司实际情况的落差所带来的不安全感，以适应企业软硬环境，掌握工作的规则和程序；在听从上司、同事指导与管理的同时，获得公司及他人的认同。这好比蛹变蝶的历练，工作第一年的心路发展过程是艰辛的，但结果却是美好的！

工作第三、四年——明确定位或转换职业

术业有专攻，工作若干年后，你便成为独立的职业人，应该明确成为某一方面专才的定位。如果说，职业院校毕业时选择的第一份工作有其偶然性与盲目性，工作两三年后，你应该能够根据自我认识、发展潜能重新评估自己的职业目标与方向。如果在这一阶段，你发现自己不适合当前的职业或对现在的工作没有兴趣，可考虑及早转换职业。

工作第五年——职务晋升或调整方向

进入管理岗位，迈出向管理方向发展第一步。针对成功经理人的调查发现，他们中近87.1%的职业生涯呈现这样的轨迹：前2～4年处在基层职位，第5～6年初任主管，第7～9年出任经理或高级经理，第10～12年任总监或副总，第13～20年间坐上总经理的位置。但调查结果又显示，近70.4%的职业人在从业第五年，会发现自己不适合扮演管理角色。此时，应该确立做一名专业技术人员的发展方向。

即综合品质应该达到的水准列入这些小目标，以此来规范自己的行为，养成良好习惯，为下一阶段目标以及长远目标的实现打好基础。有升学意愿的职业院校学生，只是延迟就业，因此，既应该有升学的目标，也应有提升职业素养的目标。近期目标涉及择业的一些人在首次就业时，认为选择最热门的职业对自己最有前途。其实，选择职业重要的是能正确地分析自己，找到自己最适合的职业，然后努力成为这一行的佼佼者。

四、目标抉择操作方法

对职业生涯发展目标特别是长远目标的选择将影响一生，我们应通过“筛一筛、量一量、比一比”，即预测、衡量、比较以后，再做出选择。职业生涯发展目标决策分析步骤，如图 3—2 所示。

首先，要“筛一筛”，预测各种目标方案并评估其可能产生的结果（包括成功的结果和失败的风险）。不论长远目标，还是阶段目标，在确立之前都要通过“筛一筛”，把不切实际、不可能达到的目标去掉。

其次，要“量一量”，衡量职业生涯发展目标的可行性。在预测结果的基础上，对设定的发展目标进行考量，结合自身实际，综合各种因素，确定最适合自己、最具可行性的目标方案。衡量目标可行性的过程，实际是通过“量一量”，依据发展目标，对本人实际情况、发展机遇及其变化趋势的反思。能正确地进行自我认识和评价，才可能合理地选择发展目标。人贵有自知之明，我们既要明确自己强项之所在，也要知道自己的弱项。“我能干什么？”是选择发展目标时，必须回答的问题。

衡量主要从三方面进行：一是了解发展目标对从业者职业素养的要求，衡量本人现实条件与之匹配的程度；二是了解发展目标对从业者可能有的回报，衡量本人价值取向得到满足的程度；三是了解发展目标对外部环境的要求，衡量本人可能有的发展机遇与之相符的程度。

最后，要“比一比”，比较目标的优劣。在衡量所得结果的基础上，对各备选方案进行比较、排序，挑选出最符合本人发展条件、最有激励作用的方案。

通过预测、衡量、比较这三步的决策分析，我们可能做出的决定有两种：终结性决定和调整性决定。终结性决定，是选出了最佳方案；而调整性决定，是对原有的备选方案均感不满，决定重新探索发展目标，列出几个新的备选方案，再次进行决策分析。对于比较复杂的重大问题，往往需要反复多次分析选择才能做出决策。

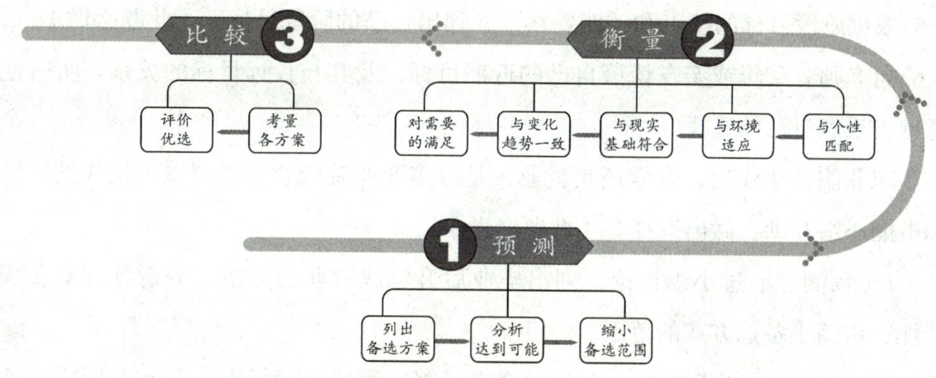

图3—2　职业生涯发展目标决策分析步骤

思考与体验

1. 有人说：当代年轻人赶上好时候了。从有梦、追梦、圆梦三个方面谈谈自己的看法。

2. 你有关注行业动态、家乡经济发展的习惯吗？通过网络对自己所学专业的对应行业进行现状和发展趋势调查，再分析调查结果与自己职业生涯发展的关系。

3. 向老师、父母、亲友谈谈自己选择的长远目标，说说自己选择此目标的理由，听听他们的意见，反思自己的选择过程有没有疏漏，考虑是否要对自己的决定予以修改、调整。（此题必做）

4. 看图思考：在确定职业生涯发展目标时，右图中强调了哪些应重点考虑的因素？哪些因素属于职业生涯发展的内在因素？哪些属于外在因素？我的梦的实现过程会受哪些因素的影响？内在因素会受中国梦的影响吗？

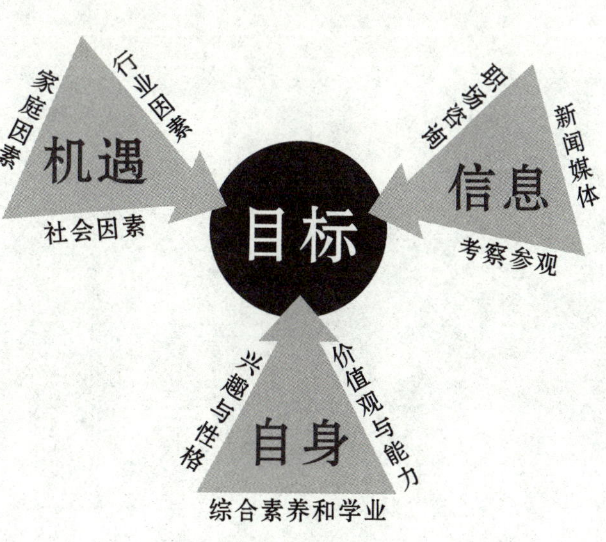

5. 根据阶段目标的特点和“四要素”，列出自己的阶段目标。（此题必做）

6. 向老师、父母或亲友谈谈自己的近期目标，及其与长远目标的关系。听听他们的意见，反思自己的选择。

7. 职业院校毕业后，升学还是就业，是许多职业院校学生需要做出抉择的问题。请你借助小组互助，做出选择。（此题必做）

（1）预测。通过小组讨论，列出毕业后升学或就业的方案，分析各方案实现的可能性，再缩小备选方案的范围。

（2）衡量。为便于决策，小组讨论应该制定哪些衡量标准。与本人所学专业、就业形势、学习基础、职业生涯发展目标、家庭经济条件有关吗？与升学、就业的投入产出比有关吗？

（3）比较。对各自的备选方案进行比较，做出选择并进行小组讨论。

8. 画出自己的职业生涯发展目标图示，征求同学对自己发展阶梯即阶段目标设定的看法和修改建议。对于这些建议，哪些你能接受，哪些不能接受，哪些需要斟酌，为什么？（此题必做）

第二课　职业素养与职业能力

确定了职业生涯发展的长远目标、阶段目标，就形成了“我的梦”的基本脉络。然而，职业院校学生即未来的从业者，必须了解符合职业要求的职业素养和职业能力，才能知道怎样扬长补短，才能在制定职业生涯规划的发展措施时有的放矢，才能登上追梦的航船，才能扬起圆梦的风帆。

一、职业素养是职业生涯发展的基础

用人单位招聘时，十分重视求职者是否具有符合职业岗位需要的综合职业品质，即职业素养。用人单位在录用从业人员时，往往通过多种方式全方位了解求职者的素养。

1. 职业素养是从业者必备的综合品质

职业素养是从业者在职业活动中表现出来的综合品质，主要表现为从业者遵循职业内在要求，在个人世界观、价值观、人生观和具有的专业知识、技能基础上表现出来的作风和行为习惯。职业素养涵盖职业理想、职业道德、职业安全、职业形象、职业能力、职业体能、职业审美等诸多方面的观念意识、知识、技术及其相应的作风和行为习惯。从业者如果想有一个成功的职业生涯，就必须具备所从事职业要求的综合品质，并形成符合职业要求的作风和行为习惯。

公民素养是职业素养的基础。爱祖国、爱人民、爱劳动、爱科学，具有社会公德、文明行为习惯的遵纪守法的公民，是公民素养的基本要求，也是职业素养应包含的内容。

对在公民素养基础上形成的职业素养内涵的理解，从不同角度可以细化为以下四方面。

第一，从职业素养本身的角度看，职业素养分为三个层级，即通用职业素养、行

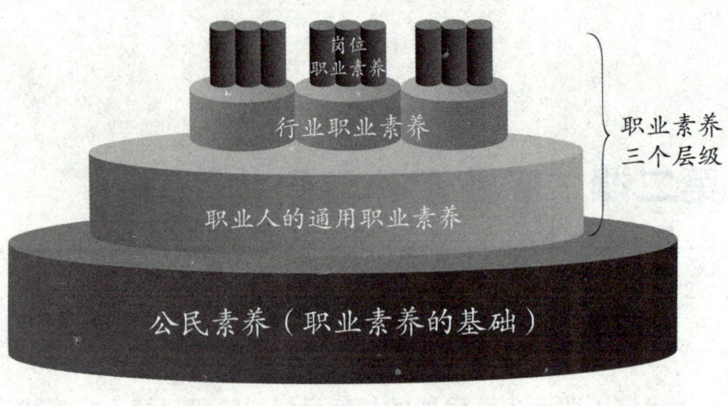

业职业素养、岗位职业素养。通用职业素养是从事任何职业的劳动者都应该具有的素养，是职业人共有的基础性职业素养。行业职业素养是某行业对本行业从业者职业素养的共性要求，具有行业特点。岗位职业素养是针对某一岗位的从业者的特殊要求，是某个岗位对从业者“做人”与“做事”的特定要求。例如，责任心是公共职业素养，但不同行业或同一行业的不同岗位，对责任心的具体要求不同，即责任心表现出来的作风和行为习惯不同。

第二，从职业的角度看，职业素养是职业岗位按照经济社会发展需要而产生的内在规范和要求，任何人在职业岗位上工作，其行为习惯都必须符合此职业岗位对从业者的客观要求。例如，对于公共交通行业来说，驾驶员和其他工作人员都必须把乘客安全置于首位，在遇险时首先想到、做到怎样保证乘客安全，怎样帮助乘客脱险，自己不能先脱逃。

第三，从用人单位的角度看，职业素养是考核在职人员、录用筛选新人时，衡量人员综合品质的标准；是用人单位为确保本单位取得良好效益和可持续发展，对员工综合品质的具体要求。除共性要求外，用人单位对不同层面、不同岗位员工的综合品质要求不同。例如，对新入员工有起点要求，对老员工有基本要求、较高要求和发展要求，对不同技术岗位、管理岗位的要求有明显区别。

第四，从从业者的角度看，职业素养并非人之天性，是可训练的，是从业者必须具有的作风和行为习惯，是其职业生涯可持续发展的基础。公共职业素养是一个职业人在职业生涯发展各个阶段不可或缺的要素，行业职业素养是在一个职业群或若干个相关职业群中顺利转岗、晋升（即横向、纵向发展）的必备基础，岗位职业素养则是在此岗位站稳脚跟、有所发展的基本保证。

2. 职业素养是可训练的作风和行为习惯

职业素养主要表现为从业者在职业活动中的作风和行为习惯。职业素养并非与生俱有，而是在职业活动或目标明确的训练中形成的。简言之，职业素养是可训练的有职业特点的作风和行为习惯。

职业素养训练包含观念意识树立、情感态度形成、思维方式建立和行为习惯养成。这四个过程，是其相互促进、互相制约、相辅相成的结果。例如，责任是人应主动承担的角色义务和对其因过失所造成的后果应承担的责罚。从业者的责任心，直接影响劳动效率、效能，影响劳动成果的数量、质量。因此，责任心是用人单位十分重视的职业素养。责任心包含了四个方面的内容：责任认识，包括责任知识和责任认知能力；责任情感，由爱心、同情心、义务感、良心、羞耻感与奉献精神构成；责任思维方式，是在考虑问题时首先想到自己必须尽职尽责；责任行为，包括责任行为能力、履行责任的意志和履行责任的行为习惯。

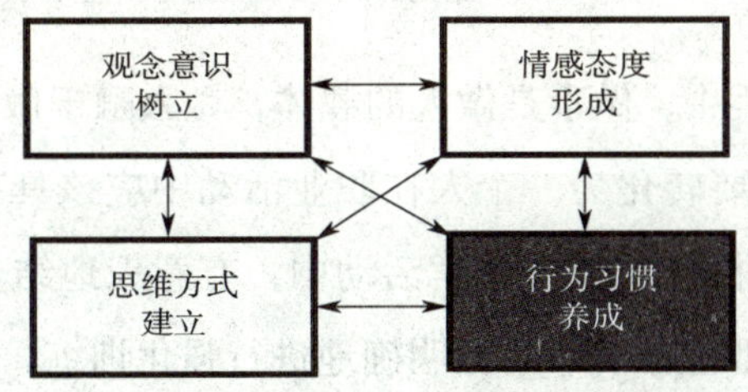

职业素养训练的四个过程相辅相成

职业素养的各种行为表现及其形成过程之间，也存在着相辅相成、互相促进的关系。例如，安全素养是通过四个方面的提高和相互作用逐步形成的，即理解尊重生命的意义、具有珍爱生命的情感、形成珍爱生命的思维方式、养成对生命负责的技术动作习惯。而在安全素养训练的过程中，责任心也能得到训练，即安全素养的提高，可以提升从业者对个人、对亲人、对他人、对企业、对国家、对社会负责的责任心，对责任心形成的其他环节均有促进作用。

3．职业素养是“五育”有机融合的结果

职业素养需要从业者在职业生涯过程中不断得以提升，也需要职业院校学生在校期间为职业素养的不断提升奠定坚实的基础。

职业院校学生的职业素养训练，对接职业院校德育、智育、体育、美育、劳育等诸多方面的培养要求。“德”是职业素养的灵魂，是从业者“做人”的方向、标准和动力，是从业者应该具有的符合某种职业要求的特有品德；“智”是职业素养的主体，是“做事”的特有能力即职业能力（含专业能力、方法能力、社会能力）；“体”是职业素养的载体，从业者必须具有符合某种职业要求的特有职业体能；“美”是职业素养的情感，即从业者应该具有符合职业要求的职业审美感及相应的行为。“心灵美”

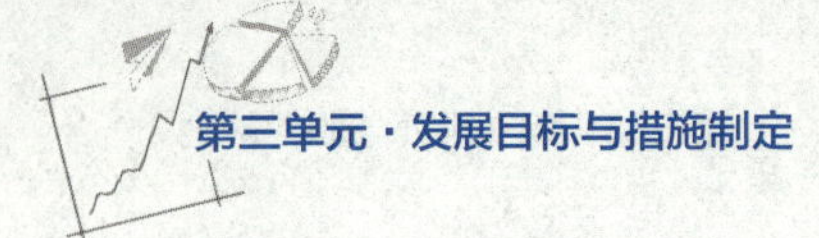

的从业者才能有美的理想、美的追求、美的情操、美的品格，从业者在职业活动中具有感受美、欣赏美和创造美的能力，才能更上一层楼。“劳”是职业素养在职业活动中的具体体现，即劳动观念和劳动技能。

德育、美育侧重于“做人”，与情商的提高密切相关；智育、体育侧重于“做事”，促进智商的提高。然而，用人单位要求从业者具备“做人”与“做事”、“情商”与“智商”融为一体的综合品质——职业素养。

培养德智体美劳全面发展的社会主义建设者和接班人。

——习近平

在职业素养训练过程中，做事是做人的载体，做人融于做事之中，要在学会做事中学会做人，“五育”要转化为一个人在职业活动中应该具有的综合品质。因而，职业院校学生应该在学校各项教育教学活动中，有意识地结合自己所学专业所要求的行业职业素养、岗位职业素养，目标明确地进行强化训练，为就业创业做好准备，为职业生涯的可持续发展奠定基础。

一位企业家在分析一线员工职业素养时，写了个“1 000 000”。他解读说：“1”是指健康的身体即身体好，身体不好怎么学习和工作？没有这个“1”，后面的“0”就失去了意义。后面的6个“0”，他依次排列为责任心、敬业爱岗、情商、智商、技能、学识。他强调：前两个“0”最重要，没有这两个“0”，什么工作也做不好；中间两个“0”结合起来才有用，能把这两个“0”结合起来的人，在工作中才有发展潜力；少了后两个“0”，不但100万变成了1万，而且这个人也上不了岗。企业家的解读，从用人单位的角度，形象地分析了职业素养的内涵，以及“做人”与“做事”之间的辩证关系。

职业素养是动态的社会现象，其内涵随着经济社会的发展不断丰富和演进。职业院校学生要目标明确地在学会做事中学会做人，把“我的梦”与“中国梦”的实现结合起来，为追梦、圆梦加强职业素养训练。

二、劳模精神、工匠精神是努力方向

伟大时代呼唤伟大精神，崇高事业需要榜样引领。

榜样的力量催人奋进，具体的榜样为职业院校学生取得成功职业生涯提供了努力的方向。劳动模范、大国工匠是职业院校学生职业生涯发展的榜样，他们具有的劳模精神、工匠精神，是鼓舞我们拼搏努力的精神动力。

1. 劳模精神

建设知识型、技能型、创新型劳动者大军，弘扬劳模精神和工匠精神，营造劳动光荣的社会风尚和精益求精的敬业风气。

——习近平

劳模，即劳动模范，是一种荣誉。劳模精神是劳动模范具有的职业精神。劳模精神是一种对职业、对社会、对国家的道德感、责任感和使命感。他们出于平凡而创造伟大，立足本职而报效国家，以强烈的主人翁责任感，把爱国之情、报国之志，转化为爱岗敬业的实际行动，不断追求一流的技术水平，干出一流的工作业绩，创造一流的工作效率。劳模精神主要表现为：爱岗敬业、无私奉献、淡泊名利、艰苦奋斗、吃苦耐劳、争创一流、勇于创新。

劳动价值有大小，劳动分工无贵贱。国家通过对劳模的评选表彰，大力弘扬劳模精神，用劳模精神引领时代精神，使劳模精神代代相传。以劳模的先进事迹感动全社会，以劳模的卓越贡献激励全社会，以劳模的高尚情操带动全社会，让劳模精神在实现中华民族伟大复兴中发扬光大。

小资料

职业精神是有职业特征的精神与操守，主要体现在敬业、勤业、创业、立业四个方面，包含职业理想、职业态度、职业责任、职业纪律、职业良心、职业信誉、职业作风和职业能力等内容。

职业精神主要是职业素养中以职业能力为载体的精神方面的内涵。

劳模精神、工匠精神和企业家精神，都是特定人物具有的职业精神。

从业者不一定都能为劳模，但每个人都能践行劳模精神，以劳模作为自己的榜样和生涯发展的努力方向。没有惊天动地的业绩，但可以把事情做得尽心尽力、不留遗憾；没有惊涛骇浪的激情，但日复一日、年复一年的坚守，凡人也将放射耀眼的光彩。我们应在全社会大力弘扬劳模精神、劳动精神，树立辛勤劳动、诚实劳动、创造性劳动的理念，让劳动光荣、创造伟大成为铿锵的时代强音，让劳动最光荣、劳动最崇高、劳动最伟大、劳动最美丽蔚然成风。

2. 工匠精神

工匠，是有工艺专长的匠人。工匠精神也是一种职业精神，指工匠以极致的态度对待自己的产品，具有精雕细琢、精益求精、追求极致的精神理念。它是职业道德、职业能力、职业品质的体现，是从业者的一种职业价值取向和行为表现。工匠精神是指从业者不仅具有高超的技艺和精湛的技能，而且要有专注负责、精益求精、严谨细致的工作态度和工作理念，以及对职业的认同感、责任感、荣誉感和使命感。

工匠精神集中体现为：在产品上追求独具匠心，在质量上追求精益求精，在技术上追求尽善尽美，在工艺上追求进步创新，蕴涵着严谨、执着、敬业、专注、传承、创新等可贵品质。

工匠精神具体表现为：执着专注、精益求精、作风严谨、敬业守信、继承传统、勇于创新。执着专注，指专注于一件事情，并一直坚持下去，全心投入、凝神聚力、耐得寂寞、痴迷陶醉、锲而不舍、持之以恒。精益求精，指技术精湛、注重细节、精雕细琢、追求完美、讲究极致，崇尚没有最好、只有更好。作风严谨，指做事认真细致、严谨规范、坚持标准、一丝不苟。敬业守信，指爱岗敬业、脚踏实地、埋头苦干、诚实守信、讲究信誉。继承传统，指善于学习，善于钻研，善于传承本行业的优秀工艺。勇于创新，指永远不满足已有的成就，不受传统思维框架束缚，追求突破，敢于求新。

工匠精神作为一种优秀的职业文化，它的传承和发展契合了时代发展的需要，是社会文明进步的重要尺度，是中国制造前行的精神源泉，是企业竞争发展的品牌资本，是员工个人成长的道德指引，具有重要的时代价值与广泛的社会意义。

案例

大国工匠彰显时代风采

1980 年，从技校毕业的李斌进入上海电气液压泵厂做学徒工，被安排到铣床操作岗位上。这个在别人看来是专业不对口的分配，李斌却把它当作一次学习技术的好机会。李斌觉得，自己刚从学校出来，一无所长，只有认准一个字，那就是“学”！每天上班注意观察师傅的每一个动作，仔细辨别每个手柄、每档转速、每把刀具的性能和用途。工友们发现这个平常不太多说话的小伙子不仅很快适应了自己的工作，还对车间里每个工种的工作都很感兴趣，常常利用工余向师傅们请教，而且肯下苦功练习。在进厂后的三年学徒期间，李斌跟着师傅学会了全套操作技能。

在工作实践中，李斌明显感到工厂加工手段的落后对产品升级换代的束缚。他听说我们国家出口的一些精密设备，外商只要把里边的液压泵和马达拆掉，换上德国货，就能卖好价钱。这深深刺痛了李斌，产生了为液压泵厂二次创业出力的想法。他清醒地认识到，攻克产品质量难关，为企业争气不是一件说说就能办到的事情，光靠热情和苦干根本不行，要提高工厂产品的质量，就必须改变传统的加工模式，以新工艺和新装备来取代。而现有的技能、知识根本不够用，传统的机床迟早会被先进的能加工高精密零件的数控机床所取代，他萌发了要继续学习理论知识的念头。

1982 年，他报考了中央电大机械制造工艺与设备专业，虽然是大学专科，但也成为改革开放后厂里第一个考上大学的人。电大的学习，不但让他学到了理论，而且提高了他的学习能力。接触数控机床后，李斌就一头扎进数控的世界。李斌的愿望很简单：“做一名好工人，但这个‘好’字不仅仅只是传统意义上的只做好本职工作，而是要不断创新，用一流的技术去创造一流的产品。”数控技术的运用是我国机械工业的“第二次革命”，这项技术从 20 世纪 70 年代起已在国外兴起，但我国在 20 世纪 80 年代刚起步。李斌决心尽快掌握这项技术。他利用业余时间到上海交通大学和长宁区科技站进修。老师们发现，坐在第一排，听得最认真、记得最好的就是这位年轻人。学习生活不轻松，每天骑车回到家都在晚上 10 点以后了。虽然很辛苦，但是对李斌来说，掌握了现代科技知识，就比什么都好。

李斌于 1996 年获工程师职称，1998 年获高级技师职称，成为“双师”。但他不满足，又考上了上海第二工业大学，攻读与他的岗位对口、又能补上自己短板的机械电子工程专业。每周利用两个晚上和一个休息日去上课，认真预习、认真完成作业。2001 年，终于以优异的成绩通过了毕业设计和答辩，取得了机械系机械电子工程专业的本科文凭和工学学士学位。

多年不断地学习，使他实现了由一名操作型工人成为知识型工人，进而完成了向专家型工人的飞跃。有报道称李斌是集“三全”于一身的“数控全能王”，一是胜任金加工全工种（车、钳、刨、磨、铣），二是掌握数控机床全机种（5 型 17 台）应用，三是掌握全方位工艺技术（机械、电气、编程、调试、工装、维修）。

作为数控工段工段长的李斌，已经成为既有技艺，又能制造利器的能工巧匠。李斌说：“实践让我体会到，岗位需要什么我就学什么，一个人的知识一定要不断更新，学到的知识要运用到生产实践中。人生是个学习大课堂，只有不断学习，才能担起时代赋予我们的重任。”

“让我试一试！”每逢遇到技术难题时，这就是李斌的口头禅。

2008 年初，上海液压泵厂尚未完全走出全球金融危机的“冬天”，提升产品档次，成为企业的当务之急。李斌揽下了“高压轴向柱塞泵 / 马达国产化关键技术”的攻关任务。李斌和同事们以厂为家，反复地试验研究，在多达 200 多次的试验后，终于使自产液压泵的工作压力由 250 千克上升到 350 千克，转速也达到了每分钟 6000 转，可与国际先进水平比肩。不但帮企业成功打开了工程机械的高端市场，更作为国产优秀产品的代表，打破了长期以来的国外产品垄断态势。这个项目先后荣获中国机械工业科技进步一等奖、国家科技进步二等奖，李斌也成为全国少数几个获得国家科技进步奖项的一线技术工人。

一线工人为何也要参与技术创新？李斌说：“创新不仅仅是工程技术人员的事，也需要一线工人的配合。许多技术创新只有与一线生产紧密配合，才可能使创新的设想完美实现。李斌以为，没有十全十美的设计，每个设计都需要解决许多瓶颈问题，才能变成好的产品。”

李斌还说：“一个人的力量和智慧是有限的，更多人发挥积极性，我们的企业才能走出低谷，才能兴旺。”他通过创建“李斌数控工作室”，形成了一个大的创新团队，在我国液压气动领域屡获创新突破，全面开发了技术含量高的变量泵、变量马达。以李斌命名的“李斌技师学院”，迄今已培养各类技能人才 66 000 余人，农民工 19 000 余名，也培养了 117 名高级技

师、3 200 名技师和 5 600 名高级工。李斌还自编教材，为员工和技师学院的学生上课。李斌小组的每个工人都成为技术能手，会操作、能编程多种类型的数控机床。由他一手培养出来的王祺伟和陈荣更是其中的佼佼者，都先后当选了市劳模。李斌通过项目的带动，对企业人才的培养与成长产生了积极影响。李斌工作室取得了优秀的成绩，也获得诸多荣誉，李斌由一个人创新、一个人当模范，变成了带领一群人创新、一群人成模范。

李斌坦言："我们现在正从制造大国变为制造强国，一方面要继续立足岗位成才，另一方面要继续带好队伍提升工人素养，尤其注重品德和理想信念的提升，把个人的工作和集体的发展、国家的强大结合起来。"凭着这股精神，他立足于生产第一线开展岗位创新，近年来完成数控编程 1 600 多个，工艺改进 230 余项，直接创造经济效益 1 000 多万元；成功开发了 5 种类型、17 台进口设备的加工功能；完成产品攻关 57 项；自制刀具替代进口刀具，节约外汇 20 多万美元。作为创新的带头人，李斌还在产品质量攻关、产品技术攻关上取得了显著成就。

有时他身体不舒服，只要一踏进车间，一回到机床边，就如同服了一帖"特效药"，会立刻集中心思、沉醉其中，什么疼痛都暂时不顾了。社会活动有时占用上班时间，李斌会用下班时间补上，再辛苦再累也没耽误过厂里的工作。车间里，各种式样的数控机床一字排开，湛蓝色的机床屏幕上跳跃着串串数据，多功能的回转刀盘不停运转，李斌在其间陀螺般地忙碌着，常常能在车间里看到李斌的工作服全部湿透、头发粘在前额上的形象。车间旁边的总公司大楼里，有属于总工艺师李斌的一间宽敞舒适的办公室，但它的使用率几乎是零。

李斌已经记不清多少次接到其他企业抛来的橄榄枝。在他月收入只有几百元的时候，就有企业出十几倍的薪水来挖他。但李斌从来不为所动。李斌说："所有的荣誉都是在一线工人的岗位上获得的，说企业培养了我一点也不为过。"人生价值不仅仅体现在头衔的变化，或者是钱包不断变鼓，如果你想从一个地方离开，周围的同事、领导都不愿意放你走，在他看来，更是一种人生价值的体现。作为一名国内知名的工人技术专家，经历了企业亏损、调整、搬迁的剧烈震荡，面对外国企业、合资企业的高薪聘请，李斌不为所动，一心为企业，潜心做贡献，培养了良好的从业心态。他的"高能成，低能就""站着是根柱，横着是根梁"的职业形象，为人们所称道。

李斌回顾自己的成长之路时，总结了三个方面的体会：一是新时代工人一定要适应时代发展要求，不断学习；二是新时代工人一定要爱岗敬业，忠于职守；三是新时代工人一定要开拓创新，积极进取。

李斌曾四次被评选为全国劳动模范，是全国十大杰出工人、全国“敬业奉献”模范、全国道德模范、全国十大高技能人才楷模、中华技能大奖全国技术能手、全国知识型职工标兵，身兼高级工程师、数控高级技师、首席技师、公司总工艺师、上海市技师协会会长等数职的“技术专家”……

李斌从一名操作型工人成长为被科学家、教授几乎包揽的国家科学技术进步奖的获得者，这中间唯一不变的是，每天他仍穿着蓝色工作服在车间内安心当工人。

李斌深情地说：“工匠精神就是将工作当成一辈子的事业来琢磨与研究，孜孜不倦、精益求精。做工人就要有一颗匠心，工匠精神在任何时候都不会过时。只要我们有一颗追求高标准、高品质的匠心，有一种不达目标决不放弃的精神，始终对自己所从事的职业充满感情、充满忠诚，就一定会走得更好更远。”

启示

集劳模精神、工匠精神于一身的技工学校毕业生李斌的成长过程，为职业院校学生提供了职业生涯发展的楷模。

这个案例，引用了李斌的许多原话，特别是他回顾成长之路时总结的三个方面的体会和他对工匠精神的理解，发人深思，启迪人生。

三、创新能力是职业素养的重要内核

1. 创新是引领发展的第一动力

创新是指抛开旧的、创造新的，首创前所未有且具社会意义的事物的活动。这些活动包括想出新方法、提出新思路、提供新服务、建立新理论、设计新产品、拿出新技术等。创新既有学术和知识的创新，也有技术和艺术的创新，还有管理和服务的创新。

发展是第一要务，
人才是第一资源，
创新是第一动力。
——习近平

创新不仅是科学家、工程师的任务，而且是一线劳动者的责任。国家不但需要瞄准自然科学、社会科学前沿的尖端人才，也需要具有创新精神和实践能力的生产、服务、技术、管理等一线劳动者和初中级专门人才。每一个职业领域都必须不断创新，人类才能进步，社会才能发展。如果每个劳动者都能结合自己的职业特点进行创新，那么我们的国家必将日新月异。

创新不仅仅是想，还必须做，必须付之于实践，“穷理以致其知，反躬以践其实”。无论在什么领域，创新成果转化都是重中之重。科技成果运用于产业发展，是科技创新活动全过程的“最后一公里”，成果转化是否顺利决定了科技创新活动的绩效。

职业院校毕业生应该成为一线劳动者创新的带头人，发扬改革创新精神，在各自岗位上真抓实干、奋发进取。科技是国家强盛之基，创新是民族进步之魂。唯创新者进，唯创新者强，唯创新者胜。中国经济发展取决于成功地调动和使用一切资源，特别是人力资源。一线劳动者能否成为具有创新精神和实践能力的高素养劳动者，是这种转变的关键。

2. 想创新、敢创新、会创新

（1）创新精神——想创新

创新精神是指“想创新”，即人的创新意识和自觉创新的心理状态，是人们在社会实践的过程中，勇于冲破传统观念的束缚，积极探索、开拓进取，不断有新思想、新事物产生的个性品质。“敢为天下先”的创新精神是创新的内在动力，是一个人能不断创新的源泉。

（2）创新的心理品质——敢创新

创新实质是想他人所不敢想，谋他人所不能谋。敢于“想前人所未想、做前人所未做”，是创新者必须有的心理品质。不迷信权威、不满足现状、不因循守旧、不畏首畏尾、不人云亦云、不墨守成规，敢另辟新径、敢鹤立鸡群、敢异想天开、敢独树一帜、敢当领头雁，才有可能创新。

飞机发明史是个最好的例证。19 世纪初，一些有胆有识的人开始探索当时闻所未闻的飞机，以实现人类上天的夙愿，但他们却遭到众多科学家的非难。最早用三角方法测量月亮与地球之间距离的著名法国天文学家勒让德认为，制造一种比空气重的装置去飞行是不可能的，他是发明飞机最早的反对派之一。能量守恒原理发现者之一的德国物理学家赫尔姆霍茨，从物理学角度论证了机械装置飞上天的不可能性，对飞机发明大泼冷水。这些人是与飞机飞行原理密切相关领域中的专家学者，而把飞机送上天的莱特兄弟当时却是名不见经传的无名之辈。由于莱特兄弟不迷信权威，才使飞机成为人类重要的交通工具。

从业者在创新过程中“敢创新”，必须具有能经受挫折的品质、坚忍不拔的意志和自我控制力，以及好强和自信、求知欲和好奇心、独创性和灵活性等心理品质。

使创新成为高质量发展的强大动能。

——习近平

（3）创新能力——会创新

创新能力是一种产生新想法、解决新问题的能力，是改造世界的能力。简言之，创新能力是“会创新”的能力。创新能力是一种潜能，需要人们自己去开发、挖掘，才能释放和表现出来，而且一经开发和使用，就会变得越来越强。

创新能力主要通过创新思维来体现。创新思维是能推出新颖、独特并具有社会价值的思想、理论、技术、工艺、作品等产出的思维活动。创新的第一步是“想”，而且是“想前人所未想”，因此不仅要“敢想”，还要巧于突破。创新思维打破了思维的定势和习惯，是思维质的飞跃。

常规思维方式有判断、推理、分类、比较、分析、综合、归纳、演绎、抽象等方式。常规思维能力是认识世界的基本能力之一，也是创新思维的基础。因此，我们在学习文化课、专业课，以及在日常生活中，应有意识地提高自己的常规思维能力。然而，仅掌握常规思维方式是难以创新的，我们必须有意识地学习并善于运用常用的创新思维方式，如求异思维、想象思维、转移与联想思维、发散与集中思维、灵感与直觉思维等。

创新能力来自职业实践。包含专业能力、方法能力、社会能力在内的职业能力的创新离不开两条：一是领域内的大量实践，二是对实践的思索。

“想创新”“敢创新”是“会创新”的前提，即有创新精神并具有创新心理品质的人，才能挖掘出自己的创新能力。没有创新精神、不具备创新心理品质的人，难有创新能力。所谓创新人才，就是创新精神、创新心理品质、创新能力的拥有者。创新人才是增强国家和企业创新能力的战略性资源。

案例

学西餐的当上了中餐馆的老板

老曹是20世纪80年代初的职业院校毕业生，文质彬彬、满脸书卷气，让人怎么看也不像掂勺操刀的厨师。他小时候从来没想过当厨师，一心一意想当个用画笔描绘世界、抒发豪情的艺术家。苦练水墨丹青的他，没圆上当画家的梦，却阴差阳错地进了职业学校，学上了西餐烹饪。他虽然属于“皱着眉头”进学校，“不得不”学烹饪的那类学生，但他却是个“要么不做，要做就做最好”的年轻人。在“煎牛排、做西点”的环境中，他逐渐感受到“厨艺的最高境界是艺术和饮食文化完美结合”的真谛，也因此“顿悟”，对自己的前途命运有了新想法，在另一门艺术上闯出新径。

苦练多年素描、造型、色彩的老曹，本以为从此没有了用武之地，而当他“顿悟”之后，就成了把美术功底与烹饪技艺结合在一起的有心人。他不但熟练掌握了西餐烹调的技艺，讲究菜肴、糕点的色、香、味、型，而且练就了一手冰雕绝技。

机会总是厚待有准备的人。当他在一家大饭店实习时，绝技让他崭露头角。在一次政要商贾云集、中外宾客汇聚的隆重宴会上，造型夺目、刀法细腻、名为“鲲鹏展翅”的巨型冰雕，在灯光的映衬下，晶莹剔透、美不胜收，赢得了客人们的满堂喝彩。他不但由实习生顺利地转为正式员工，而且成了饭店第一个独立烹制西餐的青年大厨。越干得好，就越觉得自己所会甚少。他用自己的冰雕技艺与南北名厨交流，博采众长、苦心修炼、不断积累，努力把千般技艺、百种绝活齐聚一身。向名师求教，他不仅求同，更讲究求异，不但精益求精地学好每位名厨的绝活，而且在把各家之长融会贯通的基础上有所创新，使自己精心制作的菜肴、糕点的口味、外观与众不同，有令人回味无穷的独到之处，因此他捧回了几十个全国乃至国际烹饪大赛的奖杯。

当工龄刚满8年的时候，他就戴上了最高、最显眼的白帽子，成为28岁的大饭店的行政总厨。在人们认为他的事业正在走向辉煌的时刻，他却对快餐产生了兴趣，重新开始了学习生涯。

他一猛子扎到了地球那一边，在美国学了3年快餐的开发与营运。为了解决学费问题，他利用课余时间，在美国一家食品研究机构打工，研发了一系列营养餐品。每开发成功一个，他就能收获开发费用的10%，几款旺销食品让他收获了人生的“第一桶金”。

提着沉甸甸的“第一桶金”，老曹返回中国，把创业的起点放在了当时正在兴起的中式快餐上，想打造一个现代、营养的中式快餐品牌。中国号称“美食王国”，所特有的烹饪技艺举世公认。华夏之大、民风各异，南甜、北咸、中辣、西酸、东鲜，这些各具特色的烹饪流派又相互交融、相促相长、相得益彰。如果把传统美食与现代科技、现代管理融为一体，一定能创造出既得到国民认同，又受洋人欢迎的中式快餐。

他不仅想，更动手做。在美国学习期间，他就创制了一种中式特色快餐，刚一上市就被抢买一空。他的快餐，以美食为前提、养生为目的，讲究集科技、文化、美食、营养于一体。为了达到这一境界，他下了不少功夫。胡萝卜颜色美、营养价值高，为什么很多人不爱吃？他排列了胡萝卜的几个缺点，其中最主要的有两条：味道差和口感硬。他抓住要害，苦思冥想、反复试验，终于利用先进技术，不但把胡萝卜加工成鲜艳利口的果汁，而且去掉了异味，还增添了让人不愿释杯的清香。诸如此类的新点子，他已拥有了200多个。学成归国的他，告别了轻车熟路的西餐，投身于中式快餐业的开拓。

1999年，老曹经过多年的努力，事业几经沉浮，终于发展为麾下拥有五家中餐企业的集团公司董事长。

2009年，他又动起了促进海外中餐业提高和发展、将中餐文化推广到海外的念头。他认为，中餐好吃是世界公认的，但要在世界范围内站稳脚跟，甚至占据统领的地位，这不是一代两代人能做到的。他说：“我现在能做的是，想方设法推动真正好吃的、美好的、营养的中餐走向世界，并在这一过程中，换来更多人的认同、关心和支持。”

评析与思考

1. 一产、二产要创新，三产也需要创新。案例中的主人公为什么在自己的那一行里，能用比别人短的时间，取得让同行羡慕的成就？分析一下创新在其从事西餐烹饪过程中的作用。

2. 主人公开发中式快餐算不算创新？分析一下创新与创业之间的区别和关系。

3. 主人公为什么在登上自己这行的“顶峰”时改了行，他创新的动力是什么？从中归纳一下职业理想、社会理想，在他职业生涯中特别是创新过程中的作用。

4. 业余爱好对创新有什么作用？

5. 信息的收集和处理是劳动者在现代社会中生存和发展的必备能力。这种能力在主人公的创新过程中起了什么作用？他运用了哪些收集信息的方法？

6. 主人公在职业生涯中，既运用了求同思维，又运用了求异思维。你根据自己对这两种思维的字面理解，找找他在哪儿“求了同”，在哪儿“求了异”？分析一下求同、求异与创新的关系。

7. 想象、扩散、集中、联想、直觉、灵感都是创新思维的重要形式。主人公在创新过程中运用了其中的一些形式，你仅就对这些概念的字面理解，找一找他在哪些地方运用了哪些创新思维形式，然后再说说你对这些思维形式有了什么新的理解。

8. 缺点列举法、缺点逆用法、属性列举法、列表一览法（包括移植法、仿生法、增加法、组合法等）、小组讨论法等都是创新的重要方法，主人公运用了其中的一些方法，你仅就对这些方法的字面理解，找一找他在哪些地方运用了哪些创新方法，然后再说说你对使用这些创新方法有了什么新的理解。

3. 职业院校毕业生创新的特点

（1）技术革新是创新的主阵地

工作在一线的高技能人才与学者、专家相比较，优势在于技能，而技能既是创新的源泉之一，又是创新付之于实践的重要手段。职业院校学生在从业后的创新过程中，应注意扬长避短、发挥优势。

各种类型的技能都是创新的基础，创新不能只停留于“想”，还必须付之于“做”。无论动作技能还是智力技能，都可分为再生性技能和创造性技能。再生性技能具有重复性，在各种情景中使用时没有明显变化，有固定程序或运行方式，如打字、钻孔、刨平面、拧螺母、摆台，以及运用一定程序进行运算等；创造性技能具有灵活性、变通性，在使用时需制订计划或运用某种理论、策略做出判断和决定，如踢足球、舞蹈造型设计、工艺流程设计、产品研发和营销等。无论哪类技能，都是创新付之于实践所必须使用的。

在工作实践中，人们运用的技能往往是一个连续的统一体，既有动作技能，又有智力技能；既有再生性技能，又有创造性技能。为了使创新能付之于实践，必须重视各类技能训练，特别是要有意识地提高创造性智力技能和创造性动作技能。

职业院校学生创新的舞台在一线

案例

拧螺钉，拧出了造福社会的专利

在硬木板上拧螺钉，是典型的重复性很强的再生性动作技能。美国青年菲力普在做此项操作时，由于木板很硬，螺帽上的沟滑了扣，他想了想，用钢锯把沟锯深点，就能接着拧螺钉，这种操作方式就有一定的创造性了。还有更好的方法吗？菲力普拿着钢锯在螺帽上来回比量，终于想出了新办法：在螺帽上锯一条与原来的沟垂直交叉的沟，一种新螺钉——十字螺钉就在他手中诞生了。他不满足于这种创意只方便自己，就去申请了十字螺钉的专利，还设计了专拧这种螺钉的十字螺丝刀。两种相映生辉的新产品投放市场后，大受欢迎，并很快就流行于全世界。菲力普通过技能操作引发的创新，造福了人类社会。

启示

创新的机会就在身边，只要是个有心人，作为生产一线的高技能人才有许多发挥聪明才智的机会。

（2）瞄准市场新需求开展企业创新是创新的主战场

发现市场新需求，瞄准市场新需求，开发新产品并创新营销策略，也就是说，开展企业创新是职业院校毕业生就业后创新的主战场之一。

企业创新包含产品开发创新、生产工艺创新、市场开拓创新、资源利用创新、企业组织创新、服务方式创新六个方面。企业创新是经济创新的最基本的单位、途径和任务。新产品开发周期中，初始阶段中创意的产生起着关键作用。新产品的质量和市场营销的成功，在一定程度上取决于初始阶段产生的创意的质量和创新性。

职业院校学生毕业后创新领域十分广阔。每个劳动者都可以迸发出创新的火花，有专业基础的职业院校学生更为如此。创新机遇无时不有、无处不在。著名教育家陶行知先生指出：“处处是创造之地，天天是创造之时，人人是创造之人。”想创新、敢创新、会创新是现代劳动者应有的素养，只有具有创新精神和创新能力的技能型人才，才能更好地立足于社会，才能成为社会发展的动力。

小资料

鸭脖子“吃香”

湖南有家较知名的生产熟肉制品企业。这家企业在原料采购和加工上有特色、有创意。企业规模虽然小，但是产品类型非常丰富，能满足不同人群的口味需求，仅鸭系列产品就有10多种，如鸭脖、鸭肠、鸭舌、鸭掌、鸭肫、鸭心、鸭腿等各种风味产品，尤其是鸭脖子畅销北京等各大城市，成为许多人吃不够的“名品”。由于选择了地处偏僻的鸭原料供应商，原料进价低且有特色，而所生产的肉制品售价较高，所以，这家企业的年销售收入和纯利润也越来越高。

四、学习能力是职业能力的重要内涵

1. 学习能力是终身学习的必要条件

终身学习不但需要我们爱学习，还要求我们会学习。会学习，即有能力在自己的一生中利用各种机会，去更新知识、充实自己，使自己能适应快速发展的社会，拥有可持续发展的职业生涯，直至美梦成真。

好学才能上进，好学才有本领。

学习需要沉下心来，贵在持之以恒，重在学懂弄通，不能心浮气躁、浅尝辄止、不求甚解。

——习近平

学习能力是衡量学生会学习的重要指标，是学生深度学习、促进职业素养发展的重要能力。在职业院校的学习过程，是学生思维、情感、人格及社会性发展的重要阶段。学习能力是影响职业院校学生实现高效学习与终身发展的关键性因素。

学生时代处于从业准备阶段，是为从业阶段打基础，与从业阶段相比是短暂的。一个人不可能永远在学校里当学生，不可能总有老师指导你学习。在漫长的从业阶段，需要不断学习新知识、新技能。学会学习，具有学习能力，是终身学习的基础。不会学习，就无法终身学习，不能终身学习的人，就会被时代所抛弃。要想不落伍，不被抛弃，职业院校学生在学校除了学知识、练技能以外，还要有意识地提高自己的学习能力。

2. 最基本的学习能力

注意力、观察力、记忆力、思维力、想象力等是最基本的学习能力，也是可以被训练和提高的能力。拥有这些能力是会学习的重要标志。

（1）注意力

注意表现为对一定事物的指向和集中。人在注意什么的时候，就在感知什么，记忆什么，思考什么或想象什么。注意力是观察力、记忆力、思维力、想象力的准备状态，是学习的先决条件，是提高学习效率的必要条件，所以注意力被人们称为心灵的门户，是智力活动的保证。

（2）观察力

观察是一种有目的、有计划、有思维参加的知觉。正因为观察中有思维参与，所以有人将观察称为“思维的知觉”，并把观察中的思维能力称作整体观察力的核心。观察力是智力活动的源头。

（3）记忆力

有了记忆，人才能积累经验。人的观察力、想象力、思维力和实际操作能力，在很大程度上依赖记忆力。记忆力是学习知识的基础能力。

（4）思维力

思维是人脑凭记忆和想象对客观现实概括的、间接的反映。通过思维，人就可以认识那些没有直接作用于人的种种事物或事物的属性，也可以预见事物的发展变化进程。学习、巩固和运用，都离不开思维。人们称思维是智力的核心，思维力是学习的利剑。

（5）想象力

想象力是在感知材料的基础上经过大脑的思维加工创造出新形象的能力。一切创造性的劳动都是从创造性的想象开始的，想象力是创造性智力活动的源泉。

学习能力，除了最基本的注意力、观察力、记忆力、思维力、想象力以外，还包含理解力、创造力、收集和处理信息的能力、口头和文字语言表达能力、大运动和精细动作能力、运算能力、听 / 视知觉能力，以及适应社会、融入社会的社会能力等。

案例

不会学习的人，正在被时代淘汰

一个地级市政府把地方上的路桥收费站取消了，收费站的工作人员面临着下岗。一位大姐哭诉："我今年 36 岁了，除了收费现在啥也不会，我也学不了什么东西了。"

一家知名企业年薪 40 万元招聘资深产品体验师，要求年纪在 60 岁以上，有一定的网购经验。首批应聘到岗位的 10 位大爷大妈个个身怀绝技。其中，83 岁的学霸奶奶是十几个群的广场舞领袖，经常组织一些线下活动；62 岁的曾大爷会做 PPT（演示文稿软件），还熟练操作 Photoshop（图像处理软件）。

启示

不会学习的人，正在被时代淘汰。除了你自己，谁也无法拯救你。想要不被取代，就要有随时随地学习的能力。据统计，近十年来人类知识的总量超过了以往两千年的总和。一个行业里的权威学者，三年不学习新知识，三年后他将几乎看不懂本行业的论文。

随时随地学习的能力在纵向发展上是一种自我提升，在横向发展上是对人生的一种丰富。没有人能啃着在学校里学到的知识和技能混一辈子，真正能笑到最后的人，一定是那些不断学习、提高、完善自我的人。

3. 怎样提高学习能力

要重视知识、技能的学习，更要重视在学习知识、技能的过程中提高学习能力。学习能力是在日常学习中形成的，能在平时学习实践中得以提高、在训练中得到强化。职业院校学生为了实现自己的职业理想，应该把提升学习能力作为自己的重要任务。

（1）提高注意力

注意力既是最基本、最关键的学习能力，又是提高其他学习能力的先决条件。注意力不集中是学习比较吃力的主要原因。上课时走神、玩手机、看小说、睡觉、说话等，是注意力差的具体表现。因此，通过改正上课时的这类行为，有意识地提升注意力，是职业院校学生提高学习能力首先要训练的项目。

在训练注意力时，首先要下决心管住自己，即做到自律；其次要让同学帮助提醒自己，即借助他律。运用他律最方便的方法，是与同桌结对，相互监督、互相帮助、及时提醒。根据"7 天强制、21 天巩固、30~70 天稳定"的规律，好习惯基本就能形成，注意力就会明显得到提高。

（2）提高观察力

观察力对于职业院校学生来说，不仅在校学习时十分有用，在整个职业生涯发展过程中也都离不开。因为“做中教、做中学”，不仅是职业院校的教学特点，也是从业者在职业生活中向他人学习的重要方式。观察力既是“做中教、做中学”过程中不可缺少的能力，也是在日常生活、职业活动即“社会大学”中，为了不断提升职业素养，践行终身学习理念的必要能力。

观察是得到一切知识的一个首要步骤。

——李四光

观察就是“看”吗？观察是有目的、有计划、有方向、比较持久的知觉。它是以视觉为主，融其他感觉为一体的综合感知，是知觉的一种高级形式。观察中包含着积极的思维活动。观察是人们认识世界、获取知识的一个重要途径，也是科学研究的重要方法。

在日常学习、生活及职业活动中发生的事情，绝大多数在现场的人都能看到，但有人只是“看”，有人是有目的、有计划的“看”，更有人是在“看”中有所思考。苹果从树上掉到地下，是古今中外许多人都看到的事。有人只看到了，却没有什么感觉；有人觉得可惜，捡回去喂家畜；有人想到要及时采摘，甚至想出了苹果深加工办法；牛顿却有深度思考，从中悟出了力学规律。能有目的、有计划、有思维地看到，才能称为具有观察力；思维参与程度深，才能称之为观察力强。

学习技能操作，必须在观察教师、师傅或同行的操作动作时，归纳总结出其中蕴含的规律，思考为什么这样做或怎样做才能更好，也就是在能归纳动作要领之后，还要能明白为什么要这样做，只有这样才能高效率地学会一种操作，才能真正掌握动作要领。在熟练掌握动作要领的基础上，才有可能比他人做得更好，也才有可能对这种动作有所改进、有所创新。

简言之，观察某一动作时要思考：怎样做？为什么这样做？怎样做得更好？第一个“做”是模仿的基础，第二个“做”说明你懂了而且动作能做得更标准，第三个“做”预示着你有技能创新的潜力。

（3）提高记忆力

记忆是一个人对过去活动、感受、经验的印象累积，包括识记、保持、再现和回忆四个基本过程。一个人对他所感兴趣的信息和对象，会产生高度集中的注意力与观察力，精神上更加亢奋，容易形成记忆。专心致志，聚精会神，信息和对象才会在大脑皮层中烙上深深的印迹。不懂要问，只有理解的东西才能牢记。及时复习、集中复习、分散复习相结合，能大大提高记忆的持久性。趁热打铁，及时巩固，是强化记忆、防止遗忘的有效手段。“拳不离手，曲不离口”，反复巩固，是训练记忆力的好方法。

记忆力训练的关键，在于有记住的动力，对要记住的知识要点、技能要领有兴趣。其实，不论哪种学习能力的训练，都是在乐于学、善于学和勤于学的基础上，通过日常学习进行的，只不过各种学习能力的训练方法有不同的指向和侧重。

注意力、观察力、记忆力等这些能力的形成，是相辅相成的过程。在有意识强化某个学习能力时，相关学习能力也能得到提升。例如，在训练观察力时，注意力、记忆力、思维力、想象力、理解力、创造力等多种学习能力都会得到提高，而这些能力的提高，又能使观察力得到质的飞跃。

要想提高学习能力，首先要对自己的过去进行反思，即思考过去的事情，从中总结经验教训。教育家陶行知在重庆创办育才学校时，要求全校学生养成每天自省的习惯，做到每天“四问”：你的身体有没有进步？你的学问有没有进步？你的工作有没有进步？你的道德有没有进步？这“四问”，其实也是我们应该反思的主要内容。陶行知还告诉学生，为了每天都能有进步，需要做到五个字，即“一、集、钻、剖、韧”。一，专一的一；集，收集的集；钻，钻研的钻；剖，解剖的剖；韧，坚韧的韧。

经济社会的发展必然会对职业演变产生重大影响，必然会促成全民学习、终身学习的学习型社会的建立，以提高劳动者整体水平。为此，职业院校学生应该树立终身学习的理念，通过学习学校开设的各类课程，在学习知识、掌握技能的过程中，有意识地努力提高学习能力，养成良好学习习惯，既为首次就业做好充分准备，又为今后可持续发展夯实基础。

小资料

国务院印发《关于推行终身职业技能培训制度的意见》

2018年5月，国务院印发了《关于推行终身职业技能培训制度的意见》（下文简称《意见》）。

《意见》指出，职业技能培训是全面提升劳动者就业创业能力、解决结构性就业矛盾、提高就业质量的根本举措，是适应经济高质量发展、培育经济发展新动能、推进供给侧结构性改革的内在要求，对推动大众创业万众创新、推进制造强国建设、提高全要素生产率、推动经济迈上中高端具有重要意义。

《意见》要求，坚持以人民为中心的发展思想，适应经济转型升级、制造强国建设和劳动者就业创业需要，推行终身职业技能培训制度，大规模开展职业技能培训，着力提升培训的针对性和有效性，建设知识型、技能型、创新型劳动者大军。

《意见》明确了促进普惠均等、坚持需求导向、创新体制机制、坚持统筹推进的基本原则，提出要建立并推行覆盖城乡全体劳动者、贯穿劳动者学习工作终身、适应就业创业和人才成长需要以及经济社会发展需求的终身职业技能培训制度，实现培训对象普惠化、培训资源市场化、培训载体多元化、培训方式多样化、培训管理规范化。

《意见》提出了推行终身职业技能培训制度的一系列政策措施。一是构建终身职业技能培训体系。完善终身职业技能培训政策和组织实施体系；围绕就业创业重点群体，广泛开展就业技能培训；充分发挥企业主体作用，全面加强企业职工岗位技能提升培训；适应产业转型升级需要，着力加强高技能人才培训；大力推进创业创新培训；强化工匠精神和职业素养培育。二是深化职业技能培训体制机制改革。建立职业技能培训市场化社会化发展机制、技能人才多元评价机制、职业技能培训质量评估监管机制、技能提升多渠道激励机制。三是提升职业技能培训基础能力。加强职业技能培训服务能力建设、职业技能培训教学资源建设和职业技能培训基础平台建设。

《意见》强调，要加强组织领导，做好公共财政保障，多渠道筹集经费，建立政府、企业、社会多元投入机制，进一步优化社会环境，大力营造劳动光荣的社会风尚和精益求精的敬业风气。

思考与体验

1. 上网搜寻所学专业对应行业、对应职业群或相关职业群中涌现出来的大国工匠、全国五一劳动奖章获得者或先进工作者的相关事迹。每组集中整理一位劳模、工匠的事迹，并由一位同学向全班介绍，介绍时注意要涉及以下内容：

（1）人物生涯发展的历程，要突出事迹或职业素养中最引人注目的特点；

（2）人物的学习历程；

（3）人物的梦想是什么？

2. 搜索、归纳、梳理所学专业对应职业应有的岗位职业素养，以此为依据，找出“现在的我”与“明天的我”“将来的我”之间的差距。（此题必做）

3. 按“怎样做？为什么这样做？怎样做更好？”的思路，观察实训老师的技能演示。归纳动作要领，和同学交换“为什么这样做”的体会，向老师请教你思考的“怎样做更好”是否合理。（此题必做）

4. 诺贝尔奖获得者杨振宁在谈到自己的老师时说：“我的老师泰勒，每天大约要诞生 10 个想法，其中 9.5 个是错误的。可他面对困难探索前行，从不屈服，从不停止。他说：‘一个人如果每天有一个正确的想法，也就不得了了。’”

你每天有新想法吗？试着从今天做起，规定自己每天必须想出个新主意，并且记在一个专用的“创新能力训练本”上。30 天后翻翻这个本子，你就会发现自己是个挺聪明、有创新能力的人。如果你能把一日一想的训练持之以恒，你就能成为一个创新意识、创新能力很强的人。请付之于行动，并坚持下去。

5. 用以下美国创造教育家托拉斯提出的 21 条标准测试一下自己创造性的高低。

（1）能专心致志地听讲、做事、观察事物；

（2）在说话和书写时能运用类推方法；

（3）读、写、画时全神贯注；

（4）为了争取让自己来完成教师提出的问题而大声叫嚷；

（5）有向权威性观点挑战的倾向；

（6）有将许多原因对照起来看问题的习惯；

（7）有周密地看待事物的倾向；

（8）能在与他人谈话中发现问题；

（9）为完成自己的创造性工作而忘记时间；

（10）能从表面上没有关系的事物中，发现某种关系，并加以表现；

（11）能在家庭或其他地方探求学过的知识；

（12）好奇心强烈；

（13）自发地运用创新思维、创新方法；

（14）有所发现时会兴奋地高声喊叫；

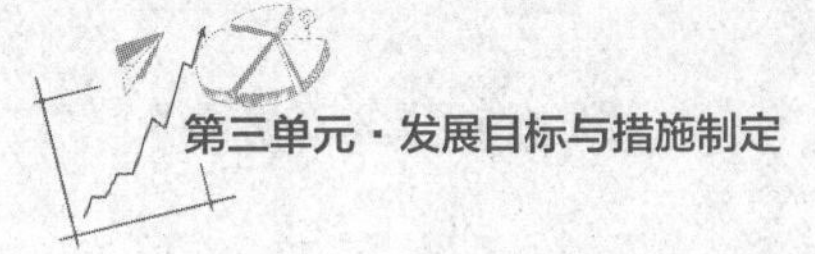

（15）能预测结果并证实其正确性；

（16）很少有精神涣散的情况；

（17）能将事物和观点重新结合起来；

（18）能进行观察并提出尖锐的问题；

（19）自主地决定学习上的研究课题；

（20）经常会想到“有无其他方法”而探索所有的可能性；

（21）主动提出新设想，并为实现新设想而努力。

如果你不能完全达到上述标准，那么这是很正常的。你可借此21条找找差距，看看自己缺些什么，然后做些针对性的训练。

第三课　措施制定与规划管理

只有目标，没有措施的规划，只是一个无法成真的梦。我们要想实现自己的职业生涯发展目标，就必须要有针对性强的措施。有了规划，定了措施，不去落实，只能墙上挂，规划是空话。

一、措施制定

1. 措施的三个要素

实现目标的措施有三个要素：任务、标准和时间。具体措施是根据“现在的我”变成“明天的我”之间的差距而制定的措施，不但应该有实现目标的具体任务，而且要有完成任务的标准。时间安排包括两个方面：一是实现目标的期限；二是落实各项措施的时间进度。

今天站在哪里并不重要，但是下一步迈向哪里却很重要。职业院校学生应尽早制订一个方向正确、目标实在、符合实际、措施具体的职业生涯规划方案，这对今后的职业生涯发展有着十分重要的意义。

2. 制定措施的要领

职业生涯发展措施的制定要领有三点，即措施必须是具体的、可行的、针对性强的。“具体”强调措施的内容要实在，清晰明确；“可行”强调措施要符合自身条件和外部环境，有可操作性；“针对性强”则强调措施不但直接指向目标，而且指向本人与目标的差距。人的精力是有限的，针对性强的措施才能提高实现目标的效率。

3. 制定措施的三种思路

（1）“近细远粗”的思路

实现近期或第一阶段的目标的措施要更具体，第二阶段之后的发展措施，则可以

“模糊”一些。之所以要“近细”，是因为第一阶段目标是最重要的阶段目标，因而第一阶段的措施也是职业生涯发展措施中最重要的措施。后几个阶段的发展措施，会因为本人和环境等各项因素发生变化而需要改变和调整，而第一阶段目标的措施，则是马上就要执行的措施，应该可操作、有指标、易量化。

（2）针对“三个方面”的思路

职业院校学生职业生涯规划第一阶段的发展措施，要针对三个方面：一是为最近的阶段目标的实现服务；二是为第二阶段即下一个目标的实现做铺垫；三是为长远目标的实现打基础。

（3）“弥补差距”的思路

第一阶段措施的制定，不仅以全面提升自身素养为目的，更强调弥补自身条件与目标实现之间的差距。发展目标对从业者的具体要求与从业者自身现有条件之间的差距，即个人现有职业能力与职业要求之间的差距，个人职业素养与职业要求之间的差距，现有知识、技能水准与职业资格标准之间的差距，现有学历与岗位要求之间的差距等，应当成为第一阶段措施制定的主要依据。

兴趣的培养、性格的调试、能力的提升，也是第一阶段措施制定的重要内容。原因有三：第一，通过了解、喜欢、热爱等过程培养自己对所学专业及其对应职业的兴趣，是职业院校学生的重要任务。不喜欢或不太喜欢自己所学的专业，怎么能在所学专业对应的职业上迈好职业生涯第一步？之所以不喜欢或不太喜欢，可能因为你对它知之不多。第二，固化的个性难以适应生涯发展过程中职业、岗位的变迁，难以获得成功的职业生涯，要学会调适个性。第三，正因为“现在的我”的能力与即将从事的职业对从业者的要求有差距，才需要通过在学校学习来缩小差距，并在学习过程中学会学习，以应对职业生涯可持续发展对终身学习的需要。

小资料

好的职业生涯规划应具备的特性

1. 可行性。规划要有事实依据，并非是美好的幻想或不着边的梦想，否则将会延误生涯良机。

2. 适时性。规划是预测未来的行动，确定将来的目标，因此各项主要活动何时实施、何时完成，都应有时间和时序上的妥善安排，以作为检查行动的依据。

3. 适应性。规划未来的职业生涯目标，牵涉到多种可变因素，因此规划应有弹性，以增加其适应性。

4. 持续性。人生每个发展阶段应能持续连贯衔接。

4. 近期目标的发展措施要有落实计划

措施必须去落实，否则目标永远无法实现。对于实现近期目标的措施，更要有实施的计划，即具体执行的“施工图”。我们应该学会制订执行计划，并用计划约束自己的行为。

国家为了实现阶段发展目标和长远发展目标，除了每五年有指导全国发展的“五年计划”以外，每年还会发布一份年度经济体制改革重点工作意见，并颁布配套的具体项目推进计划。这些计划、意见，均具有可操作性，各行业、各地区会根据国家的计划，制订本行业、本地区更具体的计划。

职业院校学生要关注国家、自己家乡、所学专业对应行业的经济发展计划。这种关注，既有利于职业生涯规划的调整，也有利于落实自身发展规划的措施，更有利于职业生涯规划与中国梦的契合。

职业院校学生在制订自己的计划时，可以借鉴国家为落实发展目标从宏观到微观的思路，但要从本人实际出发，落实的计划要更具体、更细致，有更强的可操作性，甚至可以是一个良好习惯养成的计划。其实，坚持有计划地安排近期日程，就是一种珍惜时间的好习惯，就有助于生涯规划措施的落实和目标的实现。

编排执行计划可以采用从年开始，向月、周、日细化的方法。年度计划可概括些，月、周、日计划要详细些。内容应按轻重缓急排序。

年计划是月、周、日计划的基础，对每件措施按月份写明开始和完成时间。对于职业院校学生来说，年计划应在学校制订的学年教学计划基础上制订。在订计划时，别忘了寒暑假。在休息的同时，要充分利用好假期。年计划可细化为月计划。月计划制订好后，周计划可根据实际情况及时调整。

措施的落实最终要落到每天的安排上。因此，日计划和每天的执行是关键。日计划是周计划的再一次细分。今天怎样度过？要做哪几件事？这就是每天的计划和具体安排。当天最重要的事，要在前一天做好计划，这样才能把握好每一天。

学会了编排年计划、月计划、周计划的方法，养成了每天安排自己工作的习惯，才能一步一个脚印，更快、更好地获得职业生涯的成功。想拥有美好的未来，就从现在做起吧！

小资料

制定职业生涯规划的十个原则

1. 清晰性原则。考虑目标、措施是否清晰、明确？实现目标的步骤是否直截了当？

2. 挑战性原则。目标或措施是具有挑战性，还是仅保持其原来状况而已？

3. 变动性原则。目标或措施是否有弹性或缓冲性？是否能随着环境的变化而做调整？

4. 一致性原则。主要目标与分目标是否一致？目标与措施是否一致？个人目标与组织发展目标是否一致？

5. 激励性原则。目标是否符合自己的性格、兴趣和特长，是否能对自己产生内在激励作用？

6. 合作性原则。个人的目标与他人的目标是否具有合作性与协调性？

7. 全程原则。拟定生涯规划时必须考虑到生涯发展的整个历程，要做全程的考虑。

8. 具体原则。生涯规划各阶段的路线划分与安排，必须具体可行。

9. 实际原则。实现生涯目标的途径很多，在做规划时必须要考虑自己的特质、社会环境、组织环境以及其他相关的因素，选择切实可行的途径。

10. 可评量原则。规划的设计应有明确的时间限制或标准，以便评量、检查，使自己随时掌握执行状况，并为规划的修正提供参考依据。

小资料

一份完整职业生涯规划应有的内容及格式

封面：规划标题，学校校名，规划作者姓名、所学专业、在读年级，指导教师姓名。

标题：要醒目，让人一眼就知道你想成为什么样的人。

前言：开门见山，所学专业是什么，梦想是什么，理念是什么，要点题，要对长远目标进行简要解读。

发展条件：利用个性之类的测试分析“现在的我”，即进行自我分析，梳理出应该培养、调试、提高的关键点，为措施的制定做铺垫。要把我的梦融于中国梦之中。

发展机遇：进行包括国家、行业、家乡、家庭、学校等外部条件的分析。

发展目标：要有长远目标、阶段目标，发展脉络要清晰，可用图示。

发展措施：前细后粗，近期目标要有细致的发展措施的落实计划；针对差距制定提高、改善的措施，操作性要强，体现终身学习理念，可用表格。

规划调整：简单扼要，体现规划对外部条件变化的适应性即弹性。

结尾：首尾呼应，简述达成目标的决心。

总之，规划是激励自己持续发展的蓝图，是指导自己落实于行动的安排。因此，规划的内容要具体、实在，应该是“规划体”，不应该用写散文的笔法。

二、规划管理

1. 规划管理的重点在于落实

（1）规划的有效管理

管理职业生涯规划的目的在于落实职业生涯规划的措施，达到预定目标。不落实措施的规划就是空话，空谈不但误国，也误人、误家；实干不但兴邦，也会促进人的发展，给个人和家庭带来幸福。

要紧盯目标，更要拼搏努力

管理是一种能力。学会管理自己，是能够管理他人的基础。管理能力是一种与职业生涯发展密切相关的能力，对创业而言尤其重要。

职业生涯规划管理与其他管理一样分五层操作，即对规划的实行、组织、指挥、协调和控制，高效率地完成既定目标。对于职业院校学生的规划管理来说，“实行”是指学生时代对发展规划的行动落实；“组织”是指以各种具体行动来推进规划的实施；“指挥”是指按规划部署执行进度，并及时激励自己，强化必胜的信念；“协调”是指处理好与同学、集体和社会的关系，从而形成良好的发展环境；“控制”是指掌控自己的时间，监督自己的活动，制约和矫正自己的行为。加强职业生涯规划的管理就是要从这五个方面来落实，高效率地完成自己制定的发展目标，为职业生涯发展打好基础。

（2）依靠集体的力量规范自己的行为

人生活在集体之中，集体是由许多人组成的有组织的整体。各成员之间不仅有共同的目标、共同的利益和共同的活动，而且彼此之间联系密切，具有明确的组织任务。集体成员不仅要认识到集体活动对个人和本集体的意义，而且还要认识到集体活动对组织、对整个社会的意义。在集体中，成员之间是稳定合作和相互友爱的关系。正因为如此，只有依靠集体的力量，在同学的帮助下，我们才能更好地规范自己的行为，更好地执行自己的职业生涯规划。

（3）管好自己的时间

管理时间是为了有效地使用时间。管理时间的目的是决定什么事该做，什么事不该做。

管理时间的方法是做到“四要”。

一要区分事件的轻重缓急。把事件按照重要和紧急两个不同的维度进行了划分，基本上可以分为四类：既紧急又重要 、重要但不紧急、紧急但不重要 、既不紧急也不重要。要善于把主要的精力和时间，集中放在处理那些重要但不紧急的事情上，这是因为涉及职业生涯可持续发展的事情，往往需要持之以恒地做。只有做好这类事情，才能未雨绸缪，才能防患于未然，才能有成功的未来。这是职业生涯规划管理中管理时间的一个重要方法。

小资料

轻重缓急事件的类别及主要特征

事件类别	主要特征
“重要紧急”的事件	处理危机、完成有时间限制即有期限压力的工作等
“重要但不紧急”的事件	与职业生涯发展有关的任务、防患于未然的改善、建立人际关系网络、发展新机会、有效的休闲等
“不重要但紧急”的事件	“不速之客”，某些需紧急处理的电话、会议、信件等
“不重要且不紧急”的事件或者是“浪费时间”的事件	玩手机、阅读令人上瘾的无聊小说、收看毫无价值的电视节目等

生活中肯定会有一些突发和迫不及待要解决的问题，如果你发现自己天天都在处理这些事情，那表示你的时间管理并不理想。成功者花最多时间做最重要的事，而不是最紧急的事情上，然而一般人都是做紧急但不重要的事。

二要做计划、巧安排。应该做好每天、每周、每月以及每年的工作计划，列出每一时间单位内应该完成的工作，排出优先次序，突出重点并确认完成时间，可以适当安排“不被干扰”的时间。

三要写待办清单。理清当天或下一天的任务，有效地控制时间。待办清单内容主要是每天日常工作、特殊事项、以往未完成的事项等。排出优先次序，确认完成时间，完成一项工作划掉一项。尽可能做到当日事当日毕。

四要讲效率。在做一项任务以前，先思考一下有什么方法可以更有效率。做事要集中精力，要学会说“不”，排除干扰，拒绝参加浪费时间的活动。记住“不”，这个字是管理时间最有效的字。如果你发现自己的效率不高，就应该有意识地记录自己的时间，看看时间花在什么地方。既要设法减少应付杂事的时间，又要学会任务分类，同类任务集中做，把零散的时间集中成为连续性的时间。

总之，管理时间的目的是在最短时间内，效率更高、效果更好地完成生涯发展任务，为实现自己的生涯发展目标而努力。当你有了追梦的目标，就有了管理时间的动机，就会更有效地管理时间。

2. 定期检查是管理的有效手段

（1）勤于自我检查

定期自我检查规划落实的情况，是职业生涯规划管理的重要手段。主要检查两方面：是否按计划好的时间进度执行，环节中是否存在问题，如何解决；是否按期完成计划，是否达到预期效果，是否需要完善和提高。

自我检查可以综合周计划、月计划展开。制订下周、下月计划时，先回顾本周、本月计划落实的情况，回顾的过程也是自我检查的过程。回顾每天、每周、每月的职业规划执行情况，能看到成绩并发现问题，达到自我激励和鞭策的目的。自我检查、自我评估、自我监督，是自我管理、自我约束的有效形式，是形成自重、自省、自警、自励的重要途径，是追求职业生涯成功的必要保证。

（2）善于请人督促

再自觉的人，有时也会失误，更何况人往往有惰性，导致没有按计划实施行动。当自我激励和督促不能起到预期效果时，我们还可以请身边的同学监督自己，双方约定，通过互相提醒达到双赢的目的。

当然还可以请老师来督促自己。这也是提高自己社会能力的好办法。在校时尊敬师长，工作后尊重领导，善于和年长的人沟通， 并获取他们的帮助，有利于个人的职业生涯发展。

三、规划调整

1. 调整职业生涯规划的必要性

（1）应对外部条件变化的需要

发展目标的实现，需要发展条件的保证。有些外部条件的变化，从业者个人往往难以掌控。在外部条件变化导致职业生涯发展目标难以实现时，必须及时调整近期目标和发展措施，甚至调整长远目标。规划未来的职业生涯目标，牵涉到多种可变因素，因此规划应有弹性，以增加其适应性。

职业院校学生职业生涯发展外部条件的第一个变化，很可能是就业市场需求的变化。

这一变化，可能导致首次就业岗位与自己规划的发展目标差距过大。其他的变化，大多发生在职业生涯开始以后，大致有以下五类：一是经济形势、产业结构的调整；二是行业发展趋势变化和技术、工艺更新；三是从业者所处的组织环境，即所在单位的人际关系发生变化；四是因用人单位需要，产生了岗位、职务的变迁；五是新的发展机遇出现。

规划必须有稳定性，以确定的目标和措施约束自己的行为。规划又必须有灵活性，与时俱进地根据外部条件的变化调整发展目标和措施。在职业生涯规划实施过程中，从业者要审时度势，处理好严肃性与灵活性之间的关系。

（2）适应自身条件变化的需要

处于成长期的青年人变化明显，职业院校学生在校期间会在品德、行为习惯、知识、技能、阅历、价值观、性格等很多方面发生变化，家庭经济状况和身体条件等方面或许也与几年前不同，这些变化可能导致阶段目标甚至长远目标需要修正，相应地也需要调整发展措施。

随着人生发展到不同阶段，我们应经常分析追求的目标及其价值，分析面临的变化。许多不成功的职业生涯规划，往往源于对外界和自身变化的忽视。职业生涯规划调整的实质，在于通过对以往成长经验的反思，审视自身情况的变化，主动适应外部条件的变化。

2. 调整职业生涯规划的时机

（1）毕业前夕的调整

职业院校学生调整职业生涯规划的第一个最佳时期是毕业前夕，根据实训中和求职过程中的体验，依据就业市场供需实际，对职业生涯规划进行调整。这次调整，既可着重于近期目标和其他阶段目标的调整，也可以对长远目标进行调整。

在这个时期，职业院校学生常会感到在入学时所定的职业生涯规划与实际有距离，甚至相差甚远。主要原因有三个：一是当时在进行职业生涯规划时，对就业市场了解不够；二是环境和自身条件都有了比较大的变化；三是还没完成从

> **小资料**
>
> **职业生涯发展“十要”**
>
> 1. 要对现在从事的职业负责
> 2. 要保持和谐融洽的人际关系
> 3. 要优化你的交际技能
> 4. 要善于发现变化并适应变化
> 5. 要灵活转换职业角色
> 6. 要善于学用新技术
> 7. 要学习多种指南性知识简介
> 8. 要摒弃错误观念，矫正不良习惯
> 9. 要对就业单位事前多做摸底研究
> 10. 要不断开拓进取、不断开发新技能

“学校人”到“职业人”的转换。

如果是前两个原因，应依据实际认真调整职业生涯规划；如果是第三个原因，说明规划并没有脱离实际，而是自己没能及时完成角色转变，应该加快适应社会的步伐，等完成角色转变后再考虑是否调整规划。其实，不少人首次就业后时间不长，就觉得现在走的路，不是自己本来想走的路，也不是自己本来想登临的山顶。然而，另一条路有另一条路的风景，不同的山顶也一样会有美丽的日出，不要念念不忘原来自己想走的路。再坚持一段时间，继续走下去，你可能会发现意想不到的风景。

（2）从业初期的调整

调整职业生涯规划的另一个最佳时期，是工作 3～5 年时。这时已经有了从业的经验，可以根据从业过程对自身条件的检验，根据周围环境和自身条件的变化，在职业转换过程中调整自己的职业生涯规划。

初入工作岗位的第一年，除非有特殊机遇，一般不要轻易调换工作。因为此时尚未完全从学生角色中转变过来，在就业难的现实条件下必须珍视已有的就业机会和岗位。在初入职场、适应社会的这一年中，应该为自己的职业生涯发展积累难以替代的经验。

从业初期调整职业生涯规划的原因主要有四个：一是初次择业时，难以找到十分适合自己的职业，就业市场供求变化为自己重新择业提供了可能；二是经过一段时间的实践，发现自己确实不适合现在的工作，很难按照现在岗位对从业者的要求调整自己；三是有了从业经历，对社会、对人生有了更深刻的认识，职业价值观有所调整，对职业生涯发展目标有了新的追求；四是外部条件有了重大变化。

职业生涯规划需要时时审视内外变化，以此为据调整自己前进的步伐。我们既是目标的确定者，也是规划的主人，应该根据现实和变化及时调整、完善自己的规划，让它更符合自己的理想，更具有现实性、可操作性。

3. 调整职业生涯规划的方法

（1）自身条件重新剖析

进行职业生涯规划调整时的自身条件重新剖析，是通过“我能干什么？我能干好什么？”的自我审视，掌握自身条件的变化及其在职业实践中检验的结果。它不同于第一次进行职业生涯规划时的“分析发展条件”，二者主要区别如下：

第一，重新剖析是在总结职业活动实践经验的基础上进行的。入学不久的职业院校学生进行的发展条件分析，往往与现实有一定距离。而在经过一段时间职业实践后，会对自我条件有新的了解与认识，从而更有针对性地调整规划。

第二，重新剖析是在有了新的发展目标，或者对原定规划已有调整意向的前提下进行的。职业院校学生初次进行职业生涯规划时，强调先分析发展条件，后确定发展目标，以避免涉世不深的青年人“眼高手低”。而对于那些已有实训经历、求职实践或从业实践的青年人来说，进行职业生涯规划调整时重新剖析自身条件，是为了检验初定目标是否符合实际。

（2）发展机遇重新评估

调整职业生涯规划时的发展机遇重新评估，是通过“什么可以干”的自我审视，对就业环境进行再分析，评估自己职业生涯的机遇和阻碍状况。它是在认为原目标不再适合、对新目标已有初步想法的前提下进行的。

如果职业院校学生初次进行职业生涯规划时，对发展机遇的分析，大多依靠间接获得的资料，那么在调整职业生涯规划、重新评估发展机遇时，不但已掌握了许多第一手资料，而且已经有了亲身感受。其特点是指向性明确，可以围绕新目标的可行性进行外部环境的分析。

自身条件重新剖析和发展机遇重新评估，是在原有发展条件分析的基础上进行的，方法和材料都有基础，针对性更强。

（3）发展目标修正和措施修订

职业生涯目标修正是通过“我为什么干”的自我审视，在自身条件重新剖析和发展机遇重新评估的基础上，对新目标初步想法的确认，对长远目标、近期目标进行的调整。

对职业生涯目标的修正，更侧重于对目标的价值取向的修正。已有实践经历的职业院校学生与在校生相比，发展目标的价值取向不再是虚拟的、理论的，而是实在的、务实的。这对于修正职业生涯发展目标或阶段目标十分有益。在取得求职或从业实践经验的基础上，对原有的价值取向进行深刻的反思，是职业生涯目标修正的重要保证。

选择更适合自己的发展方向和发展目标，是调整职业生涯规划的关键。只有在求职或从业实践中得到感悟，才能使职业生涯规划更加符合自身实际。

职业发展措施修订是通过“干得怎么样”和“应该怎么干”的自我审视，根据修正后的长远目标和阶段目标，制定新的自我发展措施。

反思原规划中发展措施的针对性、实效性，回顾原规划中发展措施的落实情况，有利于新措施的制定和落实。

影响职业生涯规划变化的因素很多，有的变化因素是可以预测的，而有的变化因素难以预测。要使职业生涯规划行之有效，就须不断地对职业生涯规划进行评估、修正，及时调整原定的生涯规划。

思考与体验

1.结合本书前两个单元的知识，根据本单元第一课和第二课中的相关内容，找出“今天的我”与“将来的我”即长远目标之间的差距。（此题必做）

2. 梳理“今天的我”与“明天的我”即近期的阶段目标应有职业素养之间的差距，用简练的文字，制定针对解决这些差距的措施。（此题必做）

阶段目标差距改进表

任务项目	“今天的我”的情况	“明天的我”的情况	改进措施
职业资格			
个性调适			
价值取向			
行为习惯			
职业能力（含学习能力）			
其他			

3. 根据本单元小资料栏目“一份完整职业生涯规划应有的内容和格式”中的内容，撰写自己的职业生涯规划方案，并和同学交流，品味同学们的设计思路，修改自己的设计。

4. 在小组里交流各自的职业生涯规划方案，说说体会和收获。

5. 请按照下表“职业生涯规划各要素应达到的标准”中的内容，评价、修改自己的职业生涯规划方案，并落实于行动。（此题必做）

职业生涯规划各要素应达到的标准

<table>
<tr><th colspan="3">项目</th><th>标准</th></tr>
<tr><td rowspan="10">规划的内容</td><td rowspan="2">发展目标</td><td>长远目标（5分）</td><td>长远目标结合所学专业特点，具体、实在，能鼓舞斗志
既体现宏伟志向，又不脱离实际，有激励性和现实性</td></tr>
<tr><td>阶段目标（5分）</td><td>发展台阶合理、层次清楚，发展路径符合行业实际
能够“跳一跳、够得着”，体现努力向上、持续发展</td></tr>
<tr><td rowspan="2">发展条件</td><td>自我认知（10分）</td><td>能从所学专业和即将从事的职业出发，对自身优势、劣势以及个性特点和家庭条件有清晰认识</td></tr>
<tr><td>环境分析（10分）</td><td>能明确“我的梦”与“中国梦”的辩证关系，“我的梦”与“中国梦”高度契合
简明扼要地说清与实现发展目标有关的学校、家乡、行业环境</td></tr>
<tr><td rowspan="3">发展措施</td><td>终身学习（10分）</td><td>在学知识、练技能、了解社会的过程中，特别是在校期间，注重提高学习能力
每个阶段的措施都能体现终身学习的理念，有阶段性强的继续学习措施</td></tr>
<tr><td>个性调适（10分）</td><td>在校阶段，有依据首次就业的职业需要调适个性的措施
依据每个阶段目标岗位对从业者的个性要求，制定个性调适措施</td></tr>
<tr><td>素养训练（20分）</td><td>针对首次就业的目标岗位以及此岗位对从业者职业素养的要求，制定在校阶段具体的训练措施，体现德智体美有机融合，注重工匠精神养成，操作性强
各个阶段的职业素养训练措施，符合本阶段发展目标需要，有行业、岗位特色，针对性强</td></tr>
<tr><td rowspan="2">管理调整</td><td>规划管理（7分）</td><td>有管控自己行为、养成良好习惯，特别是养成学习习惯的手段
有通过集体和同学、老师、亲友、同事帮助，落实规划管理的安排</td></tr>
<tr><td>规划调整（3分）</td><td>有规划实施过程中遇到困难的对策和调整方案</td></tr>
<tr><td rowspan="3">规划的表述</td><td colspan="2">结构清晰（5分）</td><td>标题醒目，画龙点睛；环节完整，要素齐备；首尾呼应，激励性强</td></tr>
<tr><td colspan="2">版面设计（10分）</td><td>配有与规划密切相关的表格、图示、照片，匹配性强
文字与图表布局合理、美观大方</td></tr>
<tr><td colspan="2">规范通顺（5分）</td><td>不是散文，是规划，语言简明扼要
语句通顺平实，没有语病和错别字，正确使用标点符号</td></tr>
</table>

职业生涯规划设计示例：

我的目标——汽车公司销售经理

在我看来，职业本身没有最强最好。对个人而言，能不能发挥自己的潜能拓展业绩，高兴、舒畅、轻松地去做自己爱做、想做的事，喜欢自己的职业，热爱自己的工作，这对我来说至关重要。我有一个做汽车销售经理的梦。

一、我目前的条件

我是一个性格外向的女孩子，有着北京女孩特有的活泼与开朗，所以在我的身边有着许许多多的朋友。他们来自不同的生活环境，有着不同的背景和性格，而正是他们让我更多地了解了社会、了解了生活。朋友是我生活中一笔巨大的财富。乐观向上、聪明伶俐是我最大的特点。它让我对生活充满希望，不管遇到什么困难和挫折都不会气馁；也让我懂得了一个人的成功不仅要靠自身的努力，而且还离不开老师、同学们的关心与鼓励，因为每个人都不可能脱离社会而独立存在。正是这些我目前的个性特点让我从一个成绩平平的学生，慢慢脱颖而出，一次次超越自己。

在这两年的学习中，我成绩名列前茅，数次获得一等奖学金，在班内担任共青团组织委员和校学生会干部，协助老师为同学提供更多帮助，被评为“三好学生”，得到了老师和同学的认可。这种认可鞭策我要更加努力学习各门功课，为我的明天打好基础。

学习得越深入，就越感到自身知识的贫乏和自己的渺小。从小对汽车的钟爱，让我毫不犹豫地选择了机电技术应用专业。但没想到看似简单的汽车，竟有那么多知识要了解和学习。我所了解的还只是一些皮毛，与我的目标还相差甚远。这种距离让我有了一种深深的危机感！

我知道，只学会一点点汽车的基础知识是远远不够的，要在汽车行业谋求发展开拓自己的事业就要不断地学习。我来自一个并不富裕的家庭，我的学习也远比不上那些本科生，但社会是残酷的，不会因为这些而照顾你，所以，要取得成功，我就要付出更多的努力。

二、我的职业目标

我从小就喜欢汽车，能够加入汽车公司是我的梦想。我有出色的公关能力和专业技能，希望从事外事、销售等方面工作。所以，我的职业目标是成为汽车公司的一名优秀销售经理。

俗话讲：“知己知彼，百战不殆。”要实现我的目标，不仅要了解自己，还要了解汽车品牌，了解汽车行业，更要了解社会的人才需求和人才环境。

北京是我国政治经济文化的中心，对高层次的人才需求尤为旺盛，总体的人才环境较好，机遇也较多。但与此同时，人才的竞争也非常激烈。而近些年来汽车行业的飞速发展，让越来越多的人看好其发展前景，汽车行业也已成为人们择业的热选，但这一领域所要求的高深的专业素养和教育基础又让很多人却步。

三、我的规划

要成为一名优秀的汽车销售经理，首先要有扎实的专业技能。这就要求我在求学阶段学习更多的相关知识，努力成为一名优秀的毕业生。其次，到汽车公司实习，将我的所学充分运用到实践中去。我可以从基层做起，学习修理汽车，了解每一个零部件，从而让我更加了解汽车。最后，根据我自身的性格特点，争取调到销售部门工作。

销售是一个涉及面很广的职业，工作中能够接触到各个领域。要了解公司，了解产品，了解客户，了解市场变化，了解经济发展形势。进入销售部门后要从点滴做起，在实践中逐步积累经验，提高工作能力。此外，随着我国经济国际化进程的日益加快，一名优秀的销售人员应具备的素养，仅仅有专业知识是不够的，还需要掌握流利的外语和应对自如的社交礼仪，以及健康的身体。

四、我的措施

第一，成为一名优秀的毕业生。我要在继续保持各科成绩均名列前茅的基础上，更加努力学习，再次超越自己。认真听讲，做好笔记，积极做好老师安排的每个实验，能够独立、准确、快速地完成。另外，团结同学，配合老师做好班内和学生会的工作。以最优异的成绩完成我的学业。

第二，毕业后到汽车公司工作。了解该公司的企业文化；从零做起，了解更多知识的同时，利用业余时间“补充能量”，提高专业水平，深入学习经济学、营销学、心理学、企业管理、人力资源管理等方面的内容；培养分析问题、解决问题的能力，为我日后能够适应社会环境和满足工作要求打下坚实的基础。

第三，熟练掌握一门外语和计算机应用技术。利用假期进修一门外语，注重培养口语交际能力，做到能和制造商自如地交谈；利用业余时间熟练掌握计算机技术，至少达到计算机二级水平。

第四，成为汽车公司一名优秀的销售人员。在工作中不断向优秀的销售人员学习，注意阅读有关书刊和资料；加强与人交往的能力，不断提高自身的职业素养；注意提高自己的业务水平，提升自己的销售业绩，努力成为一名优秀的销售人员。

选择适合的职业是事业成功的开始。我很清楚地知道，在我的职业生涯中，在我的人生道路上，没有捷径可走，但是我从现在开始就做好了心理准备，要奋斗要付出，无论多么坎坷，我都将勇敢地面对，克服一切困难一直走下去。既然选择了，就不言退缩！

我相信，“有志者事竟成”，只要我一步一个脚印走下去，充分发挥我的潜能，施展才华，就能向我的目标一天天靠近，最终找到属于我自己的一片蓝天——成为汽车公司的一名优秀、称职的销售经理。

⊖ 行业动向：中国制造 2025

坚持“创新驱动、质量为先、绿色发展、结构优化、人才为本”的基本方针；坚持“市场主导、政府引导；立足当前、着眼长远；整体推进、重点突破；自主发展、开放合作”的基本原则，通过三步走实现制造强国的战略目标。

第一步：力争用十年时间，迈入制造强国行列。

到 2020 年，基本实现工业化，制造业大国地位进一步巩固，制造业信息化水平大幅提升。掌握一批重点领域关键核心技术，优势领域竞争力进一步增强，产品质量有较大提高。制造业数字化、网络化、智能化取得明显进展。重点行业单位工业增加值能耗、物耗及污染物排放明显下降。

到 2025 年，制造业整体素养大幅提升，创新能力显著增强，全员劳动生产率明显提高，两化（工业化和信息化）融合迈上新台阶。重点行业单位工业增加值能耗、物耗及污染物排放达到世界先进水平。形成一批具有较强国际竞争力的跨国公司和产业集群，在全球产业分工和价值链中的地位明显提升。

第二步：到 2035 年，我国制造业整体达到世界制造强国阵营中等水平。创新能力大幅提升，重点领域发展取得重大突破，整体竞争力明显增强，优势行业形成全球创新引领能力，全面实现工业化。

第三步：新中国成立一百年时，制造业大国地位更加巩固，综合实力进入世界制造强国前列。制造业主要领域具有创新引领能力和明显竞争优势，建成全球领先的技术体系和产业体系。

用技能改变人生，用焊花点亮青春梦想

思考

1. 裴先峰怎样对待家庭、对待长辈？请在案例中找出他的想法，简单扼要地说明他进技工学校的目的是什么？

2. 他为什么能“圆梦”？裴先峰的技能一开始就比别人强吗？他在训练时有哪些感人的事迹？他成为耀眼的明星与德智体美全面发展有什么关系？

3. 他的梦与石油行业发展有什么关系？他怎样把自己的梦融于中国梦之中？

4. 你对“裴先峰的中国梦是‘焊’出来的”这句话，有什么感想？

5. 找一找他在人生每个节点上的奋斗目标。

6. 他在成长的各个阶段，是怎样对待学习的？

1990年8月出生的裴先峰，学生时代从没有走出过洛阳，是个没有坐过火车的农村娃。2009年8月从技工学校毕业后，当上了焊工。仅用三四年时间就走完了普通工人需要20余年才能走完的“技师之路”，成为焊工技师。工作两年多，21岁的他就于2011年10月，成为中国在世界技能大赛中获得奖牌的第一人。工作三年多，就于2013年5月荣获“中国青年五四奖章”，并成为全国劳模和最年轻的“全国五一劳动奖章”获得者。

升高中、上大学和学技术、找工作

裴先峰出生于九朝古都洛阳南郊李楼乡下庄村。“小峰从小就非常懂事，懂得分担家庭压力。”裴先峰的母亲说。每当放学后，其他孩子还在看电视、玩游戏时，他和哥哥却一头扎进菜田，帮助父母干起了农活。2006年8月，兄弟俩考上理想的大学和高中。面对两张录取通知书，父母为同时要负担两个孩子升学而发愁。望着一筹莫展的父母，16岁的裴先峰做出一个让家人意想不到的决定：不上高中、不考大学了。他说：让哥哥去上大学，自己打工，分担家庭的经济压力。

裴先峰父母觉得再难也要让他先学一门技术。于是，裴先峰抱着“学技术、找工作”的愿望，进入一所技工学校的焊接专业。老师回忆裴先峰在校时的模样：“一开始，他在班里处于中等水平。但是每天下午放学，裴先锋总是留在教室静静地看专业书。当我们巡视到他的工位时，他就用那种充满焦虑和期盼的眼神望着我们，好像在说我怎么焊的就不如别人呢，请帮帮我。”

当他知道要学好焊工，既要认真听讲、学好理论，又要多上手练习、用心琢磨后，他每天下午放学后都留在教室里静静地看书，晚上也伏案苦读。每次操作课集体讲评后，裴先峰都要把自己的试件拿给老师点评，然后把学到的点滴收集整理成学习笔记。

就这样，裴先峰磨炼出扎实的基本功。三年级时，他在中国石油举办的院校组电焊技能竞赛中获第二名，在第九届全国工程建设系统焊工技能竞赛的“希望杯”组比赛中获第六名。

早日成为焊接能手

2009 年 8 月，裴先峰凭借优异成绩进入国家石油化工特级企业中油一建。当他知道电焊工是石油工程建设的主力工种，一大批代表行业最高难度的世界级工程就是中油一建建成的以后，他暗暗下定决心：早日成为焊接能手。

初进工地，裴先峰对工作不适应，总是比别人慢一些，成形也不够美观。裴先峰每天天一亮就一头钻进焊工房里埋头苦练，终于攻克了焊接质量的关键。

队里为了培养他，安排技术能手与他结成“师徒对子”，为他制订职业成长计划，让他参加安装攻坚小组。克服了恐高症的裴先峰，背着焊把线在炉子上爬上爬下，冒着酷暑严寒，完成一项项施工难度大和技术要求高的工艺管道安装任务。他的班长在讲评会上说：“同年入厂的青年工人中，小裴岗位练兵最下劲，第一个成功实现从职校学生到技术工人的转型。”

成为国内一流焊工

随着一项项大工程竣工，裴先峰决心把人生坐标焊定在国家重点工程的钢铁框架上，成为国内一流焊工。由于他敬业爱岗、刻苦耐劳、认真好学的表现，得到了同事和领导的认同，被选送参加强化培训。

好学上进的裴先峰十分珍惜这次培训。白天练习操作，晚上学习理论，分秒必争地投入训练。规范要求焊道坡口要用扁铲和铁锤把多余的部分剔掉。铁锤砸肿了手，他一声不吭；双手磨出了血泡，他咬牙坚持；仰焊时，铁水顺着棉工作服口袋往下流，把胳

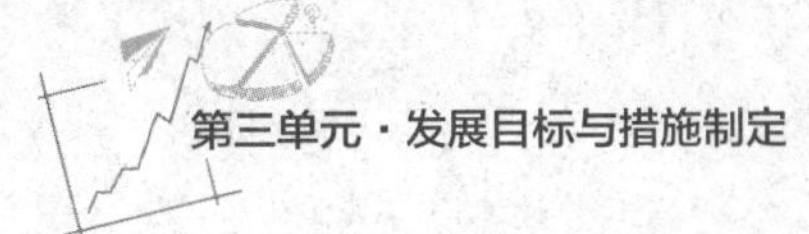

腭烫出了一个个核桃大的水泡，他坚守工位。英国焊接研究所专家戴维德到基地讲学时，看着小裴焊接的试件，竖起大拇指说：“小伙子，你已经可以当焊接老师了。”

在专家和众多“金牌教练”的指导下，裴先峰的焊接技术和综合品质突飞猛进，并在层层选拔赛中脱颖而出，多次获奖并被评为中国石油集团技术能手。

英国焊接研究所专家高度评价裴先峰的焊接作品

让五星红旗在国际赛场升起

2011 年，经过层层推荐选拔，裴先峰在高手如林的全国选拔赛中节节获胜，以绝对优势取得了世界技能大赛参赛资格。他说：“我一定要让五星红旗高高飘扬在世界技能大赛的颁奖现场！”

在赛前训练时，在教练指导下，裴先峰每天清晨 6 时开始跑步，跑步归来后还要进行举重训练。在比赛中，除了对每个选手进行最主要的技能考察，还要考察选手对设备的熟悉程度。裴先峰英文不太好，为了不让语言成为自己赢取比赛的障碍，他利用所有技能练习后的空余时间翻阅字典、资料熟悉设备上的英文。白天高密度训练，晚上总结当天问题、分析第二天的训练要点，并接受赛前心理辅导。

功夫不负有心人，在 2011 年 10 月英国伦敦第 41 届世界技能大赛中，裴先锋一举摘得焊接项目银牌，成为中国工人在国际技能大赛中获奖第一人。

刻苦钻研技术、立足岗位报国的 90 后焊工裴先峰，走出了一条青年技能工人职业发展之路，实现了中国工人向世界焊接技术巅峰冲刺的梦想。

荣誉纷至沓来后，裴先锋也感到了压力，他开始思考：“作为个人，别人都向我学习，我应该怎么做？我现在有什么可以让别人向我学习的？我现在自身还欠缺什么东西？”在裴先锋看来，只有练就国家建设需要的过硬本领，才能实现自己的青春梦想。作为中国石油一建公司技能人才中的佼佼者，裴先峰的梦想是成为像师傅——中国石油天然气第一建设公司“国家技能人才培育突出贡献奖”获得者董留寨、鸟巢焊接技术指导曹遂军那样的人，以技能筑起强国路，以实干成就中国梦！裴先峰希望自己在未来能够继续在技术方面做更多的钻研，并将成熟的技术传授给一代又一代的青年人。

裴先峰把大赛奖牌挂在爷爷奶奶的脖子上

※※※※※※※※※※※※※※※※※※※※※※※※※※※※※※※※※※※※

学完前三个单元，你就可以织梦、筑梦了！

第一单元是了解职业；第二单元是从职业的角度了解自己；第三单元是在了解职业、了解自己的基础上，从职业生涯发展的角度了解社会，把握发展机遇，并学会制定自己的职业生涯规划。其中，第三单元第一课是对本人职业生涯发展机遇的把握，并确定“我的梦”的框架，即长远目标、阶段目标；第二课是为了圆“我的梦”，我们应该具有的素养和应该学习的榜样；第三课是为了“追梦”而制定发展规划，以及管理和调整规划。

学完前三个单元，你就可以带着怎样编织“我的梦”这个问题，再次浏览前三个单元，回味其中与制定自己职业生涯规划有关的内容，找出每课“思考与体验”中与制定规划有关的练习，即“此题必做”，就可以开始设计自己的职业生涯规划了。

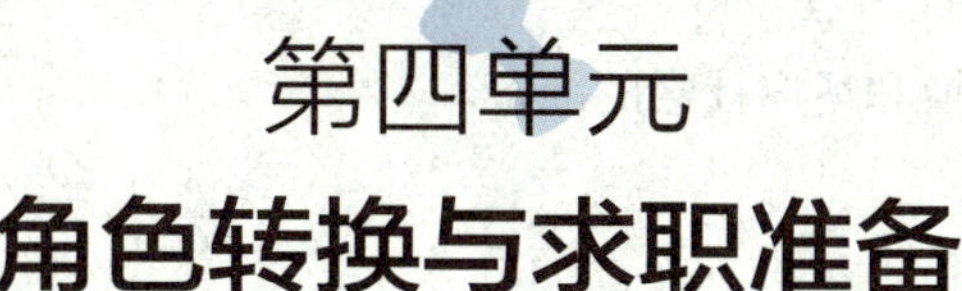

第四单元

角色转换与求职准备

学习要点：

1. 理解角色转换和行为习惯对职业生涯发展的重要性，掌握角色转换的四个要点，理解应有的行为习惯，并落实于日常行为习惯养成的实际行动中。

---

2. 了解就业体制、就业形势、就业市场、就业服务，理解就业质量及其与职业素养的关系，知道保护自己的就业权益。了解搜集信息的渠道，掌握分析就业信息的思路，学会写求职信。了解面试技巧和笔试应做的准备，并将其落实于行为习惯养成和日常学习中。

---

3. 理解为什么要推销自己，了解推销自己的方式。正视求职挫折，了解人对挫折的不同反应类型，学会一些受挫折后的自我调适方法。

第一课　角色转换与适应社会

对于职业院校学生来说，就业意味着离开校园、走向社会，开始自食其力的职业生活，从“学校人”转换为“职业人”“社会人”，是人生一大飞跃。为此，在校期间就应该做好角色转换和适应社会的准备。

一、学校人、职业人

在人生的大舞台上，不同的人在人生的不同阶段扮演着不同的角色。

“学校人”通过努力学习获得今后能在社会上生存、发展的能力。“学校人”主要往返于家庭和学校之间，有家长的监护和教师的爱护，接受家长、教师的帮助和指导。学生时代除靠父母的供养以外，国家对教育有大量投入，为学生提供了众多方面的服务。

“职业人”通过自己的职业活动，为他人服务，为社会做贡献，对家庭、单位和社会负责，并获取报酬。

人类社会经历了原始文明、农业文明、工业文明、生态文明等阶段，社会的发展对人的素养要求在不断提高。职业教育要按时代要求完成双重任务：既要按公民素养的要求对学生进行社会化教育，引导学生成为合格的公民；又要按职业素养的要求对学生进行职业化训练，引导学生成为合格的从业者。

校园、职场之间，不但环境不同，任务有别，而且人群之间的关系也有了质的变化。“学校人”和“职业人”在社会上是两个不同的角色，其权利、义务、规范都存在极大差异。能否顺利地完成从获取到贡献，从“学校人”转换为“职业人”，对于职业院校学生迈好职业生涯第一步非常重要。

二、角色转换的四个要点

从“学校人”到“职业人”，既是人生非常重要的角色转换，也是一次人生的跨越。

角色转换通过两步完成。第一步是在学生时代做好转换的心理准备，了解两种角色的定位区别，在日常学习和生活中加强针对性训练，在实训期间有意识地强化；第二步是在首次就业后，结合岗位特点，在从业实践中锻炼能力，争取尽快完成角色转换。第一步准备得充分，就能缩短第二步的时间，从而很快进入“职业人”的角色，让自己的职业生涯有个顺利的开端。

角色转换有以下四个要点：

1. 成长导向向责任导向的转变

“学校人”的主要任务，是努力汲取知识，德、智、体、美、劳全面发展，掌握在职业生活中奋勇搏击的本领，是一个接受教育、储备知识、培养能力的成长过程。因此，教师对学生往往采取引导、帮助、鼓励等方式。例如，考试有 10 道题，错了一题得 90 分是优等，错了两题半得 75 分是良好，错了四道题得 60 分是及格，不及格还可以补考，甚至得了 70 分还能得到老师的赞赏，因为你比以前进步了。

“职业人”以特定的身份去履行自己的职责，依靠自己的本领去为社会服务，完成社会分工中应尽的职责。对一个“职业人”来说，承担并履行职业责任是非常关键的。当其没有按职业要求履行责任，带来的影响就比较大，小则会给企业带来损失，大则会危害社会。责任心强不强，是用人单位考核员工的重要内容。因此，用人单位对员工不仅管理严格，而且往往与奖罚直接挂钩。例如，加工 10 件产品，即使只出一件废品，也会在经济上受到处罚；如果天天都出一件废品，“饭碗”就保不住了。因为企业的每一件产品，不但有工料的投入、设备的折旧，还有交货日期的限定。误了交货期不仅要罚款，企业信誉也会受损失，直接影响下一单合同能否签订。

在学校，学生可以喊“六十分万岁”，走上工作岗位以后出了错，不仅要受到经济处罚，甚至会丢了“饭碗”。

承担角色责任是从“学校人”向“职业人”角色转换的基础。为顺利完成这一转换，职业院校学生在校期间，应该认真完成每次作业、每次实验，认真完成班级、学校交给的任务，把实训当作真正的职业活动来完成，有意识地培养自己的责任感。毕业后初入职场，在面对琐碎、单调、重复

的日常工作时，要克服不良心态，尽快熟悉新环境，找准角色，爱岗敬业，任劳任怨，进一步强化责任感。

2. 个性导向向团队导向的转变

学校人际关系简单，学生以完成学习任务为主，虽然在集体中生活，但学习活动主要由个人完成。在多种形式的学习活动中，学校鼓励学生生动、活泼、主动地发展自己，个性发展在学校教育中受到特别的重视。

而到了工作岗位，人际关系会变得相对复杂，社会角色以完成团队职业任务为主。这时，团队意识就成为职业人应具备的基本素养。从宏观看，在社会分工的条件下，任何职业活动的运行，都离不开他人职业活动的协作，在为他人提供服务的过程中，也在接受他人的服务。从微观看，职业任务的完成，往往不能只靠个人行为，要靠众人的合力。现代企业重视团队精神，重视员工之间的合作和企业的凝聚力，把团队精神作为企业文化的重要内容。只有在一个优秀的团队中，个人才能充分发挥作用，职业生涯才能得以发展。具有团队精神，在团队中明确自己的位置，处理好与团队其他成员的关系，是成功职业人的重要特征。

只有融入团队，才能在团队中得到发展。在学生时代，我们应该热爱集体、融入集体，努力培养合作意识，积极参加集体活动，在活动中有意识地培养集体主义意识，在实践中提高自己的团队意识。毕业后初入职场，要积极熟悉本职工作及其所在团体的特点，使自己尽快进入角色。

3. 思维导向向行为导向的转变

“学校人”的学习活动以思维为主，主要特点是“想”。思维活动是用头脑去想、去记、去理解的活动，主要表现在意识领域，一般不会有较严重和危害性的后果。

“职业人”的职业活动以行为为主，主要特点是“做”。有行为就有相应的后果，基本上不允许犯错误，因为一旦犯了错误就将带来不良后果。

具有责任心，是对职业人的基本要求。职业院校的学生，应该在学习理论和实操训练时，增强责任意识，特别要珍视社会实践、实训实习的机会，养成一丝不苟、精益求精的作风，为思维导向向行为导向的转变做好铺垫。毕业后初入职场，要尽快了解行业要求的行为规范和工作标准，按岗位操作要领，准确完成每一个动作，尽快养成符合行业标准的行为习惯，以不许出任何差错的态度来完成每一项任务。

4. 智力导向向品德导向的转变

“学校人”以学习为主，智力高、学习好的学生往往容易成为人们心目中的佼佼者。

“职业人”则以职业活动为主，首先要讲的是“爱岗敬业、诚实守信、办事公道、服务群众、奉献社会”，弘扬职业精神，恪守职业道德。良好的道德品质是用人单位最看重的职业素养。

职业院校学生在学生时代，不应重智、轻德，在学习、生活中都要认真“做人”，把“做人”融于“做事”之中，为职业生涯的顺利起步做好准备。毕业后初入职场，要珍惜职业生涯中的第一份工作，尽快了解行业职业道德行为标准，并以此来规范自己的行为，尽快适应工作，在“做事”之中按行业要求“做人”。

如果我们能在学生时代为上述角色转换做好充分准备，又在首次就业后为之努力，就能更好地通过角色转换的完成，迈好职业生涯第一步。

三、为角色转换做好准备

1. 角色转换过程中的不良心态

（1）对学生角色的依恋

在角色转换过程中易出现对原有学生角色的依恋心理，其原因主要是对学生角色非常熟悉，养成了习惯，自觉不自觉地以学生角色来要求自己、对待工作，以学生角色的习惯方式来观察事物和分析事物，以学生角色的态度来对待周围的环境。

上学和上班

以前上学的时候总想着赶快毕业，毕业了就不用上课，不用写作业，不用担心考试分数！现在工作了才知道，有一种作业叫工作，有一种自修叫加班，还有一种分数叫工资。

（2）对新环境的畏缩

在角色转变过程中还易出现对新环境的畏缩。新的环境与学校环境有很大的差异，面对这种差异，刚走上社会的毕业生往往感到手足无措，工作不知如何下手，遇事畏

首畏尾，怕做不好担责任，放不开手脚。

（3）自卑

自卑是在进行自我评价时过低估计自己，自己看不起自己。在择业或与同事相处时，胆小、畏缩，觉得自己事事不如人。尤其是在遭受挫折之后，自卑感异常强烈。

自卑是一种缺乏自尊心、自信心的表现，它常和怯懦、依赖等心理交织在一起，使人悲观失望、忧郁孤僻、不思进取，阻碍了人自身聪明才智的正常发挥。自卑，还会产生精神不振、厌世、沮丧、孤寂、脆弱等心理现象，长此下去可能导致自卑型人格的形成。

（4）自傲、虚荣、浮躁

自傲即自我评价过高。由于职业院校学生受过系统教育，掌握了一定的知识，往往感到自己是从事某一方面工作的高技能人才，不肯从具体工作做起，对所安排的一线岗位认为大材小用，激发不起兴趣，不肯认真地对待每一项具体工作。

虚荣即追求表面的光彩，在生活和工作上华而不实，讳言批评，生怕别人说自己不行，对批评性意见持抵触情绪。

浮躁即表现为不踏实的作风和不稳定的情绪，急于求成，急于邀功，左右摇摆，耐不住寂寞，工作浮在表面，不能深入了解工作的性质、职责及工作技巧，情绪飘忽不定，忽高忽低，不能脚踏实地工作。

案例

不像在学校时那样“吃香”了

到心理咨询中心倾诉“心病”的小吴认为自己被单位“大材小用”了。小吴是个职业院校毕业生，在学校是学生会干部。可他参加工作后，发现自己没有那么“吃香”了。工作近一个月来，除了接电话、开会、收发传真等具体工作，他没有得到任何展示自己的机会。小吴认为，部门里很多同事的才华根本比不过自己，只是自己的才华没有机会展示，因此他很烦恼。

启发

刚进单位的新人必须从基层做起。用人单位一方面是让新人充分了解单位的运作情况，熟悉各项业务；另一方面也是对新进人员的考察，并锻炼其能力。从开始职业生涯的那一天起，就应该做好从零起步的心理准备。

（5）焦虑和怯懦

焦虑是由心理冲突或挫折而引起的一种复杂情绪的反应，主要表现为恐惧、不安、忧虑，以及某些生理反应。轻度的焦虑人皆有之，是正常的。适度的焦虑，使人产生一种压力感，迫使人积极努力。过度的焦虑，则会干扰人的正常活动，导致较严重的心理障碍或疾病。

焦虑一般在要做某件事，而一时做不到时最易产生。在角色转变过程中，找工作不顺利时，有了工作一时开展不起来时，最易产生焦虑情绪。焦虑使人精神负担沉重、紧张烦躁、心神不宁、萎靡不振，学习或工作上得过且过、穷于应付、反应迟钝，生活中意志消沉、长吁短叹、食不甘味、卧不安席。焦虑的一种特殊表现就是急躁，急躁使人在处理问题时失去控制，决策往往失误。

怯懦是一种胆小、脆弱的性格特征。过于怯懦的人，有一种“丑媳妇怕见公婆”的心理。在与人交往中，尤其在较正式的场合，面红耳赤、语无伦次、张口结舌、支支吾吾、答非所问，在求职过程中最易出现。

上述不良心态，在不同程度上影响角色的转变，克服这些不良心态，一方面要提高对有关问题的认识，另一方面就是要及时地调整心态。

克服不良心态有时需要认识自我、自我调适。认识自我，即用自我静思、社会比较或心理测验来评价自我。在正确认识自我的基础上，选择正确的、适宜的方法进行自我调适。这些方法有：自我转化法、自我适度宣泄法、自我慰藉法、松弛练习法和理性情绪法等。

2. 为角色转换做好准备

积极、主动、自觉地为角色转换做准备，才能在走向社会之初，有一个成功的起点。职业院校学生角色转换有一定优势，因为职业院校在课程安排、教学内容、教学方式等方面更加强调实践、强调能力、强调接触社会、强调就业导向，这为学生角色转换提供了更好的条件。

职业院校学生要积极争取参加社会实践的机会，重视在实验、实训中学习知识、训练技能的同时，有意识地去感悟“学校人”和“社会人”的区别，体验角色转换的滋味。职业院校学生要主动为集体、为他人服务，从适应社会、转换角色的角度说，

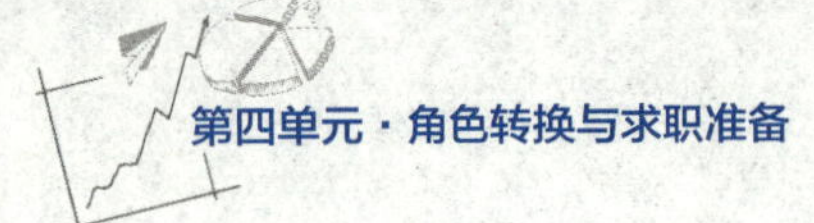

这是提高社会能力、增长才干、为角色转换做准备的过程。

（1）为角色转换做好心理准备

职业院校学生在角色转换过程中，承受着巨大的心理压力。提前做好心理准备，对于应对职场压力具有极其重要的意义。做好心理准备，除要调整好前面所述的各种不良心态之外，还要正确处理在转换过程中的心理矛盾。

职业院校学生在角色转换过程中常见的心理矛盾有：有远大理想，却不能正视现实；想做一番事业，却不愿艰苦创业；有较强的自我观念，却缺乏把握自我的能力；渴望竞争，却没有竞争的勇气。这些矛盾反映了毕业生在择业时，心理上有积极因素和消极因素两个方面，应注意发扬积极因素，克服消极因素。

案例

就业之初欲轻生，工作压力大，角色转换难

小张毕业后，应聘进了一家广告公司做业务员。工作了几个月，每天都处于高度紧张状态。有的时候忙活一个月，还是没有完成规定的业务指标，奖金被扣，所有的努力付诸东流。好几次，小张都产生了轻生的念头。像小张这样的情况绝非个别。目前职场新人社会适应不良的情况较普遍，有的女生挨批就哭哭啼啼受不了。

启示

刚刚走上工作岗位的毕业生难以适应角色转换已成为较为普遍的问题。他们工作压力很大，独立生活，收入不稳定，难以找到感情的归宿。在此看来，学生在校期间就应多与人交流，参加多样的社会实践，尝试经受挫折，为角色转变做好心理准备。

（2）为角色转换做好阅历准备

一定的阅历对于尽快完成角色转换是非常有利的。学生的阅历一般来讲是有限的，但如果有意识地为角色转换做准备，尽可能地丰富自己的阅历，还是大有可为的。例如，对学校安排的实训、实习，要实实在在地去完成，积极争取参加校内工作和各种竞赛，利用假期积极参加社会实践，这些都可以大大丰富你的阅历，弥补课堂学习的不足，提高自己的社会能力，如组织能力、人际关系能力、销售能力、信息采集能力、文字编辑能力、研究开发能力等，缩小自己与职场要求之间的差距。

案例

实习的感悟助他就业

小杨曾在生物制药业的一个龙头企业实习。他求职时到一个颇有知名度的药厂面试，招聘人员对小杨的实习经历很感兴趣，和他一起谈发酵罐，谈抗生素，谈杀虫剂，谈制药行业，谈得很投机，谈得都忘了吃午饭。在众多应聘者中，小杨给他们留下了深刻印象，招聘结果也就不言而喻了。

启示

实习是提高动手实践能力、积累经验的重要途径。职业院校学生要留意用人单位提供的实习机会，在选择实习机会时，要注意它可能带给你的能力锻炼空间。学生的主要任务当然是读书，而读好书必须要有实践，找到满意的工作更得有实践。

（3）为角色转换做好修养准备

修养指待人处事的正确态度。为了顺利实现角色转换，职业院校学生在校期间应着重在以下三个方面做好准备。

一是道德行为习惯和文明礼貌习惯的养成。良好的道德行为习惯是胜任职业岗位的重要条件，文明礼貌习惯是做人的起码要求。有些职业院校学生在专业课、实训课上只重视知识学习和技能训练，而忽视结合学习特别是实训过程养成职业道德行为习惯。职业院校学生由于年轻，所接触的人群基本上局限在家长、亲友、老师、同学的范围内，犯点小毛病也会受到周围人的宽容相待，这导致容易养成不拘小节的习惯。职业道德行为习惯和文明礼貌习惯的缺失，会成为其顺利融入社会的障碍。

案例

接电话别大声说“喂，谁啊？”

在一所培训中心里，一群新进单位的职业院校学生正在接受专门的礼仪培训，学习如何正确坐、立、行，如何在宴会上使用餐具，如何接电话等。负责培训的张老师说：“这是企业给职场新人上的第一课，请大家好好表现。”

张老师发现，很多新员工的言行举止很不注意，往往忽视一些工作、生活中的细节。例如，见了陌生人说话就紧张；接电话时不习惯用“您好，我是某公司的职员，请问……”“谢谢”等礼貌用语，而是大声说“喂，谁啊？”；坐姿也不雅观，走路咚咚响等。针对这些问题，张老师要一一进行帮教。

启示

基本的社交礼仪看似简单，但在工作中却用得最频繁。如果职场新人在这个过程中表现得不好，轻则被认为个人素养不高，重则影响到单位的形象和业务。

二是勤劳勇敢、自强不息精神的培养。勤劳勇敢、自强不息精神是职场人员的良好作风，也是一个人职业生涯成功的前提。任何一个成功的职业人士，都有一个共同的特征：勤劳勇敢、自强不息。

三是责任心、事业心的形成。责任心、事业心是从业者必备的素养。一个从业者本事再大，能力再强，如果责任心、事业心不强，也不会受到用人单位的欢迎。

案例

丢了手套，丢了工作

经过前两轮的面试考核选拔，百余个竞争者现在只剩下十来名了，据小道消息，公司只取前五名。面对最后的竞争，我依然满怀信心，胸有成竹地敲开了面试老总的房间。

我很有礼貌地跟老总打了个招呼，然后把手套放在门边的柜子上，微笑着走了过去，对老总的提问，对答如流，老总连连点头。一切进展得相当顺利，老总说："小伙子，我希望你早日了解些公司的情况，尽快投入工作。明天我们会通知你录用情况的！"说完，他紧紧地握着我的手，送我走出房间。

我心想，只管第二天等通知便是，这份工作可以无忧了。走着走着，我感觉手有些冷，手套放哪儿去了？想起来了，忘在老总的房间里了，这可咋办？反复思想斗争后，我还是回去，敲响了老总的房间。老总正在面试后面的人，给我送手套出来时，他的脸色有些阴。

第二天，没有接到录用电话。我不死心，打电话问老总。老总说："小伙子，你的确很优秀，电子专业课程学得很好，而且还实际搞过些设计，一开始我就选定了你。但是你却丢三落四的。我们要招的人将从事电子电路的设计工作，出不得半点差错。以前我们的一个设计师就因为粗心，差点断送了整个公司的前程啊！"

启示

责任心表现在方方面面，粗心是责任心不强的一种表现。在日常小事中，就应注重责任心的自我训练，才能在职场上赢得成功。

3. 为角色转换强化社会能力训练

在第二单元第一课“了解个性与主动适应”内的“能力及其提高”中，专门介绍了社会能力对职业生涯发展的重要性。其实，社会能力的高低也是“学校人”与“职业人”的重要区别。社会能力是适应社会、融入社会的能力，是职业能力的重要内涵。社会能力内容很丰富，在角色转换过程中，应该通过社会实践和各种活动有意识地强化六种社会能力：交往与合作能力、自我控制能力、反省能力、适应变化的能力、塑造自我形象的能力、组织和执行任务的能力。

四、重视行为习惯市民化

以城市群为主体构建大中小城市和小城镇协调发展的城镇格局，加快农业转移人口市民化。

——习近平

1. 市民化是推进新型城镇化的需要

加快农业转移人口市民化，是推进以人为核心的新型城镇化的首要任务，是破解城乡二元结构的根本途径。

城镇化是人口持续向城镇集聚的过程，它既是世界各国工业化进程中必然经历的历史阶段，也是各个国家在实现工业化、现代化过程中所经历的社会变迁的一种反映。城镇化的主要表现是：随着一个国家或地区社会生产力的发展、科学技术的进步以及产业结构的调整，农村人口居住地点向城镇迁移，农村劳动力从事的职业向城镇二、三产业转移。

市民化即农业转移人口转型为市民，成为城镇居民。城镇的特点是人口居住和谋生方式集中，因而要求新市民在生活、思维方式乃至价值追求等方面，要完成适应城镇生活、工作的转化，即市民化。也就是，市民化要求农业转移人口完成相互促进、彼此制约的三种转型：一是由居住和生活在农村，转到在城镇居住，完成生活空间的转型；二是由从事农业生产，转为从事非农业生产，完成谋

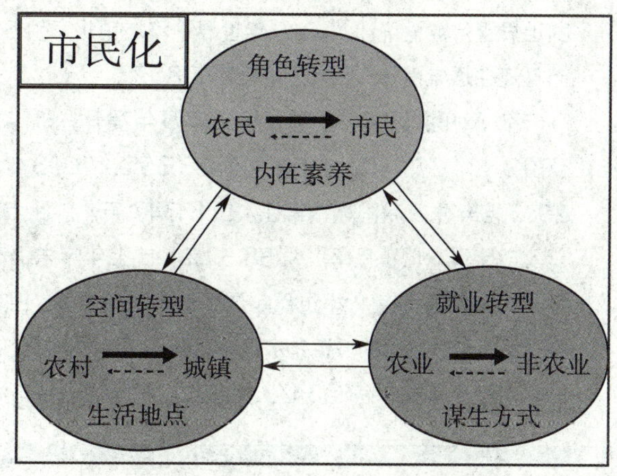

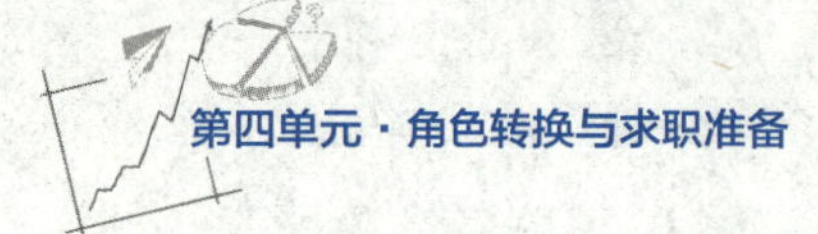

生方式的转型；三是在价值观以及生活方式、思维方式等社会文化层面，具备市民应该具有的内在素养，完成社会角色的转型。

在以往城镇化的过程中，我国已经有大批农村人口由农村进入城镇，初步完成了生活空间的转型；进入城镇的人，有不少人已经或基本脱离了农业劳动，在城镇中有了一份工作，基本完成了谋生方式的转型。然而，在市民化转型方面，还有许多工作要做。例如，在提高进城农民就业质量的同时，还要解决住房、户籍、社会保障、权益保护、子女教育、公共卫生、计划生育、文化服务等方面的问题。这一系列问题，需要在有序推进农业转移人口市民化的过程中逐步得到解决。

20 世纪 90 年代以来，我国城镇化的步伐加快，人口持续向城镇集聚，通过升学就业是农民变成市民的重要渠道，职业院校对此承担重责。在中华民族伟大复兴的过程中，推进城镇化已经成为我国加快转变经济发展方式的主攻方向之一。职业院校学生大都来自农村，其实城里人大都也来自农村，只不过有早有晚而已。城镇化程度是一个国家经济发展，特别是工业生产发展的重要标志。到本世纪中叶把我国建成富强民主文明和谐美丽的社会主义现代化强国的时刻，我国的城镇化率将会达到发达国家水平。

2. 市民化是适应、融入城市的需要

农业转移人口向市民转化，即真正适应城市、融入城市生活，真正成为市民而完成转型，除了要有经济社会发展所提供的机遇等外在因素以外，还要有人的内在因素。内在因素不仅仅是有无技能，有无谋生之道，还要具备符合城市生活的行为习惯。知

小资料

城镇化率

城镇化率是城镇化的度量指标，即城镇常住人口占总人口的比重。据国家统计局公布的世界银行数据统计，2010 年世界平均城镇化率为 50.9%；发达国家为 70% 左右或更高，而且还在逐年提升，2017 年已接近 80%。

改革开放以来，我国城镇化率逐年提升，近年来提升更快。1978 年为 17.92%，1992 年为 27.46%，1998 年为 33.35%，2003 年为 40.5%，2012 年达到 52.57%。2017 年年末，我国城镇常住人口 81347 万人，比上年年末增加 2049 万人；城镇人口占总人口比重（城镇化率）为 58.52%，比上年年末提高 1.17 个百分点。

目前我国城镇化率虽然超过了世界平均水平，但与发达国家的差距还比较大。据预测，到 2030 年，我国的城镇化水平将达到 70%，届时居住在城市和城镇的人口将超过 10 亿人，即今后十多年还将有近 3 亿人陆续由农村移居到城市和城镇。

道“必须做什么”和“不能做什么”，即具有市民素养，才能完成社会角色的行为习惯转型。只有在生活方式、思维方式等方面有所转化，在情感上找到归宿，在心理上获得认同，才能真正完成市民化。

城镇化要以人为核心，其他的一切都要为人服务。推进城镇化意不在“地”，不在“楼”，而在“人”。

——李克强

例如，城市生活对责任心、社交能力、时间观念要求高。在自家地里劳动，要有责任心，但责任心差点，顶多影响家庭的收入；而在城市的企业中工作，责任心不强，不仅影响个人收入，还会影响所在班组、车间、企业的效益，甚至造成更大范围的损失。在农村社交的网络规模较小，且以亲缘关系为主；在城市工作和生活却要求扩大社交范围，能结识许多从未交往过的人。在农村种地，晚些到地头不算大事；到城里上班，生活和工作的节奏大大加快，别说迟到、早退，连工间休息都有专门要求。

又如，城镇人口密集，要注重自己的行为不能妨碍他人。在地广人稀的农村说话声音都很大，在城市特别是公众场合却不能大声喧哗。在独门独院的农村居所，往院里倒污水、扔垃圾，放声高歌、蹦蹦跳跳对邻居不会有大碍，但在楼房里居住，这些行为都会严重扰民，引发邻里纠纷、造成事故，甚至需要法院介入。

城镇化不但对经济社会发展有多方面的促进作用，而且为人的发展提供了更多的机遇。许多来自农村的职业院校学生，也希望通过在职业院校的学习，能长期定居在城镇从事非农业劳动，因而必须养成符合城市要求的素养。进城居住、工作，甚至户籍由农业转为非农业，戴上了“市民”头衔，并非真正成为市民。如果在个人素养方面不能用非农业劳动对从业者的要求规范自己的行为，不能真正适应城市、融入城市生活，职业生涯就难以在城市可持续发展。

其实，随着农业现代化的推进，以及集约化、专业化、组织化、社会化相结合的新型农业经营体系的构建，将来的农民也必定与现在的农民有极大区别，新型职业农民的形成对从事现代化农业的农民的素养要求也必定会有质的转变。

出身农村的青年，大都善良真诚、勤劳俭朴、踏实肯干、自理能力强，具备特有的优势。在城里长大的青年，大都见多识广、思维敏捷、善于社交，有许多长处。出身农村的青年进城以后由于种种原因，往往会产生自卑、孤独、羞怯等心理反应，怕被“城里人”看不起。为了尽快完成行为习惯市民化，要在维护原有社交网络的基础上，冲破原有以血缘、地缘为纽带的人际小圈子，发挥自己的长处，和“城里人”交朋友。

要善于“扬长补短”，向“城里人”学习，取其之长，补己之短。

自信、自强，是完成行为习惯市民化的必要前提。所谓“城里人”，或许其父母、祖父母、曾祖父母以前也生活在农村，无非是早进城而已。只要对未来有梦，目标明确地提升融入城市生活的能力，养成符合城市生活的行为习惯，就一定能借祖国有序推进城镇化的大潮，完成自身内在素养的市民化。

青年是引风气之先的社会力量。一个民族的文明素养很大程度上体现在青年一代的道德水准和精神风貌上。

——习近平

思考与体验

1. 思考从学生角色到社会角色转换，自己做到了哪些，还有什么应该注意的问题？

2. 请阅读下表，从社会责任、权利义务、人际关系三个方面比较“学校人”“职业人”各自的特点，试试在相应空格中补充一些内容，让三个方面的比较更完善。（此题必做）

“学校人”“职业人”的特点

	社会责任	权利义务	人际关系
学校人	提高素养、学习知识、训练技能，为从业做准备	依法接受教育，享受他人劳动成果	受教育者，被关心、被爱护，组织和人际关系简单
职业人	在职业活动中运用知识、技能，创造价值、形成绩效	依法从事职业，为他人服务，取得相应报酬	被管理者，组织和人际关系复杂

3. 找找农村与城市居民在行为习惯上的区别，各自有什么长处需要保持和发扬？有什么短处必须弥补？

第二课　就业体制与就业质量

就业是最大的民生。坚持就业优先战略和积极就业政策，提高就业质量和人民收入水平，实现更高质量和更充分就业，是党和国家的政策。

一、就业形势与就业制度

1. 就业形势

就业是经济发展的基础，也是居民改善生活的主渠道。我国就业形势总体稳定，就业压力依然存在。

2017 年我国就业相关数据反映，一方面劳动力供给继续处于高位，劳动年龄人口保持在 9 亿人以上；另一方面结构性矛盾更加突出，招工难和就业难并存。全国的就业人员有 7.7 亿人，技术工人有 1.65 亿人，其中高技能人才有 4700 多万人。技术工人占总就业人员的比重为 21.4%，而高技能人才只占 6%，两个比值都低于国际平均水平。目前，就业市场技术工人求人倍率约 1.5～2，特别是高技能人才，高级工以上含技师和高级技师非常短缺。

2018 年 3 月，中共中央办公厅、国务院办公厅印发《关于提高技术工人待遇的意见》。该文件体现“两个坚持”：一是坚持以人民为中心的发展思想，二是坚持全心全意依靠工人阶级的方针。该文件围绕技术工人培养、评价、使用、激励和保障等环节提出意见，重点增强技术工人获得感、自豪感和荣誉感，激发工人的积极性、主动性和创造性，第一次把提高技术工人待遇上升到全局高度，摆在一个重要位置，聚焦企业人才瓶颈，突出激励提升，强化问题导向，具有鲜明的导向性、针对性和标志性，抓住了技术工人最关心、最直接、最现实的利益问题。

实践能力强的职业院校学生在就业竞争中获胜 案例

某网络公司招聘软件开发人员，招聘条件为：名牌大学、计算机专业、硕士研究生以上学历。小王是某职业院校机械专业的学生，平时爱好广泛，肯钻研，在学好自身专业的同时，还辅修了计算机专业，通过了微软认证，积极参加学校的课外科技活动，实习期间参加了企业的技改项目并受到企业的表扬，具有较强的实践能力。当得知这一招聘信息并经过冷静分析后，他勇敢地敲响了网络公司招聘人员的房门，递交了自己的简历和相关证书。招聘人员一看是个职业院校学生，又非计算机专业，就想婉言谢绝。但看过他的简历和相关证书后，对他产生了浓厚的兴趣。于是，招聘人员向公司总经理专门递交报告，请求特批录用小王。总经理了解情况之后，批准录用了他，其待遇与录用的研究生相同。

启示

一滴水虽小，同样能折射出太阳的光辉。用人单位不仅看重学校名声、学历和专业，更看重毕业生的综合素养和能力，只要具备较强的竞争力，就能在竞争中取胜。

2. 就业方针

我国现行的是“劳动者自主就业、市场调节就业、政府促进就业”的就业方针，多渠道扩大就业。

（1）劳动者自主就业

自主就业，就是劳动者按照社会的需要，对现有职业进行比较，选择最适合自己兴趣、爱好和专长的职业，或在国家法律和政策允许的范围内，从事个体生产、经营或其他劳动。

个人自主就业的渠道有：创办小企业、到与自己所学专业相关行业或企业就业、租赁或承包小企业、兴办服务业等。

（2）市场调节就业

市场调节就业是指在劳动力市场充分发育的前提下，以市场机制为配置劳动力资源的基础性调节手段，实现用人单位和劳动者的双向选择，满足双方的需要。

（3）政府促进就业

政府推动经济和社会向前发展，以扩大整个社会对劳动力的总需求，从而促进劳动力的供给和需求在宏观总量上达到基本平衡，使国民充分就业。国家采取措施，大力发展就业服务事业，如就业指导、职业介绍和就业训练等。国家确保劳动者公平就业，使劳动者的就业不因民族、种族、性别、宗教信仰等不同而受歧视。

3．就业制度

（1）先培训后就业制度

劳动者年满16周岁，有劳动能力且有就业愿望，符合法律规定条件，可凭本人身份证件和接受教育、培训的相关证明，通过职业介绍机构介绍或直接联系用人单位等渠道求职。劳动者就业前，应当接受必要的职业教育或职业培训。通过职业培训，提高劳动者技能，减少因体制性、结构性因素造成的失业，使大量的劳动者更好地适应体制变化、结构变化以及产业升级的要求。

（2）求职登记与职业介绍制度

我国建立的公共就业服务机构，实行求职登记、职业指导、职业介绍、培训申请、鉴定申报、档案管理、社会保险关系接续“一站式”就业服务。

一是求职登记制度。求职者凭身份证、文凭证书及有关技术等级证书等，填写求职登记表（招工登记表），进行求职登记。我国规定，在一定劳动年龄内，有劳动能力、无业而要求就业的城镇居民，包括学校毕业生，要到政府人力资源社会保障部门的就业服务管理机构进行登记，领取求职证。进行求职登记后，就取得就业资格，由就业服务管理机构进行职业介绍和就业指导。政府部门的人才交流中心，负责对专业技术人员和管理人员进行求职登记与职业介绍。

二是职业介绍制度。政府有关部门发布的《劳动力市场管理规定》指出：职业介绍机构分为非营利性职业介绍机构和营利性职业介绍机构。其中，非营利性职业介绍机构包括公共职业介绍机构和其他非营利性职业介绍机构。职业介绍实行行政许可制度。开办职业介绍机构或其他机构开展职业介绍活动，须经相关行政部门批准。

小资料

以培训促就业

各国政府十分重视职业培训对促进就业所起的积极作用。它们采取了市场化和社会化的培训管理方式，有效地调动了社会培训机构参与职业培训的积极性，使培训与就业紧密结合，提高了培训质量和就业率。各国为了实现就业目标，也几乎无一例外地将职业培训作为失业保险工作的重点，以培训促就业已在各国取得良好效果。如英国对参加培训并取得资格证书的失业人员，分别按资格等级增加失业保险给付；美国规定参加职业培训的失业人员，可适当延长失业保险给付期（最多不超过52周）；德国、意大利对参加培训的失业人员提供生活补贴，失业保险部门负担部分培训费用（注册费、书费、交通费等）；澳大利亚则规定，参加培训的失业人员可以享受疾病、工伤、失业和养老保险待遇。

（3）劳动合同制度

劳动合同，又称劳动契约、劳动协议。依据《中华人民共和国劳动法》的规定，劳动合同是指劳动者与用人单位为了确立劳动关系，明确双方权利和义务所达成的协议。随着劳动体制的改革以及劳动合同制的推行，劳动合同已成为我国确立劳动关系的法律依据，凡是建立劳动关系就应当订立相应的劳动合同。

劳动合同的订立程序一般包括以下几个步骤。①公布招工简章。由用人单位提出招工简章，经批准后向社会公布，吸引劳动者报名应招。②劳动者自愿报名应招。劳动者根据自己的意愿，按照招工简章或招工广告的要求到指定地点和机构进行登记。③全面考核、择优录用。由用人单位对报名应招的劳动者进行考核，核实该劳动者是否能胜任岗位的劳动、工作，用人单位对考核合格的劳动者予以录取。④劳动合同的签订。劳动合同的双方当事人就劳动合同的各项条款平等自愿地协商，取得一致意见后签字、盖章，劳动合同成立。⑤鉴证。劳动合同签订后，双方当事人应到当地行政机关申请合同鉴证。

劳动合同的解除，是指劳动合同当事人双方依法提前终止劳动合同的效力，解除双方的权利和义务关系。劳动合同的当事人不得擅自解除劳动合同，只有在符合法律、法规和劳动合同规定的情况下，劳动合同当事人才可以提出解除劳动合同。

劳动者有下列情形的，依照劳动合同法规定的条件、程序，用人单位可以与劳动者解除劳动合同：①在试用期间被证明不符合录用条件的；②严重违反用人单位的规章制度的；③严重失职，营私舞弊，给用人单位造成重大损害的；④被依法追究刑事责任的；⑤劳动者因患病或者非因工负伤，在规定的医疗期满后不能从事原工作，也不能从事由用人单位另行安排的工作的；⑥劳动者不能胜任工作，经过培训或者调整工作岗位，仍不能胜任工作的；⑦劳动合同订立时所依据的客观情况发生重大变化，致使劳动合同无法履行，经用人单位与劳动者协商，未能就变更劳动合同内容达成协议的；⑧用人单位生产经营发生严重困难的；⑨企业转产、重大技术革新或经营方式调整，经变更劳动合同后，仍需裁减人员的。

用人单位有下列情形的，依据劳动合同法规定的条件、程序，劳动者可以与用人单位解除劳动合同：①在试用期内提前 3 日通知用人单位的；② 用人单位以暴力、威胁或者非法限制人身自由的手段强迫劳动者劳动的；③用人单位未及时支付劳动报酬的；④用人单位未依法为劳动者缴纳社会保险费的；⑤用人单位未按照劳动合同约定提供劳动保护或劳动条件的。

（4）聘任制度

建立专业技术职务聘任制度，是根据实际需要设置专业技术工作岗位，规定明确的职责和任职条件；在定编定员的基础上，确定高、中、初级专业技术职务的合理结构比例；由行政领导在经过评审委员会评定的、符合相应条件的、取得专业技术资格的专业技术人员中聘任。聘用的人员有一定的任期。

（5）国家公务员制度

国家公务员制度是分类管理的一种制度，是管理行政机关工作人员的一整套规范。国家公务员制度有竞争择优机制，在公务员考试、考核、晋升、任免等方面都体现了优胜劣汰机制。国家公务员制度有廉政勤政保障机制，《中华人民共和国公务员法》对公务员的义务、纪律、考核、奖励、回避等方面都加以严格约束，并通过监督来加以保障。

二、就业市场与就业服务

近年来，国家和各地区都在积极培育和发展与市场经济体制相适应，以政府为主导、以职业院校为基础、以市场调节和配置为主要形式的职业院校毕业生就业市场。

1．就业市场

（1）职业院校应届毕业生就业的有形市场

就业市场按其外在表现形式可分为有形市场和无形市场。有形市场是指有明确、固定的场所、时间和地点，有特定参加对象的开放市场。

一是学校组织的招聘洽谈会。学校举办的一般是为本校毕业生服务的就业市场（又称“供需见面会”“招聘会”“洽谈会”），主要由学校邀请用人单位来校直接与学生见面，学生与用人单位双向选择，落实就业单位。其优点是针对性强，需求信息可靠，服务到位，方便毕业生。

二是分科类或行业性就业市场。分科类毕业生就业市场，主要是各省市毕业生就业主管部门从用人单位和学校两方面考虑，从市场细化的角度出发，把理、工、农、医、师、财经、政法等科类的毕业生分别集中起来，与相应的用人单位供需见面，双向选择。行业性毕业生就业市场，主要是由中央部委主管毕业生就业部门主办的主要为本系统、本行业毕业生和用人单位服务的就业市场。

三是区域性就业市场。区域性就业市场，主要是指区域就业主管部门举办的毕业生就业市场。它是由地方或区域主管毕业生就业的政府职能部门，主要为用人单位和当地职业院校毕业生服务而组织的就业市场。其优点是需求信息量大，毕业生能有较多的选择机会；方便用人单位和毕业生，节约经费；现场即可签订就业协议并履行鉴证手续。

四是国际性就业市场。国际性就业市场，主要包含国外企业在中国招聘毕业生，中国企业招聘外国留学生或直接在国外招聘当地毕业生，以及在国内招聘毕业生到国外分公司就职等情况。随着"一带一路"建设的推进，这种情况将明显增加。

小资料

职业院校毕业生就业市场的特征

第一，群体性。每年都有大量应届毕业生走出校门、走向社会，因此，毕业生就业是一种集体的、聚合的，具有鲜明群体性的行为。这是毕业生不同于社会其他成员零散就业的特点。

第二，时效性。毕业生就业一般应在当年完成。从取得毕业资格后开始与用人单位双向选择，到落实就业单位，时间紧、任务重，具有很强的时效性。

第三，影响大、涉及面广。职业院校毕业生就业既涉及社会人才资源的合理配置，又涉及毕业生、学生家长、用人单位、院校的利益，同时更关系到社会的稳定和经济的发展，因此，历来受到党和政府的高度重视。

第四，需求多变性。对毕业生的需求状况不仅取决于国家或地区的经济和社会发展情况，与国际经济发展状况也有一定联系，也取决于职业院校适应社会需要的应变能力，还取决于社会对未来经济与社会发展趋势及对人才需求类别的预测。

第五，形式多样化。毕业生就业市场形式灵活、多样，既有有形的，也有无形的；既有公开的，也有不公开的；既有规模大的，也有规模小的；既有综合的，也有分类的；既有区域的，也有部门的，等等。

第六，年轻化。职业院校毕业生不仅年龄较轻，而且知识也"年轻"，他们具有蓬勃的朝气和锐气，是社会所急需的新生力量。由于职业院校毕业生学历较整齐，年龄相仿，就业竞争也就比较激烈。

第七，初次性。毕业生面临初次择业与就业，没有实践经验，需要进行就业指导。

毕业生应根据毕业生就业市场的特征，从自己的实际出发，选择不同的市场落实就业，并在激烈的竞争中掌握主动。市场是变化的，毕业生的就业策略也应该是变化的。当市场需求量大时，毕业生可适当提高期望值，好中选优；当市场需求量小时，毕业生应降低期望值，低中选高。毕业生还应遵守就业市场的规则和公共道德，在市场竞争中，既要充分保护自己的竞争权利，又要维护他人的选择机会。此外，毕业生应从客观实际出发，调整自己的主观意愿，做到扬长避短，有所得也有所失，有所为也有所不为，期望值要适度。毕业生要清醒地意识到进入就业市场后，是知识的竞争、能力的竞争、素质的竞争，要有危机意识，因而要集中精力加以学习，增强自己的竞争力。

（2）职业院校应届毕业生就业的无形市场

职业院校毕业生就业的无形市场主要指不受时间、地点、场所限制，而由毕业生和用人单位自行选择的就业市场。

一是网络市场。随着互联网技术的发展，目前网络求职已经成为当代职业院校毕业生就业的一个重要手段。毕业生利用网络求职时可以采取以下几种方式。

第一，利用本校就业网站发布自己的择业信息。许多职业院校都建立了自己的毕业生就业网站，毕业生可以方便地在学校的就业网站上发布自己的择业信息。

第二，利用专门的求职网站求职择业。很多专门的求职网站每日动态发布大量工作职位和个人发展信息，而且专门为求职者开辟求职主页，方便求职者注册使用。

第三，利用用人单位的网站求职择业。现在很多用人单位都在自己的网站上发布招聘信息。毕业生可以直接登录它们的网站，查询相关信息。

小资料

职业院校学生如何通过互联网求职？

如何提高网上求职的成功率？网上招聘是一种重要的择业形式，避免了人群大范围集中和近距离接触，给用人单位提供了更广阔的选择空间，也使天南海北的求职者有了平等的表现机会。因此，网上招聘受到了越来越多用人单位和毕业生的青睐。

毕业生网上求职“十一式”：

第一式，选择适合自己的网上招聘会。有的网上招聘会针对的是有工作经验的社会求职人员，应届毕业生即使投了简历，也会因为不符合条件，而被用人单位退回。

第二式，拓宽视野，可将求职信息张贴在招聘专业网站，或将信息发布在一些点击率较高网站的招聘专栏上，或登录用人单位的网站，捕捉人才招聘网页上随时发布的招聘信息，直接与单位联系。

第三式，参加网上在线招聘。向用人单位提问一定要简明、扼要，回答问题要突出个人特点和优势，网上应聘最忌一开口就谈钱。获得用人单位首肯后，一定要留下明确的联系方式，为下一步面试做好准备。

第四式，网上应聘，不要急于一时，人少时求职，效果反而更好。通常网上招聘会持续一段时间，大可不必赶在最初的几小时、一两天应聘。不要因为网络拥挤，而放弃求职机会。

第五式，根据个人的专业、爱好、特长，有目标地向用人单位求职，不要简历“满天飞”，无目的地投简历等于没投。特别不要应聘同一单位的不同岗位，容易给用人主管留下随意、不专业、缺少诚信的不良印象。

第六式，求职简历应重点突出专业、学校、社会实践、自身性格，以及是否具有工作经验等内容。面面俱到、内容太多、太花哨的简历往往最容易被淘汰。

第七式，求职者发送简历的同时，应该发送一封求职信，这是求职者常常忽略的。为了人事主管阅读方便，避免在电脑上多次翻页，求职信、简历都应该采用文本格式。求职者应注意求职信的措辞和语气，不要出现错别字，要突出求职重点。

第八式，发出求职简历后，要主动与用人单位联系。在网上招聘会结束后几天，要主动通过 E-mail 或打电话询问情况，向用人单位表示诚意，也让自己心中有数。

第九式，网上参加招聘活动，要提高警惕，小心受骗。网上招聘存在不少局限，求职者并不能全面了解用人单位的情况，为了防止受骗，网上求职应参加由学校、政府相关管理部门组织的正规网上招聘活动。

第十式，网上求职，可以化被动为主动，利用自己的技术优势，在互联网上建立自己的个人主页，充分展示自身特色，吸引用人单位的目光。个人主页应该图文并茂，内容包括自己的求职信、简历、论文、实习报告、日记、个人论坛以及见报文章等。

第十一式，网上求职要保持平和的心态。就业形势严峻，网上招聘会提供的岗位有限，而应聘者又多，求职者要坦然地面对挫折和困难，不必自卑胆怯和过分焦虑，要积极调整心态迎接挑战。

二是电话求职。电话求职是通过电话推荐自己的一种求职方式。在求职过程中，电话自荐起着“敲门砖”的作用。充分利用电话接通后那短暂的时间，用最简洁明了的语言展示自己，尽可能给对方留下一个清晰、深刻、良好的印象，为面试打下良好的基础。

小资料

在电话推销自己时需要注意什么？

第一，把握好时机。一般来说电话推销自己应在对用人单位较为了解，而自己也曾通过实习、社会实践、投递简历或者通过其他方式与该单位联系过的情况下使用。这样双方沟通起来比较自然，也容易找到更多的话题，使谈话能够顺利进行下去。

第二，掌握好时间。打电话的时间应选在上午 9 点到 10 点较为合适。最好不要在刚刚上班或临近下班的时间打电话。电话持续的时间不要太长，也可根据对方在电话中的语气和反应适当掌握时间。尤其是自我介绍的时间，力争在两分钟内结束，不宜太长，因为自我介绍过程中对方只是作为听者，没有参与互动，时间太长会令双方都感到尴尬。

第三，控制好音量、语气和语速。为了保证对方在有限的时间内能听清、听懂、听全你所要表达的内容，在打电话时要注意音量、语气和语速的把握。一般来说，打电话的音量要高于正常说话的音量，语气要平和、沉稳，语速要稍快于正常说话。但也要视具体情况，如果求职者平时嗓音高、语速快、语气急，则要在打电话时注意反向修正。求职者也可以委婉地询问对方自己的音量、语速是否合适。

第四，使用好礼貌及电话用语。短短几分钟的通话时间，也能够体现一个人的修养和人际交往的水平，一个彬彬有礼的人，很容易取得别人的好感。

第五，把握好讲话分寸。其实这一点在现场推销自己或面试中也非常重要。不该讲的话不讲，不该问的问题不问。注重礼貌而又不失自己的身份，有礼有节，恰到好处。

第六，注意留有余地。由于大多时候电话推销自己只起到“敲门砖”的作用，电话推销自己的目的是为了能获得面试的机会，而且很多时候一次电话推销自己是不够的，还需要多次电话推销自己，所以一定要注意留有余地，给自己再次电话推销自己或争取面试机会埋下伏笔。

2. 就业服务

就业服务，是政府专职的管理部门为求职人员提供的各项帮助和服务工作的总称。

（1）人才市场

人才市场是比较正规的服务机构，能提供多方面的服务，如出国劳务、高级人才推荐等。人才市场一般定期举办用人单位和求职者的见面会。如果遇到求职的高峰期，如高校毕业期，人才市场也会组织针对性强的供需见面会。

人才市场属于以营利为目的的中介机构，人才市场的收费往往以门票的方式收取。人才市场虽然也提供一些免费的服务，比如免费人才登记，但它的目的主要在于建立人才库，向相关单位推荐人才。

（2）职业介绍所

职业介绍所是一些以介绍职业信息为主业的单位。这些单位收集信息，并介绍给前来咨询的求职者。

求职者和用人单位并不直接见面，职业介绍所要向求职者收取一定的费用，一般在求职者看中介绍的职位后，想再进一步获得更详细的资料时收取。比较规范的职业介绍所会由专门的工作人员来负责信息的搜集、整理、分类、公布、更新等，所以求职者在进入职业介绍所之后应该根据自己的实际情况提出职业愿望，这样你会得到相关的资料或者针对性比较强的职位推荐。

一些职业介绍所的信誉不高，问题主要体现在几个方面：一是提供的信息和实际情况有出入，有时相去甚远，这样会加大求职成本，贻误求职时机；二是“售后服务”质量差，使求职者有上当受骗之感；三是收费不规范，从几十元到上百元甚至上千元的都有；四是承诺不兑现，造成求职者和介绍所之间的纠纷屡有发生。

（3）职业登记处

职业登记处的经营思路和职业介绍所相似，所不同的是，职业登记处的主要工作是收集求职者的求职信息，包括个人基本情况，然后把这些信息反馈给有需求的用人单位。职业登记处的问题，类似于职业介绍所。

职业教育是以就业为导向的教育，职业院校不但建有专门的毕业生就业指导部门，往往还建有专门的就业网站。这些部门和网站多数与人力资源部门以及相关网站有密切联系，而且和许多用人单位有直接联系，建立了相对稳定的供求来往，甚至会按用人单位的“订单”来招生，这样毕业生就能得到高质量的就业服务。

三、就业质量与就业权益

1. 就业质量

（1）什么是就业质量

从个人的角度看，就业质量即个人对职业的满意程度。就业质量既要从“货真价实”的硬指标角度看，即考虑收入、福利和劳动保障等因素，也要从“个人感觉”的软环境角度看，即考虑晋升机会、工作稳定、安全健康、专业对口等因素。

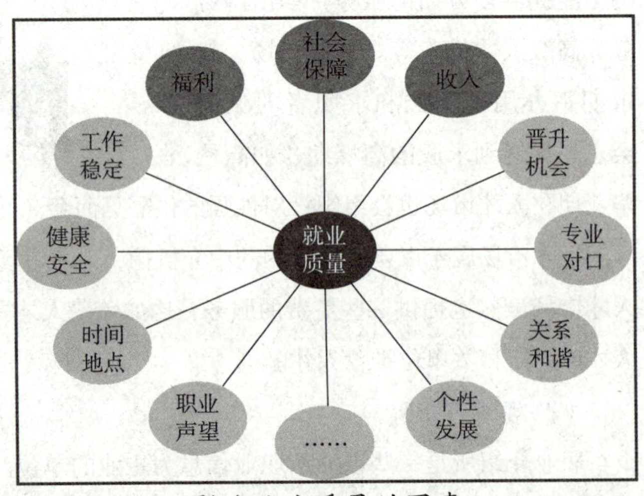

影响就业质量的因素

从个人角度追求“十全十

美”的就业质量，既不现实，也不可能。因为就业质量既与家庭、家乡、行业的发展状态有关，也与本人的内在因素有关。何况，这些外在、内在的因素都在发展变化之中。追求脱离现实的就业质量，可能会痛失机遇、一无所获、后悔莫及。因此，对就业质量的追求，既要从实际出发，采取有得有失、有前有后的态度， 也要从自身的内在因素入手，从现在做起、从身边做起，努力提升自身职业素养，为提高就业质量打好基础。

（2）从业者职业素养影响就业质量

想提高就业质量就必须具备相应的职业素养。从业者职业素养的高低，不但影响从业者现在的就业质量，而且影响从业者将来的就业质量。职业素养是“五育”有机融合的结果，是“做人”与“做事”的有机结合，是决定从业者就业质量高低的内在因素。

企业、社会要提高劳动者就业质量，必须以提高劳动生产率为基础。而要提高劳动生产率，就要求劳动者必须具备更高的职业素养。在当前就业体制下，从业者与企业、社会之间存在交换关系。从业者想获得较高的就业质量，就必须用较高的职业素养去交换。企业、社会如果想取得较高的经济效益，就必须提高从业者的就业质量。

从员工的角度看，就业质量的提高，是从业者投入即不断提升职业素养的产出。从企业、社会的角度看，经济效益的提高，是企业、社会投入即不断提高就业质量的产出。这种投入与产出，是市场经济体制下的就业市场中劳动者与企业、社会之间的交换。双方的这种交换，即通过市场调节来促进企业、社会积极提高劳动者的就业质量，促进劳动者自觉提升职业素养，形成了“双赢”的良性循环。这是国家实施“市场调节就业”以推动经济社会可持续发展的重要体现。

（3）终身学习是就业质量不断提高的保证

想不断提高就业质量吗？想让自己的职业生涯可持续发展吗？想实现自己的蓝图而美梦成真吗？你就必须具有相应的学习能力，必须坚持终身学习。

就业质量、职业素养都是动态的社会现象，它们都会随着经济社会发展而有所变化。人们对就业质量会有新的追求，职业对从业者职业素养的要求也会越来越高。

人的成长过程就是不断学习、提升素养的过程。职业院校学生一定要珍惜在校学习的大好时光，既要培养首次就业所需要的职业素养，还要为再次择业和今后职业生涯可持续发展所需要的职业素养夯实基础，更要保持终身学习的习惯，从而不断提升自己的能力。

2. 就业权益

职业院校毕业生在就业时，应学会运用法律手段进行自我保护，维护自身的合法权益。

（1）依法签订合同

依法签订劳动合同，是毕业生维护自身合法权益，进行自我保护的有效途径，有利于受到法律的保护。

合同是保障

签订劳动合同时的注意事项有以下几点。

一是没有签订劳动合同仍然受劳动法的保护。有些企业认为只要不与劳动者签订劳动合同，就可以不受劳动法律约束，在辞退劳动者时较为便利，并且不必支付经济补偿。实际上这种理解是错误的，只要形成劳动关系，即劳动者事实上已成为企业、个体经济组织的成员，并且为其提供有偿劳动，就适用劳动法。虽然如此，签订劳动合同还是很有必要的，它可以对劳动内容和法律未尽事宜做出详细、具体的规定，在发生劳动争议时也是解决纠纷的重要证据。

二是签订合同时要明确试用期。一般来说，试用期最长不超过6个月。试用期间，用人单位不得随意解除劳动合同。无论求职者还是招聘单位，长期以来一直存在着这样的观点：劳动者和用人单位在试用期内，不需要有任何理由，均有权随时与对方解除劳动合同。这是一种对试用期的错误理解，根据劳动法的相关规定，劳动者的确有这样的权利，但用人单位却没有。因为劳动法规定，用人单位只有在试用期间证明劳动者不符合其录用条件以后，才可以单方解除劳动合同。

另外，毕业生要注意：应聘时要了解清楚招聘职位的要求，以及完整的录用条件；在试用期内要注意在工作中随时按录用条件来要求自己，接受考核；如被告知不符合录用条件时，要及时向人力资源部门索取能证明本人不符合录用条件的证据，以便争取自己的合法权益 。

三是英文合同要慎签。我国宪法赋予公民有使用本民族语言文字的自由，要求签订中文文本合同完全是正当合理的要求，公司不但不应驳回，而且不能以此为由辞退员工。

（2）职业院校毕业生就业权益

职业院校毕业生作为就业过程中的一个重要主体，享有多方面的权益。根据目前就业有关规定，职业院校毕业生主要享有以下几方面的权益。

第一，获取信息权。毕业生获取信息权，应包括三方面含义：信息公开、信息及时、信息全面。

第二，接受指导权。学生有权从学校接受就业指导，学校应成立专门机构，安排专门人员对毕业生进行就业指导。

第三，被推荐权。学校的推荐往往在很大程度上会影响用人单位对毕业生的取舍。被推荐权包含如实推荐、公正推荐、择优推荐。

第四，选择权。毕业生只要符合国家的就业方针、政策，就可以自主地选择用人单位，学校、其他单位和个人均不得干涉。

第五，防止就业歧视权。防止就业歧视权是毕业生需要维护的权益，如对女生的就业歧视，对身体条件要求的歧视等。

第六，违约求偿权。毕业生、用人单位签订协议后，任何一方不得擅自毁约。如用人单位无故要求解约，毕业生有权要求对方严格履行就业协议或进行相关补偿。

（3）就业后应有的权益

依据劳动法相关规定，劳动者就业后享有取得劳动报酬、休息休假、获得劳动安全保护、接受职业技能培训、享受社会保险和福利、提请劳动争议处理等权利。职业院校毕业生就业后尤其要注意落实以下权利。

第一，取得劳动报酬的权利。为了保障劳动者的权益，国家实行最低工资保障制度，用人单位支付劳动者的工资不得低于当地最低工资标准。工资应以货币形式按月支付给劳动者本人，不得克扣或者无故拖欠。劳动者在法定休息日和婚、丧假期间及依法参加社会活动期间，用人单位应依法支付工资。用人单位依法安排劳动者延长工作时间时，应向劳动者支付不低于工资的 150% 的工资报酬；休息日安排劳动者工作又不能安排补休的，应支付不低于工资的 200% 的工资报酬；法定节假日安排劳动者工作的，应支付不低于工资的 300% 的工资报酬。

第二，享受社会保险和福利的权利。享受社会保险和福利是指劳动者遇到因年老、疾病、失业、工伤、生育等劳动风险时，其本人及家庭从社会获得物质帮助和补偿的一种权利。享受社会保险和福利是劳动者取得劳动报酬权的延伸和补充。社会保险主要有养老保险、工伤保险、疾病保险、失业保险、生育保险等。劳动法规定，用人单位和劳动者必须依法参加社会保险，缴纳社会保险费。

第三，获得劳动卫生保护的权利。这一权利保护劳动者的生命安全和身体健康，是对享受劳动权利的公民权益的直接保护。

第四，享有提请劳动争议处理的权利。劳动法赋予劳动者享有提请劳动争议处理权。劳动争议的处理是指劳动争议通过调解、仲裁、诉讼等方式，由第三方（调解委员会、仲裁委员会或人民法院）依据法律来解决。

案例

某电力局对祁某死亡有责任吗?

祁某原是某电力局查线工，办理留职停薪从事经商，两年后回厂上班。该局所属一路段电缆线路出故障需要检修，班长让祁某前去，祁某说自己有两年没干了，怕干不了。检修班班长以人手紧张为由，坚持派祁某前去检修。祁某上电杆操作不到5分钟，就从电杆上摔下来，后经医院抢救无效死亡。

启示

根据电工责任考核相关规定，关键设备、关键岗位和从事危险作业的工人，离开工作岗位1年以上，再回原岗位的，应有一定的熟练期。期满后，经考核合格才能上岗。祁某因工死亡，电力局难逃法律责任。

思考与体验

1. 上网搜索，了解学校所在地区的总体就业形势。

2. 到劳动力市场考察，了解所学专业及相关行业的就业状况。

3. 在小组讨论会上，交流自己对就业质量的想法。

4. 搜集就业过程中用人单位违法的案例，和同学讨论应怎样依法保护自己的权益。

5. 搜集职业院校毕业生在就业过程中不诚信的事例，和同学议议怎样在开始职业生涯第一步时正确看待人生。

第三课　求职面试与心理调适

一、求职信息的搜集筛选

树立信息意识，做搜集信息的有心人，掌握与自己有关的就业信息，对于实现成功求职非常重要。

1. 搜集就业信息的主要渠道

（1）网络和传媒

网络给求职者提供了一种效率高、成本低、内容多、时间快的现代信息搜集渠道。求职者不仅可以非常方便地查阅全国各地的招聘信息，与用人单位建立联系、沟通互动，进行网上求职，而且可以查阅到国家和地方大量的就业政策信息。同时要注意，网络求职虽然方便，但要提防诈骗。

从新闻媒体中寻找和收集就业信息是一种有效的方法。新闻媒体信息量大，覆盖面广，所提供的选择机会多。例如，从报纸、杂志、电视、电台刊登或播发的招聘广告中了解信息，既可节约时间，又可节省费用。但也要注意，新闻媒体受众面广，注意要第一时间掌握信息。

（2）学校和中介

学校的毕业生就业机构——毕业生就业办公室或毕业生就业指导中心提供的信息，是毕业生获取信息的重要信息源。因为这些机构与上级主管部门以及广大的用人单位保持着长期密切的联系与合作，形成了可靠的信息网络或稳定的关系，所以，从学校获得的信息可信度较高，针对性较强，既准确可靠，又全面具体。

人才市场、毕业生就业市场，包括中央、省、市各部门为人才交流（特别是毕业生就业）提供的服务渠道，是毕业生获取信息的基本方式。在政府举办的职业介绍所、职业介绍中心和人才交流中心有许多就业信息，这也是获得就业信息的可靠来源。

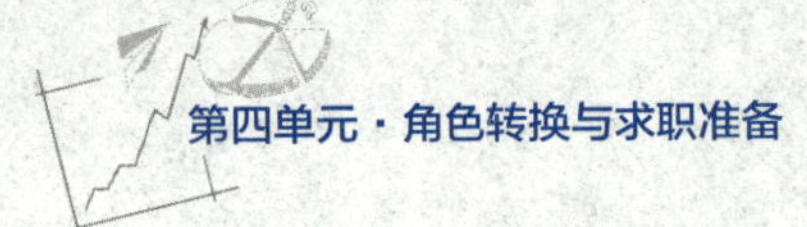

（3）亲戚和朋友

从亲友、邻居处得到的职业信息，可以作为上述途径的补充。需要注意的是，这种信息存在着提供者个人眼界的局限性，也可能存在较大的信息误差。

2. 就业信息的分析与整理

（1）就业信息的筛选

在市场经济条件下求职，职业信息的选择是求职成功的重要保证。信息筛选和处理能力是职业院校学生应具备的综合职业能力的重要组成部分。只有强化信息筛选意识，长期搜集并处理相关就业信息，才能及时调整自我，拓宽择业渠道，减少求职过程中的盲目性，增加就业成功概率。

低年级时，应主要选择所学专业对应行业以及职业群的宏观信息，并分类存储，兼顾浏览具体用人单位信息。对于职业院校学生来说，宏观信息主要包括：行业发展趋势、行业技术发展及其前景、职业机会（哪些职业缺人和哪些职业吃香）、地区经济发展机会（如国家重点扶持西部地区发展）、有关职业资格的内涵及其证书考核，以及职业对从业人员职业素养的要求等。掌握这类信息至少有三方面的作用：一是作为确定求职大方向的依据；二是作为按职业要求调整自我、提升素养、适应职业的标准；三是作为今后求职面试时与招聘人员沟通，表现自己热爱、了解此行业的素材。由于用人单位的信息时效性强，此阶段只需适当浏览，将其作为理解宏观信息的辅助材料。

高年级时，应主要选择具体用人单位信息，并分类存储，兼顾浏览行业宏观信息。用人单位信息主要包括这些单位的业务性质、经营业绩、发展方向、公司文化、对聘用人员知识能力的要求、工资待遇、晋升机会等。掌握这类信息至少有两方面的作用：一是作为制订求职方案的依据，即为确定求职目标——具体用人单位，提供决策依据；二是作为面试时表达自己对该用人单位发展充满信心、热爱这个用人单位的素材。这样既可以增添应聘者的信心，也有利于和招聘人员沟通，准确地将对方需要的信息传递给对方。如果能在网上或其他新闻媒体上找到这家用人单位的产品发布会等最新报道以及广告之类的材料，一定要用下载或剪报的形式分类存储。如能及时用红笔把重点勾勒出来并加以记忆，对减轻面试临战时的压力更有裨益。此阶段也应关注宏观信息，一方面用于作为调整求职大方向的依据，另一方面在求职面试时如果有机会谈出有关行业最新动向，也会引起用人单位的重视。

对应聘单位的了解，不应停留在“皮毛”上。不甚了解应聘单位，既可能影响求职的成功，还可能给未来的工作带来不可低估的负面效应。每个企业都和人一样，有自己的“个性”。用人单位的“个性”，既包括企业的组织结构、业务流程等硬件，又包含企业文化、发展策略等软环境。用人单位的这种“个性”，体现在其招聘人才的标准中。毕业生了解用人单位的“个性”，可以使择业的目标更为清晰、更为准确。另外，了解用人单位的文化与“个性”，也有助于你充分展示与这一单位择才标准相吻合的优势和特长，做到扬长避短。

判断一个用人单位的“个性”和文化，可以有远近两种方法。

一是近距离判断，即深入到这个单位实习，了解单位的组织结构、员工的办事方式和思维，这是最为理想的方法，但这取决于是否能获得相应的实习机会。

二是远距离判断，即在外部对单位进行“观测”。具体办法有三个：一是通过上网、阅读报刊，查阅企业的相关信息，了解其企业文化、企业精神、企业发展前景及其规模、效益、薪资水平，以及为员工培训和发展所提供的空间等内容，同时可根据这些资料对自己是否选择这一单位进行初步判断；二是通过用人单位的招聘广告、招聘宣传册，获取相关的信息；三是与这一单位的员工取得联系，一般可以通过自己的社交圈子，或到学校就业中心去查往届学生的就业去向，就可能找到可以沟通的该用人单位员工。

（2）就业信息的要素分析

对就业信息，可从五个方面进行分析。

一是职业内涵，如职业名称、职业性质、职业内容、职业前途、工作环境、工作地点、待遇福利，除了对这种职业的一般了解外，主要看从事这份职业能满足自己什么需要；

二是人职匹配，即职业与你的个性、生理条件、兴趣、能力等是否匹配；

三是准入资格，如学历、职业资格证书等方面的要求；

四是需求人才的量，如本地区或自己意愿就业地区的某职业及相关职业的供需状况、具体用人单位的需求岗位及其数量；

五是招聘手续，如招聘时间、地点、联系方式等。

3. 就业信息在写求职信时的使用

撰写介绍自己的书面材料（求职文书）和面试时，要用好就业信息。

向不同单位递交的书面材料，不可千篇一律。职业院校学生在向多家用人单位求职时，要准备多份书面材料。求职文书一般由自荐信（求职信）、个人简历和附件三个部分组成。其中两个部分即个人简历和附件可以复制多份备用，而自荐信是送交给某一用人单位的，针对性极强，万不可“一稿多投”。在实际操作时，可列出框架，写出通用部分，针对性强的内容必须依据相关信息另行撰写。

小资料

“推销”自己是一种才华

戴尔·卡耐基说，“推销”自己是一种才华，是一种艺术。有了这种才华，你就能安身立命，使自己处于不败之地。你一旦学会了“推销”自己，你就可以推销任何值得拥有的东西。有人具有这种才华，他将生活得十分幸福，而有的人，就不那么幸运了，他可能会到处碰壁，因为他不善于“推销”自己。

小资料

求职文书中的三种书面材料

自荐信表达个人希望到某用人单位应聘的主观意愿及原因；简历反映本人的客观情况；附件则是个人简历的有关证明材料，包括职业资格证书、毕业证书、考试成绩单等。

要想写好求职文书中针对不同用人单位的特色部分，即最能打动用人单位的内容，也是推销自己的最好“广告”，必须用好相关就业信息。因为只有在掌握相关就业信息的基础上，才能撰写出自己为什么对该单位感兴趣，自己为什么适合从事应聘岗位等内容，也才能在众多求职文书中引起用人单位的关注。

应根据自己掌握的信息，针对不同的用人单位，书写不同的自荐信，不能将一封自荐信复印几十份，寄给不同的用人单位。因为不同的用人单位有各自不同的经营特点、用人观念，针对他们的不同要求，自荐信要有不同的侧重点，这样才能引起用人单位招聘人员的注意。例如，应聘技术类岗位，从事学生会工作、主持文艺活动等方面的经历应一笔带过，不应重描，而应重点写实习经历和从事的技术开发项目。材料中涉及用人单位时，要切合该单位的实际情况，空洞溢美之词，反使招聘者感到浅薄。如果能掌握招聘者的基本意图，对写好自荐信会大有帮助。例如，某招聘单位把稳定专业技术人员队伍作为重要考虑因素，要求应聘者能够安于本单位工作，踏实肯干，那么自荐信中就应着重对能吃苦、踏实等品格进行表述。

案例

企业不需要没有个性和见解的人

上海市某公司人力资源部负责人遇到了怪事：不同学校、不同专业毕业生的几封求职信居然除了人名和日期，其他内容几乎一样。大惑不解的他翻了不少书，才发现这几封信都来自同一本介绍应聘技巧的书。更让他吃惊的是，他在几本书中都看到了几乎相同的求职信模式。

某报业集团人力资源部负责人表示：对各渠道推荐来的书面材料进行筛选时，装帧别致的自荐材料固然讨巧，但学生的实习经历和实习作品更能吸引筛选者的目光。较为丰富的实习经历、具有可读性和深度的简历，会让人有“眼前一亮”的感觉。当然，在校期间担任过校、系或班级的学生工作，参与过较多的社会工作，获得过各种荣誉称号或奖学金，则更容易引起筛选人的青睐。这些“头衔”和荣誉，可视为是具有较高政治觉悟、较强工作能力、较好人际关系和较自觉学习态度的标志之一。

启示

不少用人单位表示，如果发现学生的求职信来自书上或网络，那么就会根本不考虑这个人，因为我们不需要没有创造力、没有个性和见解的人。应聘过程中，过分追求技巧或刻意包装自己，对企业和个人都有可能造成许多不幸。就业技巧对成功择业而言，只能“锦上添花”，而不会“雪中送炭”。

二、面试技巧与笔试准备

面试是面试官通过当面交谈对应试者进行考核的一种方式。笔试主要运用于应试者人数较多，需要考核知识面或需要重点考核文字能力的情况。了解面试技巧，做好笔试准备，敢于和善于推销自己，是职业院校毕业生求职择业必须做好的准备。

1. 面试的技巧

把面试当成一次人生的舞台经历和展现自己风采的机会，就能在面试时保持良好心态。

（1）了解招聘单位

面试前，应进一步了解招聘单位的以下情况：

第一，面试的地点和时间，面试主持人的姓名及其头衔；

第二，关于公司的一些具体情况，如公司的工厂、办公室或商店在什么地方，公司的产品和服务项目是什么，公司已发展到什么程度，公司将来的发展潜力是什么。

案例

慎重了解招聘单位

小吴是某职业院校的应届毕业生，她从校内张贴的用人单位招聘信息中，找到了一则与自己所学专业对口的信息：一家公司招聘文秘。她按提供的联系电话打过去，对方只字不提工作岗位的要求，只是不断地问：你长得是不是很漂亮？你是不是对自己的形象很有信心？并叫她直接到公司面谈。

小吴担心这家公司招聘有陷阱，不敢前去应聘。

启示

即将踏入社会的学子在选择工作时，对招聘单位的了解不能仅凭一则招聘信息。

（2）了解面试方式

一是模式化面试。由主考官根据预先准备好的询问题目和有关细节，逐一发问。其目的是为了获得有关应试者全面、真实的材料，观察应试者的仪表、谈吐、行为，以及见解等。

二是问题式面试。由主考官对应试者提出一个问题或一项计划，请其回答或解决。其目的是为了观察应试者在特殊情况下的表现，以判断其解决问题的能力。

三是非引导式面试。即主考官海阔天空地与应试者交谈，让应试者自由地发表议论，尽量活跃气氛，在闲聊中观察应试者的能力、知识、谈吐和风度。

四是压力式面试。由主考官有意识地对应试者施加压力，针对某一问题做一连串的发问，不仅详细，而且追根问底，直至无法回答，甚至有意识地刺激应试者，看其在突如其来的压力下能否做出恰当的反应，以观察其机智程度和应变能力。

五是综合式面试。由主考官通过多种方式综合考察应试者多方面的才能。如用外语同应试者会话以考察其外语水平，让应试者抄写一段文字以考察其书法水平，让应试者讲一段课文以考察其演讲能力，也许还会要求你现场操作计算机等。

六是行为面试。如果面试一开始，应试者就被提出许多有针对性的具体问题，那么，你面对的就是一次行为面试了。在这种面试中，面试官往往已通过其他途径对应试者有了一个比较全面的了解，所以对一般性的问题不会再提及。面试官在这种情况下提的问题往往会涉及一些应聘者做过的或者将来可能从事的比较重要的工作，也可能会涉及未来职位所需的个人能力。

七是状态面试。这种面试方式与行为面试有紧密的关系，面试官提出的问题同样会比较具体，往往是和应试者在工作中的具体行为有关系，而且面试官还常会问为什么要这样做。

案例

状态面试例题

星期一有位顾客来修汽车，并且要求星期三修好。可到了星期三，顾客来取汽车时，车子并没有修好。这个时候作为修车店的技术服务经理，你该怎么做？

第一种方案：如实告诉顾客车还没有修好，让他下午再来。

第二种方案：先道歉，然后说明由于发生了某种不可控制的原因，导致你未能及时地为顾客把车修好。

第三种方案：再次确认将尽快为顾客解决问题，并且将所需的时间告诉顾客。

启示

这种面试方式可以考查应聘者处理突发事件的能力和组织协调能力。选择关键职位时，用人单位往往采取这种面试方式。

八是间接面试。有些应试者一听说是间接面试，往往先有些泄气，以为是面试官想找个理由来拒绝自己的申请，其实也不一定。间接面试最常采用的是电话面试的方式，一般会提下面几类问题：应聘者是否具有胜任某项工作的最基本的能力和技术，应聘者的能力与简历描述是否一致，应聘者能否与他人很好地沟通。

九是集体面试。这是面试官常用的一种方法，面试官让多个应试者做小组讨论集体解决问题。应试者有时要轮流担任小组领导，面试官借此来考查应试者的领导才能、团队合作能力等。

小资料

间接面试小窍门

首先，情绪要平稳、放松，因为看不见面试官的表情，所以要仔细听清楚每一个问题。然后，回答问题之前，将问题含糊之处询问清楚。最后，尽可能地回答得简短、专业，并表现出对所应聘的职位有浓厚的兴趣。

如果在间接面试时，面试官向你询问有关薪金的问题，你可以告诉他最好在相互了解之后再讨论这个问题。如果他坚持问，就告诉他一个范围，不要说实际数字。

另一种集体面试形式是多位面试官考核一个应试者。因为参与面试考查的面试官越多，选中最优秀人才的可能性就会越大。因此，这种面试通常用于招聘重要人才。应试者有可能一次只见一个面试官，也可能同时接受多位面试官的考查，最终的决定是整个面试小组讨论的结果。

小资料

面试中经常需要回答的问题

1. 请做一下自我介绍

分析：在面试刚开始时要求应聘者做自我介绍是一个非常普遍的程序。有时面试者的问题就来自于应聘者的自我介绍。在做自我介绍时，诚实非常重要，不要试图通过任何形式来隐藏自己过去的一些经历或者事件，也不应自吹自擂，夸张自己的学识和能力。

回答：在回答这类问题时，要讲明毕业院校、专业、自己的能力特长、工作经历等，在时间控制上，以不超过 3 分钟为宜。

2. 你为什么认为自己有能力胜任这个工作？

分析：这是一个典型的无固定答案的问题，给应聘者提供了一个展示自己的机会。应聘者应牢牢抓住这个机会，充分展示自己的个性。面试官也可借此问题对应聘者的动机和信心有所了解。

3. 你最大的优缺点是什么，对你的工作会有什么影响？

分析：回答这个问题的难点在于应聘者既不能把优点说得不像优点，又不能把缺点说得过于严重。有一点应聘者应该牢记在心：从你的回答中，面试官可以知道你的才能，也能了解你的价值观和自我评价的尺度。

4. 你如何让别人接受你的观点或主意？

分析：面试官从你的回答中能获得两方面的信息：一是你在试图影响别人时，是不是让人感到舒服；二是你的说服能力有多强。

5. 你最大的成就是什么，为什么？

分析：面试官问这样的问题是在考查应聘者的价值观，应聘者问答时要透露出自己的判断标准和崇尚的观点。

6. 你认为你能胜任这个职位吗？如果不能你会怎么做？

分析：这个问题如同问应聘者的弱点一样，回答时不能大意。

7. 你如何规划自己未来的事业？

分析：这是“你在今后的五年中要达到什么职位？”这类问题的有趣翻版。几乎所有初级专业人士都会落入这个圈套中，答道“管理层”，因为他们自以为可以以此表明其雄心壮志。这个答案会立即引发一系列大多数应届毕业生无法回答的问题：管理层的定义是什么？一个经理的基本责任是什么？做什么领域的经理？

（3）了解招聘者

了解用人心理，寻求应对之策。一般招聘单位有以下五种用人心理。

了解招聘单位需求，是面试成功的法宝

第一，求“专”心理。专业对口是用人单位录用人才的重要标准，尤其是一些专业性、技术性很强的单位。所以毕业生求职首先应找专业对口的单位，这样可大大提高命中率。职业院校学生要学会展示自己，突出自己实践能力强的长处。

第二，求“全”心理。毕业生能一专多能、多专多能也是用人单位的重要标准。目前社会上风行的考证热，实际上就是这种要求的反映。证多不压人，职业院校学生除了计算机证书外，还应持有与自己专业对应的职业资格证书。在求职时，毕业生应亮出自己有而别人可能没有的证书，以体现自己的优势，满足用人单位的求“全”心理。

第三，求“通”心理。“通”是精通某专业，又能在相关领域大显身手。有能力的学生千万不要“犹抱琵琶半遮面”，应把自己的本事“一个都不少”地抖出来。

第四，求“变”、求“异”心理。求“变”是指用人单位为应对瞬息万变的社会而对求职人才所做出的要求，要求求职者心理素养好，应变能力强，对不断变化的情况能及时调整心态积极应变。求“异”是一些单位喜欢选择一些富有创造力和想象力的求职者，以能在险象环生的商战中出奇制胜。

案例

1+1=？

有一名毕业生在一家大公司的面试中遇到“1 + 1=？”的问题，这名平时喜欢创新的学生，思考一番，突发奇想，脱口而出：“1 + 1 你想它等于几，加以努力，就等于几。”结果这名求职者，在数千名的求职者中脱颖而出。

启示

对于用人单位的求“变”、求“异”心理，广大毕业生应认真对待，首先应分析用人单位的类型、风格和用人原则等，以找到用人单位的突破口，有的放矢地展现自己的“变”“异”能力，以找到理想的工作。千万不要毫无准备地求“变”、求“异”，从而弄巧成拙。

第五，求“优”、求“诚”心理。求职者既当过学生干部，又是专业能手，为人又诚恳，必定会被众多用人单位所看中。因此，职业院校学生一方面应展现自己的优良素养和能力；另一方面，对不了解或不太了解的问题，应诚实告之，千万不要不懂装懂。

一般来说，面试官的评判标准主要有：希望自己将来的同事是有亲和力和友善的；愿意接受指导和帮助的；有上进心，脚踏实地的；聪明而谦虚，能够很好地执行指示的；做事主动积极，能够得心应手地应付不同情况的；能为他人着想的；愿意虚心学习的。

（4）仪表

仪表往往影响应聘者给人的第一印象。穿着、仪表是一个人内在素养的外在表现，得体的打扮不仅体现求职者朝气蓬勃的精神面貌，表示求职者的诚意，还反映了一个人的修养。

小资料

面试应注意的仪表细节

1. 整洁最重要。头发和指甲要干净，衣服要整齐，皮鞋要擦亮。

2. 不要标新立异。凡是令年长的人觉得看不顺眼的服饰，不应予以考虑。

3. 根据应聘的公司和职位选择服装。运动装、露趾凉鞋之类的服饰都是不适宜的。若应聘的是文职，男士最好穿西装，女士最好穿套裙。若应聘技术一线的工作岗位，西装就不适宜了。

4. 提前准备。在面试前一天才理发，未必能达到最佳效果；面试前两星期做头发，面试时会比较自然。

5. 勿穿新衣。面试是紧张的场合，若穿一套完全不习惯的衣服，应聘者往往会更不自然。

6. 勿浓妆艳抹。女士若化妆或佩戴饰物，应该适可而止；男士不要用香水、戴手镯之类的东西。

7. 勿挑逗暴露。太短的裙子、低胸上衣、紧身衣裤，对女士来说都不适宜。

8. 舒适原则。不论穿戴什么，都应以自然和习惯为原则。

最后检查：面试前几分钟，到洗手间做全面的检查，理理发型、整理衣服、补妆、抹汗等，得体的形象能给面试官留下良好印象。

小资料

肢体语言也很重要

一些应聘者存在以下错误的肢体语言：谈话时，双手抱在胸前，跷着“二郎腿”；手揣在裤兜里，或把手夹在两腿当中；脚使劲地点地；双眼左顾右盼；谈话过程中始终不敢抬头，眼睛不敢往上看；目光过于向上，时时翻白眼；虽然目光位置没有大毛病，却不敢与面试官对视，一旦对视，马上躲闪，显得很不自然。

正确的四肢姿势是：双手自然放在椅子扶手或腿上，如果桌子较大，也可以放在桌子上；上身要笔直，两腿自然平放。正确的注视目光是：目光应看对方的前额部分，不时与对方对视交流，交流时目光应坚定、自信，显示出勃勃英姿。另外，要学会微笑。微笑在求职择业中十分重要，它可以表明应聘者心态正常、自信、善良、平易近人等，会微笑的人能赢得主动。

（5）面试中的机智

企业需要的是脑子灵活、富有创意的人，在面试过程中，应试者应想方设法引起面试官的注意。

案例

面试需机智

某应聘者参加一次外企招聘面试，按照面试顺序，他被排在第 21 位，前面有 20 个求职面试者。他想了一个办法，拿出一张纸，在上面写了一些字并走向秘书，恭敬地对她说：“小姐，请您马上把这张纸交给你的老板，这非常重要。”等老板看完他的纸条以后哈哈大笑，因为纸上写着：“先生，我排在队伍的第 21 位，在轮到我之前，请您不要做决定。”结果，由于这位应聘者的机智给老板留下深刻印象，他被这家公司录用了。

启示

在应聘面试中既要灵活机智、反应敏捷，又要注意坦率真诚，给面试官留下既稳重可靠又有智慧的印象，能大大提高面试成功概率。

在面试中应注意以下几点，可能会对你有所帮助：积极的态度——来自你过去生活经验的积累；成熟适当的行为方式——体现你的教养和处事能力；适当展示你的优势——用事例而非漂亮的辞藻；良好的沟通能力——多注重听而不单是说；选择一个适合你个性的职位——“人怕入错行”。

面试场上你的语言表达能力标志着你的成熟程度和综合素养。对求职应试者来说，掌握语言表达的技巧无疑是重要的。面试的谈话技巧主要表现为：口齿清晰，语言流利，文雅大方；语气平和，语调恰当，音量适中；语言要含蓄、机智、幽默；注意听者的反应。

案例

改变命运的小牌子

但凡在择业受聘时能创造奇迹而成功的人，都有一个共同之处，就是比别人想得更多一点、更深一点、更灵活一点。英国《泰晤士报》的曾任总编西蒙·福格早年找工作时，曾殷切地问对方：要不要编辑、记者、校对员、排字工？人家说都不要。一般人到此也就怏怏而回，觉得只不过是在求职路上多了一次挫折而已。而西蒙·福格不是这样，他说："那么你们一定需要这个了。"说着，从容地从包中掏出一块精致的牌子，上面写着："额满，暂不雇用。"很有意思，就因为这一块牌子，福格戏剧性地成了《泰晤士报》的一名新成员。说神奇，是一块精致的牌子，为福格成为《泰晤士报》总编打下了基础；说不神奇，无非是事先写好几个字。就是这平凡的6个字、1个逗号、1个句号，成就了昔日的《泰晤士报》总编。

启示

成功与失败有时只有一步之差：几个精妙的词语、几句精彩的对话，都能折射出你执着坚忍、积极奋进的良好心态，体现出你的机智，帮助你把握身边的机会。正如谚语所说的：通往失败的路上，处处是错失了的机会；做好准备从前门迎接幸运的时候，别忽略了从后窗潜入的机会。

2. 笔试的准备

笔试主要限于一些对专业技术要求较高和对录用人员素养要求较高的单位。笔试内容一般包括三个方面：一是知识面的考核，主要是一些通用性的基础知识和担任某一职务所要求具备的业务知识；二是智力测试，主要测试毕业生的记忆力、分析观察能力、综合归纳能力、思维反应能力、接收新知识的学习能力；三是技能测验，主要是对受聘者处理问题的速度与质量的测试，检验其对知识运用的能力。

常见的笔试类型有以下几种。

第一，专业考试。主要检验求职者专业知识水平及相关的实际能力。

第二，心理测试。心理测试是应试者要完成事先编好的标准化量表或问卷，用人单位再根据其回答情况来判断应试者的心理水平或个性特点的方法。一些用人单位常常以此来测试求职者的态度、兴趣、动机、智力、个性等心理素养。

第三，智商测试。主要为一些跨国公司所采用，其对毕业生所学专业一般没有特殊要求，但对毕业生的素养要求较高。在这些公司看来，专业能力可以通过公司的培训获得，因此有没有专业训练背景无关紧要，但毕业生是否具有不断接受新知识的能力是至关重要的。

第四，命题写作。目的在于考查应试者分析问题能力、逻辑思维能力和文字应用表达能力。比如，限时写出一份会议通知、请示报告或某次工作总结报告，或给出一个观点，要求应试者予以论证或批驳等。

第五，综合能力测试。这是对应试者的阅读理解能力，发现问题、分析和解决问题的能力，知识面等素养的全方位测试。比如，应试者要在规定的时间内对一组数据、一组资料进行分析，找出合理的地方和存在的问题，并设计出解决问题的方案。

小资料

常见的笔试试题类型

常见的笔试试题类型如下。

一是专业类。主要涉及企业用人岗位所需的专业知识。

二是政论类。主要涉及一些基本的政治观点、时事政治或对国际国内形势的分析。

三是公文类。主要涉及一些常用公文的写作，考查应试者对各种公文文体的掌握情况及对语言、文字的驾驭能力等。

四是技能类。主要涉及英语、计算机等通用技能的考核。

五是综合类。涉及面较广，考查的知识点比较全面且综合性强，针对一个问题可能需要应试者动用多个方面的知识和能力去解决。

参加笔试前，一要适当减轻思想负担，二要保证充足的睡眠，三要适当参加一些文体活动，从而使高度紧张的大脑得到放松休息，以充沛的精力去参加考试。笔试前，还应当针对考试内容适当地做一些准备，争取好成绩。此外，注意按要求的时间准时到场，不能迟到。

三、推销自己与心理调适

1. 推销自己

（1）敢于推销

自我推销就是向用人单位宣传自己、展示自己，以便让用人单位了解自己、认识自己和选择自己。“别怕推销自己，只要你认为你有才华！”这是戴尔·卡耐基说过的一句话。自信是现代人所必须具有的心理素养，要让别人相信自己，首先要自己相信自己。自信心既与自身素养和能力水平有关，也与平日不断克服自卑心理的训练有关。

在自我推销中要消除对招聘者的恐惧心理，摆正自己与招聘者的位置，敢于推销自己。应做到：实事求是，严于解剖自己，优势不羞谈，缺点不掩饰。一个人的言谈举止反映一个人的品德修养和精神气质。为此，我们在校期间应注意良好的日常行为习惯的训练和养成。

案例

敢于推销自己

在校时，学校进行学生干部公开竞选，当时身高只有 160 厘米、进校才一年多的我，凭着“敢于推销自己”的热情参加了竞选，结果，我成了学校第一位公开选拔出的学生会主席。

毕业时，一家著名广告公司招聘文案，在初审没通过的情况下，我鼓起勇气再次应聘，结果成了唯一的一名被聘者。老板说，聘你的理由只有一个：凭你这份自信！

启示

推销自己最坏的结果无非是失败，只要求职者心理承受能力强，求职者就会毫无损失，无非再找其他对象推销自己而已。

（2）善于推销

一是要根据对方需要进行推销。要了解用人单位的需要，有针对性地“推销”自己。即针对用人单位的具体要求，强调自己所长，使招聘者相信他面前站着的是最理想的应聘者。比如用人单位招聘文秘人员，介绍自己如何具有公关能力，就不如介绍自己文、史、哲知识及写作才能；用人单位招聘工程技术人员，展示自己的语言才能，就不如展示学业成绩、实习体会和开发成果来得实在；用人单位招聘管理人员，学生干部经历及组织管理才能可能会更受重视。专业特长加上广泛的知识面和兴趣爱好，往往会得到用人单位的青睐。

二是要扬长避短式推销。要了解用人单位看重的是什么，有意识地扬长避短。要看到自己的长处，并有意识地将自己的长处向用人单位展现。

三是要巧妙展示特长式推销。面试是一次对等的沟通机会，用人单位与应聘者处于相互考查的地位。所以，轻松愉悦地与用人单位沟通，巧妙地展示特长推销自己，是面试成功的首要条件。即使把面试作为一次很严肃的谈话或一种紧急情况来处理，也可巧妙地展示应聘者对重大事件或突发事件的应急处理能力。

四是要多渠道进行推销。推销自己有直接推销和间接推销两种方式。直接推销是指由本人向用人单位做自我介绍、自我评价、自我推销。间接推销是指借助中介人、机构或者相关材料推荐自己。综合起来，推销自己的方式主要包括以下五种方式。

第一种，现场推销自己。其优点是直接面对用人单位，便于展示自己的风采，容易给人留下深刻印象。如果表现出色，可能会被当场录用。其缺点是涉及面有限，受时间、精力和地域的限制很大。现场推销自己有三种方式：登门推销自己，即带上推销材料亲自到用人单位推荐自己；参加人才招聘会推销自己，即带上推销材料到人才招聘会的现场推荐自己；在实习或社会实践过程中推销自己，即通过各种实习和社会实践的机会推荐自己。

第二种，书面推销自己。通过传递推销自己的材料的方式推销自己。此种方式覆盖面宽，可以扩大推销自己的范围，不受时空限制，不受“临场发挥”和“仪表效应”的影响。

第三种，广告推销自己。借助杂志、报纸、广播或电视等媒体向社会推荐自己。这种方式覆盖面宽，易达到广种“博”收的效果。部分长线专业、非通用专业或有特殊专长的毕业生采取这种方式往往会收到意想不到的效果。

第四种，网络推销自己。毕业生可将自己的自荐材料甚至照片传至网站，或直接给用人单位的人力资源部门发电子邮件。供需双方可在网上及时交流、沟通，且成本相对较低。

第五种，间接推销自己。一是学校推荐。学校推荐的单位往往是主动向学校提供明确用人需求，或是与学校有密切关系、相互信任的单位。学校推荐的就业信息可靠，用人单位值得信赖。在用人单位看来，学校对毕业生的情况是比较了解的，学校对毕业生的推荐可信度高，有权威性。因此，经学校推荐，求职成功率较高。二是他人推荐，即请老师、父母、亲友推荐。有的教师与一些对口用人单位的领导或业务骨干有较为密切的联系，或已在某个行业、学科中具有较高的声望，他们的推荐容易引起用人单位的重视和信任。

2. 心理调适

由于就业形势严峻，职业院校毕业生在求职过程中会遇到种种困难。在完成从学生到社会角色的转变过程中，心理上产生一些波动是正常的。但如果心理压力太大，又不注意调节，就会形成心理障碍。求职心理障碍是毕业生容易产生的一些不健康的心理现象或倾向。它是由心理压力和心理承受力相互作用，使毕业生失去心理平衡的结果。职业院校毕业生在求职过程中要及时察觉自己的心理障碍并采取相应的办法进行调控。

案例

一位职业院校学生的切身体会

我在上学时绝对算得上优等生，可第一次择业却败下阵来。这真让我受不了，把自己关在宿舍里，闷声不响，后悔自己面试时表现为何那么糟，后悔自己当初为何不准备充分一些。后来，我想明白了，世上没有后悔药，无论怎样后悔也无济于事。我应该振作起来，重新开始。现在细细回想，挫折与失败在择业过程中在所难免。“没人要”（自己想去的单位不要自己）的尴尬局面，会较为严重地挫伤不太坚强的心灵，而要走向成功择业，需要学会自我调适——调适情绪、调适目标、调适各种消极心理。不良情绪和心理不但于事不补，而且会让一个个机会从身边溜走。

启示

求职失败不难受反倒是怪事，但不能没完没了地难受。路还得自己去走。

（1）依赖心理的调适

有些毕业生面对“就业难”的情况干脆就把希望寄托在学校老师和家长身上，产生了求职择业的依赖心理，把自己的前途交给他人安排。这是很不明智的。诚然，学校有责任推荐毕业生，老师、家长、亲友有义务帮助介绍，但最终解决就业问题还要靠你自己，靠自己的德行、学识、能力。因此，应远离依赖心理，主动求职就业。

（2）自负心理的调适

有些毕业生认为自己操作能力强、有技术，就觉得自己高人一等。在求职过程中自命不凡，夸夸其谈，给人一种浮躁、不踏实的印象，使用人单位无法接受。这些毕业生过高地估计了自己，过低地估计了客观现实的困难。要改变这种心理状态，就要使自己的想法理智一些，客观全面地分析自己和客观现实的情况，应当看到自己还存在多方面的欠缺。

案例

快乐的小盐粒

李亭是一个职业院校旅游专业毕业生，经常到人才交流会上去，想找个坐办公室的“白领”工作，但每次都是无果而归。用人单位有的觉得她的专业不对口，有的认为她刚毕业，没有工作经验，都将她拒之门外。

一次，李亭妈妈做饭时忘了放盐，菜淡而无味。李亭从中认识到了一颗小盐粒的重要作用，认识到了每个人都有适合自己的位置。李亭决心做一颗快乐的小盐粒，从小事做起，做好自己的本分工作。她主动给外国学生当义务导游，受到了外国游客的赞扬。后来，她加入了一家旅行社，并把工作干得热火朝天。她犹如一颗快乐的小盐粒，在各景点为外国游客介绍悠久灿烂的中华文化和日新月异的祖国新貌。

启示

每个人都是社会大机器上不可或缺的一个零件，各有各的作用。就业之前，毕业生一定要准确定位。只有找准自己的坐标才能充分发挥作用，让自己快乐地工作，快乐地生活。

（3）怯懦心理的调适

有些职业院校毕业生在求职过程中过于紧张，在与招聘人员交谈或在用人单位面试时心里害怕，语无伦次，结结巴巴，答非所问。这是心理素养欠佳的表现，会影响自己能力的正常表现和发挥，对求职十分不利。调适的办法有两种。一是战略上藐视求职应聘这类事情，把成败看淡一些，而在应聘前要积极做好准备，并暗示自己“不要紧张”“我一定能成功”等，给自己打气壮胆。二是要勇于应聘，敢于竞争。当今时代是一个竞争的时代，不仅表现为竞争是事物发展、进化的内在动力，而且表现为

人们更加自觉地展开竞争、运用竞争，竞争意识已经成为人才生存和发展的必备意识。从某种意义上说，人生本来就是一场竞争。竞争能使职业院校学生自身的显性能力和潜能都得到最大限度的发挥。职业院校学生在择业过程中，可以主动出击，如主动与用人单位的代表点头示意、握手问好，把心里的话坦率地说出来。

（4）受挫折后非正常心理的调适

有些职业院校毕业生求职受挫后出现焦虑、自卑、冷漠、愤懑的非正常心理状态，对此必须及时进行心理调适。

第一，消除焦虑。焦虑是由挫折引起的一种复杂的情绪反应，主要表现为不安、烦躁、忧虑及某些生理压力。严重的焦虑会影响人的正常行动，易导致心理障碍。毕业生求职受挫后产生焦虑是可以理解的，但危害不可忽视，必须及时消除。消除焦虑的常用办法有四种。一是更新观念，使自己认识到，在激烈的求职竞争中不可能样样顺心、事事如意，有失败是正常的，不必过于苛责自己。二是学会自我安慰，以减缓内心矛盾冲突。当面试落选时，可以用“失败乃成功之母”“跟有的人比，我还算好的”等这类话来安慰自己。三是在应试紧张之时学会放松自己，如反复做握拳松开的动作等。四是应聘失利后可以通过聊天、散步、打球、郊游或看一些励志书等活动来转移注意力。

第二，战胜自卑。有些职业院校毕业生在求职时或受挫后十分自卑。表现为：对自己的能力估计过低、看不起自己，认为自己一无所长。有的因为成绩平平，能力一般，求职时不敢大胆推荐自己，缺乏自信心；有的自认为身材矮小、貌不惊人，怕用人单位以貌取人；有的自知德、才、性格方面有缺点，怕用人单位看轻自己，结果不战自败。特别是在屡战屡败之后，觉得自己什么都不行，样样不如人，从此畏缩不前。

我们应当战胜自卑。要拿起“自信”的武器，赶走自卑的心理；要客观全面地看自己，不被用人单位苛刻的条件所吓倒；应坚信职业院校的学习已使我们具备了一定的谋生本领。“东方不亮西方亮”“此处不留人，自有留人处”，在就业形势不好时，把就业起点放低一些，待有了经验之后再往高处走。

第三，融化冷漠。有些毕业生求职受挫后情绪低落、情感淡漠、沮丧失落、意志麻木。这种“冷漠”的表现，反映了其内心的痛苦、孤寂与无助，以及强烈的压抑感。这是对挫折和失败进行错误心理应对的结果，不利于心理健康，也不利于继续求职。冷漠的心理必须要用热情来融化它。要认识到挫折和失败也是一种自我教育，它能帮助我们认清自己的弱点，重新思考战胜困难的办法。应当看到生活中美好的一面，焕发出生活的热情，以饱满的精神状态继续投入到求职、就业的竞争中去。

第四，平息愤懑。有些毕业生求职受挫后产生了愤懑情绪，其直接原因是择业求职过程中遇到了一些“不公平”现象。比如，有的用人单位对户籍、地域、性别、年龄、学历、经验、身体状况、婚育状况、家庭背景等有要求而导致求职失败。碰到这种情况，气愤是可以理解的，但愤懑情绪对自己继续求职是不利的，应当学会平息心中的愤懑。个人的愤懑是改变不了这些现象的，还不如看看自己在“德”“能”上还有那些不足，赶紧以长补短、扬长避短，积极参与竞争，战胜新对手。实在难“忍”时可适当宣泄一下，但宣泄也是为了平息。要相信，一家真正谋求更大发展的单位是青睐人才的。貌不惊人的晏子，凭他的机智能征服楚王，我们也一定能征服急需人才的用人单位。

案例

实事求是的小黄终于笑了

小黄职业院校毕业时，自以为是学管理的，给自己的薪水定位很高，还想进一家大公司做经理助理或部门主管，跑了多次人才洽谈会，结果碰了一鼻子灰。

他调整了求职目标，下决心从基层做起，终于求职成功。他进了一家中外合资企业做了一名普通文员，打打字、送送文件。一次给公司打一份销售协议书，小黄发现原稿上金额前后不符，就立即向部门经理汇报。经理对他尽心尽职的工作态度表示肯定，又发现他熟悉计算机操作，还有一定的软件开发能力，便向总经理举荐。不久他就被调到总经理办公室做秘书。在做秘书期间，他针对企业管理上存在的问题，写出了1万字的调查报告，有问题、有分析、有对策，得到了总经理的重视，但总经理只给了他一些奖励，却安排别人去落实他提的建议。

刚开始小黄愤愤不平，但冷静下来，分析了自己在公司的优势和劣势，就继续发挥自己文笔好、善绘画的特长，再次写报告建议批准他用业余时间为公司办一份企业报，这次总经理同意了。在办企业报的过程中，他把自己的才华尽情地发挥了出来，图文并茂、内容精彩，很受同事欢迎。出到第八期时，总经理找他，明确公司决定增加企业报版面，组建编辑部，聘他出任总编，享受部门主管待遇。

小黄笑了，降低了求职目标，却为达到原来的目标铺平了道路。

启示

职业院校毕业生刚刚走出校门，即使在校期间做了许多由“学校人”向“职业人”角色转变的努力，但仍然缺乏社会经验和工作经历，与用人单位对一些岗位从业者的要求仍有一段距离。首次就业很重要，要选择好是进什么行业什么用人单位，即进什么“门”。进对了门，就要做好从基层岗位开始做起的思想准备。好高骛远、眼高手低是刚参加工作的年轻人容易犯的通病。

上岗后要踏踏实实做好本职工作，不宜张扬，在工作中熟悉用人单位的运作特点。通过岗位工作发挥自己的聪明才智，在适当的场合为用人单位献计献策，展现自己的才华。只要努力工作，并能从用人单位管理者的角度进行思考和创新，管理者一定会给你纵向发展或横向发展的机会。

思考与体验

1. 从现在开始搜集就业信息，并建目录，随时对信息进行分类。如果有计算机，就建专门的文件夹及子文件夹；如果是剪报，就用旧杂志分类粘贴。过一段时间后，重新浏览自己搜集的信息，品味搜集前后自己对就业想法的变化。

2. 找一个符合你求职意愿而且正在招聘新员工的用人单位，集中收集它的信息，然后写一封针对性强的求职信。写完之后，搁置几天，站在用人单位的立场上，再对这封求职信进行反思，找出需要修改的地方。

3. 阅读以下案例，结合自己所学专业，思考求职前应搜集哪些信息。

刘平在毕业前一年时，就开始注意收集各种信息，并建立了自己的就业信息库。收集的信息包括：国家经济发展趋势、国家就业政策、就业形势分析、企业招聘信息、企业资料等。

刘平收集的招聘信息有几百条，在筛选信息时，他遵循的原则是：寻找快速成长或高回报的行业，处于上升期的企业，能拿到符合自身能力薪水的企业。他认为，快速成长或高回报的行业虽然风险大，但是施展空间大，机会多。寻找处于上升期的企业，是因为上升期的企业往往具有发展后劲，那里肯定需要人。对于薪酬，要在各种“报价”中，保持清醒的头脑，找到符合自己能力的“价位”。

临近毕业，他没有像一些同学那样到处乱撞。有时，他也去一些招聘会，但都是有目标和有准备的；他也参加一些单位的招聘考试，但那都是经过精心选择以后的“意中人”。当许多同学还在为工作四处奔波时，刘平已经找到了一份适合自己的工作。

4. 面试过程中，大致会遇到以下问题，请自问自答后，思考一下在实际面试前，应该在哪些方面提前做些准备。

（1）我们为什么要聘用你呢？

（2）你认为自己最大的弱点是什么？

（3）你最喜欢的课程是什么？为什么？

（4）你最不喜欢的课程是什么？为什么？

（5）你在学校期间最喜欢的老师是谁？

（6）你能为我们公司带来什么呢？

（7）最能概括你自己的三个词是什么？

（8）你为什么来应聘这份工作？

（9）你对加班有什么看法？

（10）你对我们公司有什么认识？

（11）你是怎么知道我们招聘这个职位的呢？

（12）除了工资，还有什么福利最吸引你？

（13）你参加过什么业余活动？

（14）你参加过义务活动吗？

（15）你心目中的英雄是谁？

（16）你有什么问题吗？

（17）你为什么还没找到合适的职位呢？

（18）你最近看过的电影或者小说是什么？

（19）你的业余爱好是什么？

（20）你怎么看待要向比你年轻的主管汇报工作呢？

（21）你现在能把过去做过的工作做得更好吗？

（22）有想过创业吗？

（23）作为被面试者给我打一下分。

（24）告诉我三件关于本公司的事情。

阅读园地

自荐信（求职信）撰写要点

自荐信的格式与一般书信大致相同，其格式为：称呼、正文、结尾、落款。开头写明用人单位人力资源部门领导，如“x x 单位负责人：您好”等字样；结尾可写上“祝工作顺利”“望能尽早成为贵公司的一员”等话语；落款写某校某院（系）某专业及学生姓名。

自荐信的内容大致包括：

简明的自我介绍，如姓名、毕业院校及专业等；

说明自己希望在该单位供职的意愿；

详述自己对该单位感兴趣的原因，以及自己具备从事应聘岗位工作的相关资格。

个人简历撰写要点

个人简历既可以用表格的方式，也可以用非表格的方式书写。其基本内容大致包括：

基本情况：姓名、性别、出生年月、籍贯、学校、专业；

概括求职的目标、愿望；

简述本人的学习、工作经历，包括所学主要课程及学习成绩，在学校和班级所担任的职务，在校期间获得的各种奖励与荣誉；

本人的个性、爱好、特长，适宜从事的工作；

通信地址、邮政编码及联系电话。

简历内容应符合以下特点和要求：

写出自己的特点、专业特长；

文字简洁有力；

表达力求突出个性、避免平庸；

用词妥当，言语诚恳，自信而不自大，自谦而不自卑；

最好印制在一张 A4 纸内，版面清秀，纸张干净，无错别字。

→ 在机会面前和求职过程中的“主动”

主动往往会给求职者带来很多益处，也会收到事半功倍的效果。有一位李先生曾拿着自己的简历到一些目标公司登门拜访，对企业表现出很高的兴趣。就因为他的热情，最后企业录用了他。而一位张先生在与企业面谈后，及时地给企业面谈过的人发了一封电子邮件，表明自己对这次应聘机会非常感兴趣，同时又进一步阐述了面试时所讨论的话题，并把原来雇主的推荐信发给了目前的公司，结果他也赢得了这次工作机会。

职业专家认为，求职中的主动表现在两方面：一是主动为自己找寻机会，主动登门拜访或采取刊登求职广告等形式来推销自己；二是在面试后主动做一些适当的“工作”，这些“工作”会让企业认为你对这份工作很有热情，对企业很感兴趣，从而增加对你的好感。

主动登门拜访会增加求职成功的机会，但不同年龄段的求职者采取的方式不同，其效果也会不同。刘小姐是一位刚毕业的职业院校学生，用她自己的话来说，自己“有一定的能力，虽然不是最优秀的，但身上有一股闯劲”。于是她选择了一种最辛苦也是比较盲目的主动求职方法，就是拿着简历在企业办公区内“扫楼”。在经历过几次被婉拒的“痛苦”后，刘小姐的这种主动精神得到了一家企业管理人员的赏识，在考查刘小姐的能力后，决定录用她。职业专家认为，刘小姐的这种主动精神值得肯定。

面试后的主动跟进接触也是很有必要的。首先要在面试后询问清楚多长时间后可以得到回信，在等待期间可以适时适当地用邮件、电话的方式有礼貌地简单询问其进展情况，尽量不要选择登门拜访的形式，因为这样也许会使对方反感。而打电话时也要注意说话的分寸。赵小姐在面试完几天后，希望能尽快被录取，便打了一个电话，告知企业现在自己已有一个机会，但对这家企业更感兴趣，希望企业能尽早做决定，否则，自己就会抓住另外的机会了，结果本来已经圈定了她的这家企业最终没有选择她。职业专家建议，主动也要注意态度和方法，否则会适得其反。

→ 就业时，需要哪些经验？经验从何而来？

同样是职业院校应届毕业生，在其他条件相同的情况下，有经验的人更具竞争力，这是毫无疑问的。但是，在“其他条件不尽相同”的情况下，“经验”能否弥补其他条件的不足，甚至对成功应聘起到决定作用呢？

误区一：经验 = 经历

经验是由实践得到的知识或技能。有一些职业院校学生把经验与经历混为一谈，把经历等同于经验。这种想法的直接后果有两种。一是追求经历的“量”（经历的“量”包括经历的次数和经历的时间）而不是“质”，注重经历的“结果”而非经历的“过程”，注重经历的形式而轻视经历的实效。例如，有学生在简历中列举了自己在校期间先后到20多家企业打工实习，却不能向用人单位展示一家给他留下深刻印象的企业。二是缺乏自我定位，盲目从众，别人干什么就跟着干什么，在与他人攀比经历“量”的时候，忽视了自己的个性特长，没有考虑自己未来的择业定位。

误区二：经验来自社会活动与兼职打工

职业院校学生经验积累的渠道，一般来说有三个方面：一是教学实习，二是毕业实习，三是社会工作（活动）。其中，教学实习与实训应该是最主要的渠道和方式。可是职业院校学生提起经验积累，往往首先会想到社会活动与兼职打工。这种对经验的认识，使职业院校学生在经验的积累上，往往缺乏目的性、系统性、科学性，十分随意，而且浅尝辄止。

经验积累方面，职业院校学生要注意两多两少：多一些主动规划，少一些盲目跟从；多一些正规训练，少一些“小打小闹”。在用人单位的招聘考核中，大公司的实习经历、参与企业开发项目的表现，相对而言是更有说服力的“经验”。

要经验，但不唯经验

技术背景强的公司、技术要求高的工作，一般不太强调职业院校学生的社会经验，他们更看重专业技能和相关的专业实习经历。两个应聘者，如果一个专业能力较强，而另一个社会经验较多，他们往往会选择前者而不是后者。但在一些专业背景不是很强的企业，或者对专业技能要求不高的工作，诸如营销、公关、文秘等，用人单位则更看重应聘者的社会经验、活动能力。

不同岗位招聘考核要点

工作岗位	需要经验	考核方式	经验来源
技术岗位	项目经验、企业技术岗位实习经验	实际操作（技术能力）、项目小组面试（分工协作能力）、相关证书	参与课余科研、参与教师课题组活动、到企业技术岗位实习
管理岗位	社会活动经验、组织管理经验	小组面试（组织协调能力）、情景对话（人际交流能力）	社会实践、学生干部、社团活动、兼职打工

在经验的多少、有无方面，不同的用人单位，不同的工作岗位，对应聘者经验的要求、关注度是不同的；在具体的经验方面，不同的用人单位、不同的工作岗位也需要与之相对应的经验，而不是什么“经验”都可以在求职中派上用场。

㊀ 个人生理条件与就业的关系

职业院校学生的就业岗位大都在一线，因此学生个人的性别、身高、体重、相貌、视力、听力、嗅觉、体力（举、提、推、拉等）及耐久性、四肢运动的灵活性和协调性等生理素养与择业关系较为密切。这些生理条件，往往是一些用人单位招聘一线员工时所考虑的“硬件”条件。在用人单位招聘甄选员工时，重视生理优选，这无论从职业安全卫生角度，还是从人机工效学、安全生理、安全心理、安全行为学的角度来说，都是保护职业人群安全健康的有效方法，特别是对从事特殊职业、特殊工种的从业者，进行生理优选非常有必要。因此，职业院校学生应该正确理解和看待部分职业对从业者身体素养、性别有特殊要求的情况。

个子矮好练举重，高挑身材好练跳高

职业不但对从业者个性有要求，而且对从业者身体素养也有要求，只不过有的职业要求不高，有的职业要求严格。例如，能驾驶神舟飞船上天的杨利伟，不适合当篮球运动员；而耀眼的篮球巨星姚明，也不可能被宇航员训练部门选中。不少职业对从业者身体条件有明确要求。色盲或色弱的人，不宜从事驾驶员工作，因为红绿灯信号是交通运输安全的重要保障；部分通信类、医护类职业对听力有较高要求；严重口吃、声音嘶哑的人，不宜从事主持、口语翻译等工作；患有传染病、皮肤病的人不能从事餐饮业，等等。

有些身体条件，虽然在各种标准中没有明文规定，但在选择职业时，自己也应有所考虑。有些身体条件可以通过体育锻炼和治疗得到改善。职业院校学生应该根据自己的就业意向，尽早了解相关职业对从业者身体条件的要求，及早采取针对性措施，有目标地改善自己的身体条件。有些条件难以通过主观努力予以改变，身体条件有缺陷的人，选择专业或职业的范围就会相对窄一点，但大千世界中有那么多职业，为什么非要选择不适合自己身体条件的职业为难自己呢?

对挫折的不同反应类型

类型	主要表现
积极型	意志升华：意志坚强，态度转化
	信心增强：藐视困难，信心增强
	模仿先进：学习先进人物的意志与品质
	重订目标：推后、修订、转化目标
	客观分析：客观分析主观与现实
消极型	寻找借口：寻找借口，为自己开脱
	压抑反向：强压抑郁，做不想做的事
	幻想成功：胡思乱想，幻想不经努力达到目的
	推诿逃脱：责任推给别人，以求逃脱
	退缩回归：知难而退，回到原地

遭受挫折时自我调适的主要方法

遭受挫折时，要提高自我调适的自觉性，有效地排除心理障碍，使自己保持一种稳定而积极的心态去面对挫折。

自我调适的主要方法有以下几种。

1. 自我转化

有些时候，不良情绪不易控制，可以采取迂回的办法，把自己的情感和精力转移到其他活动中去。比如，学习一种新知识、新技能，参加有兴趣的活动，利用假日郊游，接受大自然的熏陶等，使自己没有时间沉浸在不良情绪中，以求得心理平衡，保护自己。

2. 适度宣泄

因挫折造成焦虑和紧张时，消除不良情绪最简单的方法莫过于宣泄。切忌把不良心情强压于心底。忧虑隐藏得越久，受到的伤害就越大。较妥善的办法是向朋友、老师倾诉，一吐为快，甚至也可以在亲友面前痛哭一场，求得安慰、疏导、同情，也可以去打球、爬山，参加运动量大的活动，以宣泄情绪。但是，一定要注意场合、身份、气氛，注意适度，宣泄应是无破坏性的。

3. 松弛练习

松弛练习也叫放松练习，是一种通过练习学会在心理上和躯体上放松的方法。放松训练可帮助人们减轻或消除各种不良的身心反应，如焦虑、恐惧、紧张、心理冲突、入睡困难、血压增高、头痛等症状，且见效迅速。职业院校学生择业中如遇比较严重的心理反应，可在有关人员指导下尝试进行放松练习。

4. 自我慰藉

自我慰藉就是自我安慰，实质是自我辩解。人不可能事事皆顺心、处处是英雄。择业中遇到困难和挫折，已尽了主观努力仍无法改变时，可说服自己适当让步，不必苛求，找一个可以接受的理由让自己保持内心的安宁，承认并接受现实，以求得解脱。

自我调适的方法还有很多，如自我重塑法、环境调节法、广交朋友法、自我暗示法、幽默疗法等。但最主要的还是要树立远大的理想，树立正确的人生观、价值观，平时就注意培养良好的品质，磨炼坚强的意志，开放各种感官接触社会，多方面体验生活，培养乐观豁达的生活态度。只有这样，才能在择业的重要关头，始终保持积极向上的精神状态和健康的心理，不至于在困难面前退缩。

第五单元

创业精神与创业准备

学习要点：

1. 理解创业的人生价值和社会意义，了解企业家应有的心理品质、创业能力和特征，明白企业家精神的精髓。

---

2. 理解挖掘潜能对职业生涯发展的重要作用，并尝试挖掘自身潜能。明白怎样构思创业项目，了解怎样从行业动向、人脉、资金和企业经营方面做好创业准备。

---

3. 理解企业运作的重要性，了解创业计划书的编写及实施。

第一课　企业家精神

创业即创立基业或创办事业，指自主地、积极地创造业绩和成功，狭义的理解即由个人或若干人联合创办企业并掌握所有权。创办自己的企业，是职业院校学生迈向职业生涯新高峰的标志，是人生道路上的一次飞跃。

创业者需要具有企业家精神。企业家精神与劳模精神、工匠精神一样，是职业精神的一种，是特定职业岗位——企业家应该具有的精神，即具有企业家职业特征的精神追求与行为操守。企业家精神可以归纳为八个方面：创新是企业家精神的灵魂，冒险是企业家精神的特性，合作是企业家精神的精华，敬业是企业家精神的本分，学习是企业家精神的关键，执着是企业家精神的本色，诚信是企业家精神的基石，服务是企业家精神的信念。

一、创业的人生价值与社会意义

中华民族的伟大复兴需要愿创业、敢创业、会创业的创业者。我国个体、私营等非公有制经济是社会主义市场经济的重要组成部分，是促进社会生产力发展的重要力量，对经济增长、扩大就业、活跃市场、增加财政收入发挥着重要作用。职业院校学生应该树立创业意识，培养创业精神，提高创业能力，通过创业在经济社会发展中展现自身的才华。

激发和保护企业家精神，鼓励更多社会主体投身创新创业。

——习近平

1. 创业的人生价值

创业是一个人对社会、对生命的一种挑战，能充分显示一个人的人生价值。一个人成年后，就要担负起组建家庭、养育子女、赡养老人的责任，同时要实现人生的价值，要为社会做出贡献。一个人对社会的贡献越大，他的人生价值就越高。

创业的人把自己的价值同社会的物质进步、人类的物质发展联系起来，在追求事业成功的活动中去实现自己的人生价值。

一个无所事事的人，永远感受不到生存的价值。相反，如果一个人能将自己从事的事业与某一远大的目标紧密相连，并能从中发现自己的使命，他就能感受到生存的价值，他的生活就充实而有意义。

创业活动同样也是个人发展的需要。因为创业的过程也是锻炼的过程，是不断学习、不断提高、不断发展的过程。在创业过程中，个人的阅历和经验在不断丰富，知识也越来越渊博，意志也更坚强。

没有风险就没有收益。市场的风险无处不在，一个创业企业要想在市场风浪中站稳一席之地，必然要经受各种各样风险的考验，作为一个创业者首先要有这方面的思想准备。从理论上讲，风险与收益成正比，风险越大，收益越高；反之，收益越低。但是，作为一个职业院校毕业生去创业，抵御风险的能力尚弱，所以必须要把自己所承担的风险控制在自己能够承受的范围之内。否则，一旦失误，将会被市场无情抛弃。市场竞争是无情的，一切违背市场规律的行为都必然会受到市场的惩罚。

案例

“开业大愁”

某食品公司的董事长王先生，从借贷30万元开始创业。在开业的第一天，他没有举杯庆贺，而是贴上一副对联“今日开张，何时倒闭”，横批是“开业大愁”。经过多年的艰苦创业，现在企业每年销售额已经达到2亿元，王先生却仍然保持着当年的忧患意识，“开业大愁”的警句至今仍张贴在公司的会议室里。

启示

忧患意识是高层次的心理特征。

2. 创业的社会意义

第一，创业鼓励竞争，有利于社会资源更合理配置。

企业要想生存与发展，就必须要具有一定的竞争力，要有一定的科技水平和经营能力。从行业发展的角度来讲，新创企业的加入会影响现有行业的经营格局，加剧行业经营的竞争状态，有利于资源向经营良好、效率较高的企业流入，也就有利于有限

的社会资源得到更合理配置，从而产生出相对较高的社会效益，增加社会福利，有利于促进我国社会主义市场经济快速发展。

> **青年是国家和民族的希望，创新是社会进步的灵魂，创业是推动经济社会发展、改善民生的重要途径。青年学生富有想象力和创造力，是创新创业的有生力量。希望广大青年学生把自己的人生追求同国家发展进步、人民伟大实践紧密结合起来，刻苦学习，脚踏实地，锐意进取，在创新创业中展示才华、服务社会。**
>
> **——习近平**

第二，创业是解决就业问题的有效手段。

目前，中国的改革进入攻坚阶段，产业结构正在优化和调整，在这个过程中出现了一批失业人口；高校扩招给社会就业造成较大的压力，政府机关要减员增效，难以再大量接受大学毕业生；有些国有大中型企业则因结构调整和产业优化也难以继续提供大量的就业机会。在这样的社会大环境下，通过创业来解决学生就业的问题是一种可行且有效的办法。一个学生创业可以吸收若干个学生的参与，创业成功就可解决一批学生的就业问题。如果社会上形成了学生创业的气候，将大大缓解社会就业的压力。

第三，创业往往伴随着创新，可以推动科技的进步及社会生产力的发展。

当前中国经济结构调整的重点是发展高新技术产业和传统产业升级改造。人才开发和技术创新是提高企业国际竞争力的关键。新创企业的产生，往往伴随着新技术、新方法进入市场，尤其是科研成果转化性质的创业，更是对全社会科技生产水平的

> **小资料**
>
> **发达国家的中小企业数量**
>
> 世界上发达国家的中小企业数量占企业总数的比例非常大。在日本中小企业数量占企业总数的99%，美国为99%，意大利为99.8%。目前，我国中小企业数量占企业总数的90%以上，提供了大约75%的城镇就业机会。各类学校的毕业生不仅是求职者，还可以成为中小企业家。

提高有着不可替代的重要作用。这些科技型新创企业的建立，往往伴随着一些技术或应用工艺的创新与发展，对中国整体科技实力的提高有促进作用。新创企业的成功为社会的发展注入新鲜的活力，进而有利于促进社会生产力的发展。

案例

创新和创业

小刘是当地的“创业明星”，从承包小餐馆起家，经过奋斗，成了资产过千万元的企业家。他承包小餐馆，不卖鲁菜、粤菜，自己开发创意菜，并提供星级宾馆的服务，是创新；开个大餐厅，不卖山珍海味，专卖窝头和农家菜，并是当地第一家在闹市区装修成农家氛围的饭馆，是创新；首创当地第一家茶艺馆，建立当地第一支茶艺表演队，当然也是创新。“不走寻常路”使小刘的创业之路愈发宽广。

要创办自己的小企业，必须按国家相关规定来注册和经营。例如，按照有关规定及程序进行企业登记注册，遵守税法、合同法、公司法、反不正当竞争法等法律法规，建立企业财务管理制度等。在这些方面，不能独出心裁，必须按规矩办事。至于企业的经营方向、管理方法，既可以“照猫画虎”，也可以独树一帜。如果小富则安，别人开餐馆做川菜，你也可以“照方抓药”；如果胸怀大志，就必须具有创新精神。

启示

知识需要创新，技术需要创新，经营管理也需要创新。在创业的过程中，主营方向的确定，经营策略的安排，技术工艺的使用，企业名称的选择，内外装潢的设计，都需要创新。有新意的企业，才富有活力，才是有发展的企业。

创新和创业都有个“创”字，都有“开始做”“初次做”的含义。无论创业者，还是创新者，都必须具有上进、自强、自信、敢为、坚强及能承受挫折等心理品质，都必须具有善于收集和使用信息的能力，以及善于付之于实践的能力。

第四，创业有利于知识向资本转化。

一个国家知识密集型企业所占比重的大小，往往反映这个国家科技实力与综合国力的强弱。知识密集型企业能为社会带来相对较高的附加值，同时创造较大的社会财富。很多新创企业是由具有较高知识水平的创业者创办的。知识和管理作为重要的无形资产可以参与企业的分配，国家在这方面也给予了倾斜的政策，允许高科技新创企业中无形资产的比重最高可达到40%，远远高于普通企业20%的标准。国家的政策支持有利于创业者积极性的发挥，有利于促进新创企业的成功。因此，创业的成功有利于知识向资本的转化，资本借助于知识的支持，又能发挥强大的作用，进而有利于我国整体产业水平的发展。

第五，创业型企业将会对中国经济发展起到越来越重要的作用。

人民生活水平逐年改善，国家综合国力稳步提高。民营经济在稳定增长、促进创新、增加就业、改善民生等促进我国经济社会发展方面做出了重要贡献。

截至2017年年底，我国民营企业数量超过2700万家，个体工商户超过6500万户，注册资本超过165万亿元。民营经济对国家财政收入的贡献占比超过50%；在GDP（国内生产总值）、固定资产投资、对外直接投资中占比均超过60%；企业技术创新和新产品占比超过70%；城镇就业人数占比超过了80%；2017年对新增就业的贡献占比超过90%。

二、企业家应有的心理品质

1. 创业意识

愿创业、敢创业，即创业意识是创业成功的前提。

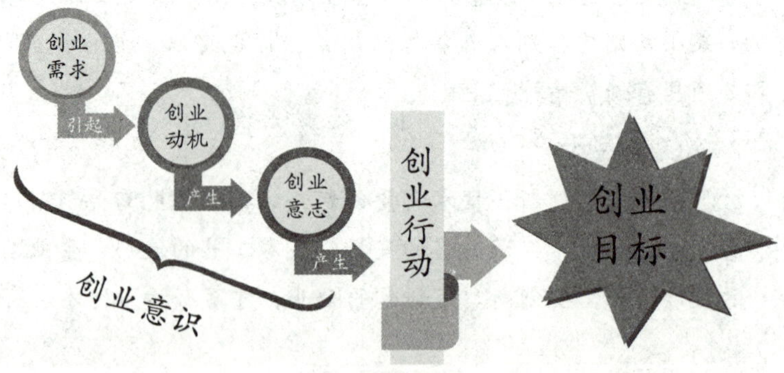

创业意识是指在创业实践活动中对人起动力作用的个性倾向，包括需求、动机、意志等心理成分。创业意识影响着创业者对创业活动的态度和行为，具有较强的选择性和能动性，是创业素养的重要组成部分。创业需求是创业之源，创业动机是创业之泉，创业意志是创业之刃。

创业的成功是思想上长期准备的结果，没有强烈的创业意识，就不易克服创业道路上的各种困难。事业的成功总是属于有思想准备的人，创业成功也属于有创业意识的人。

2. 应有的心理素养

以独立性、合作性、果断性、克制性、坚韧性、适应性为主要特征的创业心理素养，对创业实践有着重要作用。

（1）独立思考、判断、选择、行动的心理素养

创业既为社会积累物质财富和精神财富，又是一种谋生和立业方式。创业者首先要走出依附于他人的生活和工作圈子，走上独立道路。因此，独立性是创业者最基本的个性品质。它主要体现在：一是自主抉择，即在选择人生道路，选择创业目标时，有自己的见解和主张；二是自主行为，即在行动上很少受他人影响和支配，能按自己的主张将决策贯彻到底；三是行为独创，即能够开拓创新，不因循守旧，步人后尘。

（2）善于交流、合作的心理素养

在创业道路上，必须摒弃“同行是冤家”的狭隘观念，学会合作与交往。通过语言、文字等多种形式与周围的人进行有效的交流与沟通，以提高办事效率，增加成功机会。在创业过程中，需要与客户打交道，与公众媒体打交道，与销售商打交道，与企业内部员工打交道。这些交往、沟通可以排除障碍，化解矛盾，降低工作难度，增加信任度，有助于创业的顺利进行。

（3）敢于行动、敢冒风险、敢于拼搏、勇于承担行为后果的心理素养

在市场经济大潮中，机会与风险共存。只要从事创业活动，就必然会伴随风险，且事业的范围和规模越大，取得的成就越大，伴随的风险也越大，需要承受风险的心理负担也就越大。立志创业，必须敢闯敢干、有胆有识，才能变理想为现实。只要瞄准目标、判断有据、方法得当，就应敢于实践、敢冒风险。成功的创业者总是事先对成功的可能性和失败的风险性进行分析比较，选择那些成功可能性大而失败可能性小的目标。创业者还要具备评估风险程度的能力，拥有驾驭风险的有效方法和策略。

（4）善于克服盲目冲动的心理素养

在创业过程中，创业者要善于克制、防止冲动。克制是一种积极的有益的心理品质，它可使人积极有效地控制和调节自己的情绪，使自己的活动始终在正确的轨道上进行，不会因一时的冲动而引起缺乏理智的行为。

（5）坚持不懈、不屈不挠、顽强努力的心理素养

创业者需要具有百折不挠、坚持不懈的毅力和意志，能够根据市场的需要和变化，确定正确且令人奋进的目标，并带领员工战胜逆境实现目标。创业者必须有一颗持之

以恒的进取心，三心二意、知难而退，或虎头蛇尾、见异思迁，终将一事无成。

（6）善于进行自我调节、适应性强的心理素养

面对市场的变化多端，竞争激烈，创业者能否因客观变化而“动”，灵活地适应变化，这将成为创业成功的关键所在。因而，创业者应具有较强的适应性，做到“胜不骄，败不馁”。在创业之初，就应做好失败的准备。要善于总结和吸取失败的教训，承认暂时的失败现实，做出适当的调整和“退却”，为将来的“进攻”积蓄力量。

三、企业家应有的创业能力

会创业，是创业成功的必要条件。创业能力是一种高层次的综合职业能力，可以分解为专业能力、方法能力和社会能力这三类能力。

创业者所需的专业能力主要表现为三个方面：理解创办企业中主要职业岗位的从业能力，理解和接受与所办企业经营方向有关新技术的能力，把环保、能源、质量、安全、经济、劳动等方面的知识和法律法规运用于本行业本企业的能力。

创业者应具备的方法能力主要表现为九个方面：信息接收和处理能力、捕捉市场机遇的能力、分析与决策能力、迁移和创造能力、申办企业的能力、确定企业布局的能力、发现和使用人才的能力、理财和融资能力、控制和调节能力。

创业者应具备的社会能力主要表现为六个方面：人际交往能力、谈判和推销能力、企业形象策划能力、合作能力、自我约束能力、适应变化和承受挫折的能力。

小资料

成功创业者的十大特征

1. 善于抓住市场机遇；
2. 拥有敏锐的经济头脑，能从创业的角度把握整体经济态势和行业动向；
3. 胆大心细，具有超常的勇气；
4. 周密的思维能力和极强的分析能力；
5. 承受挫折的能力强；
6. 高水平的管理能力；
7. 科学用人；
8. 非常重视信誉；
9. 良好的个人魅力与个人形象；
10. 心理健康。

思考与体验

想知道自己具备哪些创业者的特点吗？下面有 15 个创业者的主要特点。用这些特点比照一下自己，看看平时要在哪些地方有意识地提高自己。

（1）知道个人和事业的目标；

（2）可以很快地完成一项任务；

（3）能够随着市场环境的变化很快改变方向；

（4）具有高度的责任心，能够对某件事的实施负责；

（5）能够独立工作并自己做出决定；

（6）不会因为有风险而被吓住；

（7）能自如地面对不确定性；

（8）可以推销自己的想法和理念；

（9）身体健康；

（10）确定目标后会开始实现它；

（11）有家庭或朋友在背后支持；

（12）能够接受批评，并从批评中学到有用的东西；

（13）能够挑选合适的人为我工作；

（14）精力旺盛，充满热情；

（15）不浪费时间。

第二课　项目构思与创业准备

创业有风险。下决心要创业的职业院校学生，将要迎接一场战斗，要想胜利，要想成功，就要做到不打无准备之仗，必须在创业前分析自己，挖掘潜能，并且为创业做好充分准备。

一、分析自己，挖掘潜能

没有天生的创业者，只有通过自己的努力走上成功之路的佼佼者。想攀登职业生涯顶峰的职业院校学生，应从创业者的角度分析自己，在创业意识、创业精神、创业能力等方面厘清自己符合创业者素养的地方，找出存在的差距，充分利用在校期间的大好时光，在实践中付出努力，强化长处，弥补短处，为走上社会之后能成为一名成功的创业者奠定基础。

每个人都有巨大的潜能，只要我们充分将它挖掘出来，就会创造出成功的业绩。要想成为创业者，该如何挖掘自己的潜能呢？

第一，积极思考。用最积极的思考、最乐观的精神支配和控制自己的人生。一个人有了积极向上的思维方式，也就会有自信心、进取精神、意志力、创造力以及获得发展和取得成功的能力。

第二，战胜失败。决定一个人成功与否的关键因素是他怎样对待失败，应认清失败是暂时的挫折，能吸取失败的教训，找出自己的弱点并随时准备重新开始。

第三，具有远见。要以远见卓识做好职业生涯设计，规划自己的发展路线，寻找实现理想的途径。

二、创业项目构思

1．创业项目构思的出发点

决定在哪一行中创业，即确定企业的经营项目、范围是创业成功的关键。

（1）从自己的专长出发，做熟悉的项目

创业，要扬长避短，要发挥自己的长处。创业者本身的经验、学识、能力，尤其是对要涉足行业的熟悉程度，对创业成功起着重要作用。做熟悉的行当，市场熟、产品熟、人际关系也熟，就能“驾轻就熟”。

案例

玩金融的餐馆老板

一位有烹饪特长又能吃苦的创业者，从小餐馆做起，逐渐壮大了自己的企业规模，办出了特色，成为拥有多家连锁餐馆的大老板。后来他在朋友的怂恿下投资不熟悉的金融项目，结果血本无归，身心受到很大的打击。投资失败后不久，他又回到其熟悉的餐饮业，生意又红红火火了。

启示

创业者在选择项目时，首先要问自己：“我干什么最有把握？”

（2）从顾客的需求出发，做市场需要的项目

小企业的经营哲学是“无边界行为，快速敏捷反应”，其灵魂在于不把自己禁锢在狭小的空间里，拘泥于有限的经营范围中，应密切注视市场需求，善于捕捉别人没有发现的商机，及时发现新产品、新技术、新服务、新方法，果断调整自我，开发新项目、开拓新领域。

创业项目的确定要从顾客的要求出发，充分考虑顾客的合理需求，满足市场的迫切需要，使项目的产品“适销对路”。市场的需求是有层次的，不同的人有不同的需求。创业项目的定位一定要准。

案例

淘金热中的“冷门”

百年前的美国加州曾出现过一股淘金热，一个叫亚默尔的农民也去碰运气。矿区气候干燥、水源奇缺，成千上万名淘金者个个口渴难忍，有人抱怨：“要是有谁给我一杯水喝，我愿意给他一个金币。”说了牢骚话的人仍然口干舌燥地去找金矿，而听了牢骚话的亚默尔却灵机一动，打消了找金矿的想法，开始四处寻找水源。他找到了水源，还制作了一个过滤装置，把水变成了可以饮用的水，成

了一个专门卖水的人。有人淘到了金，但更多的人一无所获，但他们都要用淘来的金子或带来的钱与亚默尔换水喝。成千上万名淘金者把口袋里的钱掏了出来，让亚默尔大大地发了一笔财。

启示

创业项目什么热就做什么，不一定能成功。亚默尔独辟蹊径，通过卖水这个“冷门”赚了淘金这个“热门”的钱，使卖水成了一个不是淘金胜似淘金的行当。这个故事说明，真正了解市场需求，才是创业者应有的思维方式。

2. 创业项目构思的优劣

一个成功的企业始于正确的理念和好的构思。合理而又周密的企业项目构思，可以避免日后的失望和损失。

（1）周围有无市场机会，做有机会的项目

周围有无市场机会是创业能否成功的重要因素之一。创业者要善于从人们遇到的问题和未满足的需要中发现商机。如果人们无法获得所需要的产品或服务，这对创业者来说显然是一个填补空白的商业机会；如果现有的企业提供的服务很差，对于新企业来说这是一个提供更佳服务的竞争机会。

案例

气象预报和空调经销商

一个家电专卖店的老板谈了他对把握市场时机的看法。他说：“我当初干家电的时候，偶然看到一则消息，消息中说，据国家气象局的预测，当年夏季可能出现高温天气。我当时就觉得这是一个销售空调和电扇的机会，于是筹措资金提前进货。由于我是在冬季进的货，价钱比旺季时下浮几个百分点。果然，那一年的夏季酷热难耐，我进的那批货不到一个月就卖出去了，而且利润还挺高。然后，我又以最快的速度进了第二批货。就这样，我用一个夏季的时间，非常漂亮地完成了我的资本原始积累过程。”

启示

善于把握机遇，抢先一步满足市场需要，这样的项目才有可能在竞争中胜出，这样的创业者才能在商战中成功。

（2）自己能否把握机会，做力所能及的项目

当你在构思创办一个企业的时候，在判断它有无市场机会的同时，要认真思考自己是否有能力利用这个机会。要审视自己的能力和兴趣，是否有助于开办这种类型的企业。这里的能力，主要包括资金、专业特长、承受风险的能力等。

3. 创业项目构思的验证分析

为了减少投资失误的风险，提高创业成功的可能性，在形成创业项目构思以后，还必须对创业项目构思的可行性进行验证分析。分析时可以采用 SWOT 分析法。

（1）创业项目的优势

优势（S）是指即将创办的企业具有的长处。例如：产品质量比竞争对手的好，企业的位置非常有利，员工技术水平高等。

（2）创业项目的劣势

劣势（W）是指即将创办的企业具有的短处（弱点）。例如：产品价格比竞争对手的贵，没有足够的资金按自己的愿望做广告，无法像竞争对手那样提供综合性的系列服务等。

（3）创业项目的机会

机会（O）是指周边地区存在的对企业有利的情况。例如：即将创办的企业生产的产品将越来越流行，附近没有类似的商店，潜在顾客的数量由于新建社区的日渐成熟将会上升等。

（4）创业项目的威胁

威胁（T）是指周边地区存在的对企业不利的情况。例如：在这个地区有生产同样产品的其他企业，原材料价格上涨将导致今后出售的商品价格上升，不知道产品还能流行多久等。

优势和劣势是存在于企业内部的因素，自己是可以调整、改进的；机会和威胁存在于企业外部，自己难以改变，要加以利用或避让。

三、创业前的积累

1. 熟悉行业

在确定创业及其经营项目之后，最重要的准备是尽快熟悉这一领域。要熟悉的不仅是相关的专业知识和技能，更重要的是这一领域的经营管理特点，顾客需求特点，原材料、人力等资源的供给渠道，相同、相关企业的现状，竞争对手的情况等。

熟悉的方法主要有两个：一是通过网络和各种媒体，搜集最新动态；二是亲临类似的企业考察，最好是在此类企业工作，在工作过程中有意识地观察、学习。

案例

先打工，后创业

职业院校毕业生小杜，在一家公司工作两年后，辞去了工作，组建了一支包括销售、美工和技术人员在内的10多人的团队，主要从事包括广告设计在内的媒体推广工作。公司成立半年多以来，凭借高质量、低价格的服务，已经积累了一批忠实的客户。

小杜说："在大公司工作一段时间后，熟悉了媒体推广的整个流程，破除了神秘感，锻炼了自己的能力，并且在和客户联系的过程中扩大了自己的关系网。辞职的主要原因是收入不高而工作强度大，不如自己创业当老板。当然，自己想要一下子做大是不现实的，我的公司目前能到什么样的规模，大家心里都有数，先稳定员工的收入，做好我们的主业，然后再考虑下一步的发展会比较实际一点。"

启示

更多求稳的职业院校毕业生一般会在工作一两年后，利用自己在工作中积累的客户资源，找准机会再投入创业大潮。这也是创业起步的一条好经验。小杜求稳，目前还没考虑风险投资、扩大规模，反映了其成熟的创业观——并非要做成上市企业才算创业，自己开家小店，做点自己熟悉和喜欢的生意，同样是创业。创业，需要梦想，更需要实际，要给自己一个准确的定位。

2. 编织资源网

开办企业的过程，实际上就是一个组织供货商、经销商、咨询专家、雇员的过程。为了找到合适的人选，必须有一个服务于你未来企业的资源网。

广泛有效的社会资源是自主创业的保障。一个初创企业，往往需要得到各方

面的帮助才能发展。“天时、地利、人和”，创业者需要在社会环境中调动一切有利的因素。职业院校学生创业较之社会创业者欠缺的是广泛的社会资源，竞争中也常常因此处于不利地位。这不仅体现在公司的资金筹措上，还包括产品的市场推广和销售等一系列方面。

职业院校学生有意在某个行业创业，宜先多结交该行业的朋友了解熟悉相关情况。创办企业前，多参加社交活动，扩充自己的社交圈子，创业前辈、大客户等都需要亲自拜访。不能临时抱佛脚，否则容易措手不及。

小资料

常见的企业合伙形式

常见的合伙形式有：亲戚间合伙、家族内合伙、朋友间合伙、同事间合伙。选好伙伴，成功一半，合伙要靠“诚实”与“信任”，诚信原则是合伙者的黏合剂。

家族内的合伙并不意味着家族内的每个成员都可能成为你的搭档，朋友间的合伙也不是说每个朋友都可能成为合伙人。选择搭档，先要选定经营目标，选择能帮助你实现经营目标的人作为搭档，而且这种选择不能搞“拉郎配”，而要双向选择。

重承诺、守信用的人，志相同、道相合的人，有一技之长能补己之短的人，有德亦有才的人，可以成为一个好的搭档。

只说不做的人，眼高手低的人，只抓芝麻不抱西瓜的人，千万不能做搭档。

3. 积累资金

创业者必须考虑需要多少资金，在什么时候用这些资金。一般来说，至少要准备公司营运三个月所需的现金，这样才能够让公司在遭遇淡季，或者大客户延迟付款时安然渡过难关。

资金不足是职业院校毕业生创业的最大困难之一。通过父母亲友融资当然好，几个朋友合资入股也很现实，但自己通过一段时间的工作积累资金，不但能同时获得熟悉本行业经营管理、编织资源网的机会，而且也会更加慎重地考虑创业投入，防止大手大脚，白白浪费资金。

4. 学会经营

下决心创业的职业院校学生，必须看几本企业经营管理方面的书，也可以到相同或相关企业工作，从不同角度审视老板及其周围管理人员的管理方式，注意他们交际的人群，考察他们对人、财、物的组织和使用等情况。

没有财力的人要努力劳动，逐渐积累财力；稍有财力后，要凭智力经营，讲求策略；财力富足后，应当在争夺获利的时机上下功夫。职业院校学生要学会运用这些宝贵的经营思想，掌握更多的经营知识，寻找自己的经营策略，努力走好创业每一步。

小资料

小企业的经营策略

1. 专业性经营策略

它要求企业利用自身所具有的技术资源，集中在一个较为狭小的领域内进行生产经营活动或为某一特定的消费群体提供产品或服务。由于运用该策略的小企业所面对的顾客是特定的，所以不需要采用大范围的传播媒介来宣传，企业相应的宣传费用会大大降低。

2. 机会性经营策略

运用此策略的小企业应充分发挥自己“船小好调头”的优点，密切注意市场态势，及时掌握市场需求信息，根据市场变化，适时地转产或采取“投机性”举措。如2003年出现的“非典”疫情，使一些人在卫生和洗涤用品上大赚了一把。这种策略一旦成功，对小企业积累资金、逐步扩大规模将产生较大作用。当然，这种策略也具有较大的风险性，在采取行动前，要认真权衡自己的实力，尽量考虑到一切突发情况和不可控制的因素。

3. 依托性经营策略

小企业以某一龙头企业为依托，承接龙头企业的订单，为其生产零部件或提供服务。这有两大好处：一是企业依附于龙头企业，有比较固定稳妥的收入来源；二是小企业可分享龙头企业的利益和优势。

4. 地区性经营策略

地区的差异性，为小企业进行地区性经营创造了条件。采取地区性经营策略的小企业应先立足于本地市场，深入调查研究本地人们的消费习惯，因地制宜地开发生产相宜的产品或提供相宜的服务；突出地区优势和特色，并确保产品和服务的质量。小企业一旦立足本地，创出了品牌和特色，便可为企业实现市场辐射打下坚实的基础。

思考与体验

1. 结合自己所学专业和个人特点，构思一个创业项目，然后和几位同学交流一下，找出自己创业项目构思的缺陷，分析产生这些缺陷的原因。

2. 上网搜索、浏览一些企业家特别是出身贫寒的企业家的人物传记或报道。从他们的成长经历中，体会其创业意识形成、创业心理调适、创业能力提高的方法，学习其经营思想和经营策略。

3. 角色扮演。每小组想出一个符合所学专业特点的创业项目，并模拟这些创业项目的经营，小组成员分别扮演经营者、雇员、顾客，从不同角度品味不同角色的行为、心理。

4. 调查访问。了解本校毕业生创业情况，访问他们的企业，请他们聊聊创业的艰辛和成功的欢乐。

第三课 创业计划与企业运作

把自己的创业意愿变成创业行为，为实现创业目标采取实质性投入，也需要创业者以自己的聪明才智，做出必要的抉择，付出艰苦的劳动。

一、编写创业计划书

创业计划书是对选择创业项目的调查和论证，是说服自己，更是说服投资者的重要文件。调查和论证使创业者能对整个创业过程进行有效把握，对市场机会的变化有所预警，从而降低进入新领域所面临的各种风险，提高创业成功的可能性。创业计划书的主要内容有以下几个方面。

1. 企业构思

企业构思是在创业资源的基础上，描述未来方向的总体构想，它决定着创业企业未来的成长轨道以及资源配置的取向。主要包括创业企业的核心战略和企业定位。核心战略是创业企业的根本战略，不仅决定着创业企业能否存续，而且决定创业企业能否实现进一步发展。而企业定位则包括创业产品或服务定位和创业市场定位，它决定着创业企业能否成功进入并立足市场，进而拓展市场。

（1）产品或服务定位

企业定位反映出企业的经营策略，企业要用产品或服务明确界定企业的角色，以明确自己的创业具体目标，并争取投资人的青睐。

创业者首先应考虑自己的产品或服务是否能满足消费者某种需求，进而考虑这种产品或服务是否具有独一无二的特性，是否有其他产品可以替代，是否可以补缺其他产品的缝隙市场，这种产品或服务的市场有多大，客户是否足以支撑正常运营。

（2）市场定位

市场定位是指确定企业及产品在目标市场上所处的位置，其目的是在开始经营前明确目标市场，从而确定企业切入市场的最佳途径。小企业要始终本着“别人不做，我做；别人没有，我有；别人做不到，我做得到”的思路去开展经营。

2. 市场调查及预测

（1）了解顾客和竞争对手

通过市场调查了解潜在顾客（客户）的数量、分布、文化层次、消费水平及消费需求等。创业者一开始就应该直接与顾客接触，倾听他们的问题及需求，并经常与他们保持联络。

通过市场调查了解自己的竞争对手。计划书里要写明在未来的经营范围内，有多少家同类型的企业，它们占据的市场份额有多大，经营方式有什么特点，在哪些方面不能满足顾客的需求等。在此基础上，从技术和经济角度对所选项目进行评估、测算，最后确定切实可行的创业项目。例如：同样是销售电脑，迈克尔·戴尔选择了自己组装直接销售，开创了电脑直销的先河；同样是编制文字处理和系统软件，比尔·盖茨率先推出了视窗系列。他们尽管也同样面对着市场竞争，但他们创造的独特优势不仅躲过了对手的竞争，而且还领先了对手一步，开辟了自己的崭新市场。

（2）明确产品或服务的特点

编写创业计划，必须写明产品或服务的特点，并说明为什么这些特点对目标顾客具有吸引力，与同类产品或服务有什么区别。

（3）预测销售

销售预测是制定创业计划时最重要和最困难的部分。收入来自销售，没有好的销售就不可能有利润。多数人往往过高估计自己的销售额，因此，在预测销售时不要过分乐观，应保守一点，留有余地。

（4）明确供产销渠道和促销方式

企业的供产销渠道要通畅，要相互衔接，采购、生产、销售、财务、人事、后勤等部门要相互支持，互为保障。

要在几家供货商之间选择原材料供应，选择时不能只考虑价格，还要考虑延迟交货的后果。应当进什么货和什么时候进货是门学问，无论是商店还是工厂，摆在货架上的多余物品都是库存，只有当它们迅速地周转时，才能带来利润。不断波动变化的商品价格需要每天留心观察，以便抓住订货的最佳时机。

促销是指把企业的产品或服务信息传递给顾客，吸引他们来购买。促销通常包含广告、宣传、销售促销等营销活动。

3. 企业组织形式

创业必须确定企业的组织形式即企业的法律形态。小企业常见的组织形式有：个体工商户、个人独资企业、一人有限公司、合伙企业和有限责任公司。它们设立的法律依据、注册资本、承担责任的方式、税负轻重、经营领域等各不相同，各有其特点，详见下表。选择组织形式时，要考虑的主要因素有：企业的规模、行业类型和发展前景、业主或投资者的数量、创业资金的多少、创业者的观念（倾向个人决策还是协商合作）。

企业组织形式及其特点

企业组织形式		概念	特点
一人投资创办	个体工商户	是指有经营能力的公民，依照《个体工商户条例》规定，经工商行政管理部门登记，从事工商业经营的，为个体工商户。可以个人经营，也可以家庭经营	1. 以个人财产或以家庭财产承担无限责任 2. 投资者自己劳动、自我经营 3. 登记简单，经营和决策灵活，管理成本低 4. 只能经营法律、政策允许个体经营的行业
	个人独资企业	是指依法在中国境内设立，由一个自然人投资，财产为投资人个人所有，投资人以其个人财产对企业债务承担无限责任的经营实体	1. 只有一个自然人出资设立 2. 企业不具有法人资格，出资人对企业债务承担无限责任 3. 只需缴纳个人所得税 4. 机构设置简单，经营管理灵活
	一人有限公司	是指只有一个自然人或者一个法人股东的有限责任公司，自然人或法人股东以其出资为限对公司承担责任，公司以其全部财产对公司债务承担责任	1. 股东为一人 2. 股东对公司债务承担有限责任，但若股东财产与公司财产不分离（即混同），则股东对公司债务承担无限连带责任 3. 组织机构简化，不设股东会，是否设立董事会、监事会，由公司章程规定
两人及两人以上投资创办	合伙企业	是指依法由各合伙人订立合伙协议，共同出资、合伙经营、共享收益、共担风险，并对合伙企业债务承担无限连带责任的营利性组织	1. 有两个以上出资者，并且要有书面合伙协议 2. 合伙人对企业债务承担无限连带责任 3. 合伙人按照合伙协议分享利润、分担亏损 4. 合伙企业不缴纳企业所得税
	有限责任公司	是指由五十人以下的股东出资设立，股东以其所认缴的出资额为限对公司承担有限责任，公司以其全部资产为限对公司债务承担责任的企业法人	1. 人合资合兼备 2. 筹集资金的封闭性。不得向社会公开募集资本，只能在股东内部募股集资 3. 股东责任的有限性 4. 双重纳税。公司要缴纳企业所得税，股东还需缴纳个人所得税 5. 组织机构完备且相对复杂，经营管理规范

新企业顺利运行，需要有一个合理的组织结构，并明确有哪些岗位及其职责。有效率的企业，每个员工都会对企业的成功起作用。小企业一般由企业主、企业合伙人、员工、企业顾问等人员组成。

4. 企业财务

财务是指企业为了达到既定目标，所进行的筹集资金、运用资金和分配收益的活动。对于初创公司来说，首先应有企业财务计划，主要包括营运支出的预估、预期的业绩和收入、现金周转分析等。所有财务数据必须仔细计算出来，以便让潜在的贷款人或投资人了解并支持投资计划。

（1）资金来源：融资和贷款

创意是小树苗，资金是水分，吸引不到资金的创意难以生长。资金是职业院校毕业生创业要翻越的一座大山。

一人投资创办的企业筹集资金比较简单，主要是自筹。两人及两人以上投资创办的企业共同出资筹办时，要明确彼此间的权利和义务，明确合作者的出资额、出资方式以及各自承担的责任。

> **小资料**
>
> **创业贷款**
>
> 符合条件的创业借款人，根据个人的资源状况和偿还能力，最高可获得单笔50万元的贷款支持；对创业达到一定规模或成为再就业明星的人员，还可提出更高额度的贷款申请。创业贷款的期限一般为1年，最长不超过3年。为了支持下岗职工创业，创业贷款的利率可以按照中国人民银行规定的同档次利率下浮20%，许多地区推出的下岗失业人员创业贷款还可享受60%的政府贴息。

向银行贷款是筹集创业资金的办法之一。个人创业贷款是指具有一定生产经营能力或已经从事生产经营活动的个人，因创业或再创业提出资金需求申请，经银行认可有效担保后而发放的一种专项贷款。

自有资金不足，往往会导致创业者利息负担过重，无法成就事业。创业者要有“有多少实力做多少事”的观念，不要过度举债经营。

（2）启动资金预测

启动资金主要用来支付场地（土地和建筑）、办公家具和设备、生产机器、原材料和商品库存、营业执照和许可证、开业前广告和促销、工资以及水电费和电话费等费用。这些支出可归为两类：一类是固定资产投资，即企业购买的价值较高、使用寿命较长的资产，较为明智的做法是把对固定资产的投资降到最低限度，以减少风险；另一类是流动资金，即企业日常运转所需要支出的资金，主要用于购买并储存原材料和成品，用于支付促销、工资、租金、保险等费用。

（3）成本和利润预测

成本是实现盈利的前提条件，只有准确预测成本，才能确定产品的价格，保证获利。

所有企业都有两种成本。一是不变的固定成本，比如，租金、保险费和营业执照费等。二是随着生产或销售的起伏而变化的变动成本，如材料成本等。利润来自销售收入减去企业经营成本，只有收入大于成本才有利润。

预测销售收入及利润情况，可采取以下步骤：①列出企业推出的所有产品或服务项目；②预测第一年里每个月所期望销售的每项产品或服务的数量；③为每项产品或服务制定价格；④用销售价格乘以月销售量来计算每项产品或服务的月销售额；⑤销售收入减去企业经营成本，计算利润。

小资料

创业计划书要点

1. 公司摘要：介绍公司的主营产品或服务、公司的竞争优势，以及成立的地点、时间、人数等基本情况。

2. 公司业务描述：介绍公司的宗旨和目标、公司的发展规划和策略。

3. 产品或服务：介绍公司的产品或服务，描述产品或服务的用途、优点及有关的专利、著作权、政府批文等。

4. 收入：介绍公司的收入来源，预测收入的增长情况。

5. 竞争对手情况及市场营销：分析现有和将来的竞争对手及其优势和劣势，以及相应的本公司的优势和战胜竞争对手的方法。对目标市场做出营销计划。

6. 管理团队：介绍公司的重要人物，包括其职务、工作经验、受教育程度等。

7. 财务预测：公司目前的财务报表、5 年的财务报表预测等。

8. 资本结构：公司目前及未来资金筹集和使用情况、公司融资方式、融资前后的资本结构表等。

9. 附录：支持上述信息的资料，如管理层简历、销售手册、产品图纸等。

5. 创业计划书的审定

在完成创业计划书的编制后，要对创业计划书进行再次审定。审定的主要内容包括：有没有足够的时间和精力来承担企业的管理工作，是否有足够的资金来办企业，企业是否能赚钱，有没有足够的责任心和能力。

应尽可能多向相关专家征求意见，反复审阅创业计划的内容，直到满意为止。有很多专业人士，如相应业务领域和企业中有经验的咨询顾问，以及会计师、律师、院校教师等，都可以帮助你审定创业计划。

二、实施创业计划

实施创业计划要注意以下问题。

1. 选址和注册

企业选址要根据行业特点确定。生产、加工类创业项目的地址选择一般要考虑：满足生产、加工需要，交通便利，租金可以承受，员工的生活便利、安全。商业店铺、餐馆等各种服务性创业项目的选址要考虑：人口密度大且流动性大，在闹市区或繁华地段，交通便利；在特定的场所（如学校、车站、医院等）附近；同行密集地。

创办新企业要注册登记。根据我国的相关法律规定，新办企业必须经工商行政管理部门核准登记领取营业执照，并获得有关部门颁发的经营许可证（如卫生、环保、特种行业许可证等）。企业只有领取了营业执照，才算有了合法身份，才可以开展各项法定的经营业务。

企业注册程序包括：准备经营场地，开具有关房产证明，企业名称登记，领取并填写工商注册登记表，准备（提交）相关资料，办理有关前置审批手续，办理入资、验资手续，领取工商营业执照。

小资料

创业开门七件事

常言道：开门七件事，柴米油盐酱醋茶。对于首次创业的人来说，这七件事也件件不可或缺。

“柴”就是资金。创业初期是一个资金投入量较大的阶段，出现资金缺口是常事，怎么弥补，后续资金能不能跟上，确实是非常棘手的问题。多预备几条融资渠道非常必要。

“米”就是好的项目或产品。巧妇难为无米之炊。选一个好项目或好产品意味着成功了一半。好多公司之所以能“火”，就是因为看准了一个好项目。

“油”就是策划。没有油的调和，饭菜怎会生香？有了好项目或好产品还不行，还得有一个好的策划。好的策划就像饭菜里的油，把“饭菜”调得有滋有味。创业之初，市场知名度和美誉度都不高，要想吸引客户，就得讲究策划创意。宣传策划切忌华而不实。

“盐”就是创业素质。创业素质和盐的作用类似，缺它不行。一位心理测验专家说：“创业的技艺虽然是学来的，但是具有某些素质的人占了先天的优势。”

“酱”就是好帮手，佐餐的好“伴侣”。创业之初至少需要两个“帮手”：一个是针对公司内部的，你要有意识地建立一个高效率的团队，即使这个团队只有两三个人；另一个是针对公司外部的，创业初期的公司规模通常都很小，许多行政事务如人事、财务报税等，你可以外包给社会上的一些中介机构去代理。

“醋”就是信息。资讯之于行业发展正如醋之开胃调味。要竭尽全力开辟新路，尽可能地建好和用好信息网络。

“茶”就是公共关系。茶常出现在人际交往的场合，是公关关系中不可或缺的重要道具。在创业过程中，尤其是创业初期，公共关系非常重要，因为公司需要与各类部门打交道。如果对有关法规及操作过程不甚了解，难免会消耗许多不必要的人力、物力和时间。所以，拿出一定的精力来处理好公共关系事务，不容忽视。

2. 购买固定资产

无论创办企业的规模大小，都需要设备及办公用品。小企业在购买固定资产前，要考虑的问题主要有：对于固定资产的最低支出额是否能够承担？收回投资需要多长时间？预计能产生多少利润？因购买相关固定资产而节省的时间能产生多大效益？购买相关固定资产是否能提高产品质量、增加收入？

3. 组建创业团队

俗语说："一个篱笆三个桩，一个好汉三个帮。"创业企业要组建一个优势互补、目标一致的团队，在创业的道路上一起披荆斩棘、携手前进。企业的关键人才可分为两种：一种是具有技术和营销等独特职业技能的人才，另一种是具有管理技巧的人才。人缘好、技术高、办事认真的职员，能使工作环境变得令人愉快，会使企业走向成功。

聘用雇员时，应先向应聘人员讲明工作性质、工作时间、享受的假期，提前说清各类附加福利。在同应聘人员会面的时候，尽量不要使其感到紧张。这样，可以使你更多地发现他真正的性格特点。试用期后应与应聘者签订正式劳动合同，并对其进行培训。

小资料

选择创业合作伙伴应把握"三可"

创业合作伙伴的选择，对企业发展至关重要。合作伙伴包括合伙人及其他配合自己经营的人员。比如，投资伙伴、经营伙伴、技术伙伴等。选择这些人员时，要把握以下三点。

1. 可信。合作伙伴必须是叫人"信得过"的诚实正直的人，而不能是一个"骗子"。

2. 可服。合作伙伴必须具备较高的合作能力，具备过硬的创业素质，或者拥有较强的技术能力和资金实力，能够让自己认可、佩服。

3. 可用。合作伙伴要与自己配合默契，成为"亲密搭档"。要签订合伙协议，以便界定好双方的权利义务关系。

三、企业运作和发展

1. 员工管理

在创业阶段，管理力求简单务实。首先，创业核心成员要明确目标，达成共识。其次，强调管理方法，要把问题摆到“桌面”上来讲，加强沟通的有效性。最后，对于管理制度，特别是人事和财务规章制度，要强调人人必须遵守，不能有特权，不能朝令夕改。

要重视员工的培训和激励工作。首先，要树立团队意识，增强企业凝聚力。其次，要重视员工培训，使员工在学到新的、更有效的工作方法的同时，能感受到企业对他们的关心和认同。最后，要重视员工的安全，这不仅有利于员工的身心健康，而且实际上还会降低企业费用。

案例

濒临破产又死而复生

北京某信息技术公司是名噪一时的大学生创业公司，曾濒临破产。公司市场部执行总监感慨地说：“公司只有5个人时，看不出有什么问题，到了70多人时，就遇到了管理方面的暗礁。”沟通渠道不畅，发工资不讲业绩，没有一定的评价体系，公司财务陷入困境，几乎濒临倒闭。后来公司重新焕发生机和活力，其“秘诀”是聘请了一家经验丰富的管理公司加盟，使其获得了管理上的转机。成熟的考核标准和沟通机制，使这家学生创业公司步出困境，走入坦途。

启示

对人的管理，是企业兴衰的关键。

2. 质量管理

质量是反映产品或服务满足规定或潜在要求的特征和特性的总和。最新的质量定义认为，质量好不等于“无毛病”，只有顾客满意才能算质量高。对创业企业来说，创业初期企业和产品既没有名声，又没有关系和顾客，在市场中要立足，靠的就是质量。

在质量管理中应该注意以下几个方面。一是树立质量意识。创业企业应当首先树立质量意识，把质量作为企业一切行为的准绳。二是全员参与。所有员工都必须接受相应的质量教育与培训，让员工统一认识企业的质量目标。三是使用新技术。新技术的使用对改进质量有很大的帮助。四是原材料要好。企业必须向原材料供应商提出明确的质量要求，并严把进货质量检验关。五是细节合理。小企业生产经营中，要细心观察，留意每一道工作环节的合理性，并做出最佳选择。

3. 成本控制

成本控制对于企业经营至关重要。有的小企业在创建过程中不能坚持勤俭原则，在固定设施、装修及设备上投入过多、过早，这些固定成本分摊到出售的产品和服务上，造成起步成本过高，使其失去了竞争优势。

产品或服务价格的制定方法主要有两种。一种是成本加价法。将制作产品或提供服务的全部费用加起来，就是成本价格。在成本价格上加一定百分比的利润得出的就是销售价格。另一种是竞争价格法。在定价时，除了考虑成本外，还要了解当地同类商品或服务的价格，以保证你的定价具有竞争力。如果你定的价格比竞争者的高，那么你要保证你能更好地满足顾客的需要。

不管挣大钱还是挣小钱，都要先保证能收回成本的支出，然后随着销售量的增加才开始盈利。

案例

为什么不愿投资了?

一位愿为学生担当创业投资人的商人，曾对几位学生共同撰写的一份商业计划书很满意，但当他询问这些同学将怎样管理这家公司的时候，学生们对管理的随意性和不在乎使他吓了一跳，以至于最后谈崩了这笔投资。他说："只会用钱，不会以钱生钱，并不是我要找的人。"

启示

只有创业"点子"，不会管理的人永远当不成老板。

4. 依法纳税

根据我国税法的相关规定，所有企业都要依法报税和纳税。与企业和企业主有关

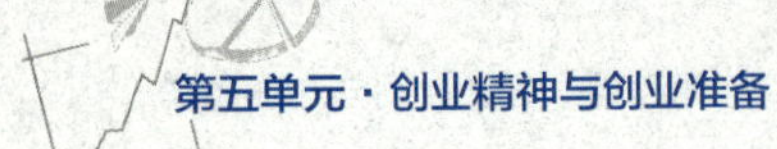

的主要税种有：增值税、营业税、企业所得税、个人所得税、消费税、关税、城市维护建设税、教育费附加等。税务办理的步骤包括税务登记、纳税申报和纳税缴纳等。

5. 财务管理

财务管理是企业管理的核心。一个成功的企业经营者，肯定也是一位管理财务的高手。财务最基本的职能是获得资金和管理资金。

财务管理的目标，一是提高经济效益，即要使企业在经济活动中所取得的有效成果大于生产经营的消耗，这就要求企业占用或耗费尽可能少的资产，生产和销售更多的商品，以获得更多的利润；二是实现财富最大化，即企业通过合理经营，使企业的总价值达到最大化，包括扩张企业规模、提升企业公众形象等。

财务管理的内容主要涉及投资决策、筹资决策和日常营运资本管理三个方面。一是投资决策。它是借助各种分析决策的方法，对可能的投资方案进行评估和选择，以达到企业价值增值的最大化。二是筹资决策。它要测算各种资本的成本，研究最佳的资本结构，选择有利的资本期限及安排资本偿还计划。三是日常营运资本管理。在保证企业既定生产规模的前提下，尽可能使各个环节的资金占有量最低，并且要加速各个环节的运转，以获取最大收益。

利润是反映企业财务状况的一个基本会计要素，是衡量企业经营管理水平、评价企业经济效益的一项重要经济指标。为了保证利润核算的真实性和有效性，一要核对账目，核对收入类、费用类、结存类账户是否平衡；二要清查财产，主要是针对库存商品、固定资产以及现金等进行清查、盘点；三要核算利润，要定期计算利润，做到心中有数。

案例

小本经营要亲自动手

职业院校学生小徐学的是食品专业，毕业后在某大型蛋糕连锁店工作，不久就升任门店经理。两年后，小徐辞职，自己做老板，在家乡某小区经营一家小型蛋糕店。小店不大，但从选店址、租房、设计装修，到办营业执照、雇用员工，一切都靠她独立完成。她的职位是经理，但同时也是操作员、采购员、送货员、服务员，甚至是清洁员。小徐的蛋糕店因为地点稍偏，收入一般，但这并不影响她的梦想——拥有自己的连锁企业。

启示

亲自动手，降低人力成本，开源节流，才能品尝到挣钱的快乐。

6. 谈判与宣传

拥有良好的谈判技巧，对企业来说具有难以替代的重要价值。谈判往往是双方心理的较量。首先，谈判前要做好详尽的准备，包括对谈判对象的了解；其次，要确定自己的位置，做好双赢的策划。

无论企业大小，都需要自我宣传。小企业在创业之初，没有能力花钱做广告，自己和业务员就要走出去，准备名片，带上产品样本，分区域、分行业，实地拜访一切有可能成为客户的单位和个人，向他们介绍公司和产品。随着拜访客户的积累，客户群自然就形成了。

要想被人知道最好先知道别人。作为经营者，可以购买企业黄页，或留心各类广告中有用的联系方式，或参观展览会，筛选出对自己有用的企业信息，然后根据所收集的信息逐个发传真、电子邮件，打电话，亲自拜访，推销公司及经营的产品。

宣传企业有很多方法。例如，在办公室窗外挂条幅，在楼外做指示牌、设灯箱，在自用车上贴广告语，赠送带有广告的小赠品。要善于巧妙地利用媒体的力量，让他们为企业进行免费宣传。

小资料

谈判小技巧

1. 要把自己和对方放在一个“平等”的位置上，调整好心态，使自己不卑不亢。

2. 当对方提出很多要求时要沉住气，等对方把条件全部罗列出来。先表示默许，接着说：你提的条件我都可以答应，但是你能带给我什么？这时尽量用反问句或者双重否定的句子，务必要把对方的气势压住。

3. 向对方陈述你了解的行业规矩，让对方发现你对该行业了解很透彻，不易被蒙住。

4. 谈论自己产品的同时尽量不要提及主要竞争对手的产品，防止引起比较。主要陈述“我”给“你”什么，并不断暗示合作是持续的。

5. 在谈判进入僵局时，尽量分散对方注意力，并暗示并不一定非要与你合作。

6. 在谈论价格时，在坚持原则的前提下可以灵活掌握。

7. 谈判的最终目的是达到双赢。

7. 企业发展

（1）资金积累

拥有充裕的资金是创业者应具备的经济观念。企业要想发展，企业主应具有“储蓄性格”，即学会积累资金。持续积蓄一部分资金，对企业发展是必需的。由于小企业大多处于资金积累的成长期，资金实力相对薄弱，资金积累要有一个较长的过程。

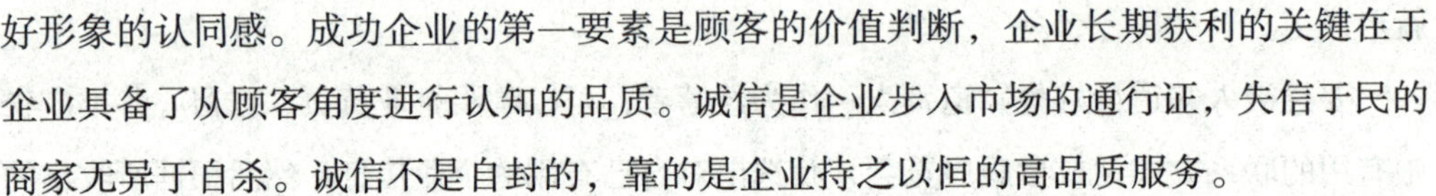

（2）诚信品牌

所谓诚信，是消费者在长期实践中形成的对企业产品或服务的依赖感，是对企业良好形象的认同感。成功企业的第一要素是顾客的价值判断，企业长期获利的关键在于企业具备了从顾客角度进行认知的品质。诚信是企业步入市场的通行证，失信于民的商家无异于自杀。诚信不是自封的，靠的是企业持之以恒的高品质服务。

缔造一个知名品牌是许多企业家的梦想。当然，企业最重要的是盈利，品牌是为赚取更多盈利服务的。但品牌是诚信的标志，小企业也需要强化品牌意识。企业品牌的形成，需要具有前瞻眼光和国际化意识，要注意品牌附加值的创造和积累。小企业的发展犹如长途旅行，启程的时候是产品，抵达终点站的时候是完整的品牌体系。

职业院校学生是有理想、有追求、有担当的青年群体，他们有知识、有能力，富有想象力和创造力，是创新创业的有生力量。在了解职业、了解自己的基础上，规划自己的职业生涯，关注未来，珍惜现在，通过就业、创业去追梦、圆梦，把“我的梦”融于实现中华民族伟大复兴的“中国梦”之中。职业院校学生必将在亿万人民为实现“中国梦”而进行的伟大奋斗中实现自己的人生价值，用青春书写无愧于时代、无愧于历史的华彩篇章！

小资料

自创品牌的几种策略

1.“独立”。即创设的品牌在行业内具有鲜明的个性，能独树一帜吸引客户。

2.“巧挖”。即从博大精深的中华民族文化中挖掘有商业价值的文字作为品牌。

3.“口传”。即利用口碑的力量设法先赢得某一群体的好感或先在某些区域市场打响品牌，然后充分发挥忠诚度较高的客户对潜在客户的感染力来进一步扩散品牌的知名度。

4.“快抢”。即以敏锐的眼光发现未来可能有价值的品牌资源，抓紧抢注。

思考与体验

1. 阅读下文，评估你的创业计划是否可行。

你能否用语言清晰地描述出你的创业构想？如果不能，说明你还没有想清楚。

你真正了解你所从事的行业吗？如价格、销售渠道、行业标准、竞争状况等。

你知道别人使用过这种经营方法吗？一般来说，成功企业的经营方法比那些特殊的想法更具有可操作性。在有经验的企业家中流行这样一句名言："还没有被实施的好主意，往往可能实施不了。"

你的想法经得起时间的考验吗？

你是否打算在今后5年或更长时间内，全身心地投入到这个计划的实施中去？

你有没有一个好的关系网？开始办企业的过程，实际上就是一个组织诸如供货商、经销商、咨询专家、雇员的过程。

你明白什么是潜在的回报吗？投资创业最主要的目的是赚钱。可是，在致富的过程中要考虑的绝不仅仅是钱，还要考虑成就感、爱、价值感等潜在回报。如果没有意识到这一点，那就必须重新考虑你的计划。

如果经过自我分析后认为自己适合创业，同时你也能正确回答上述几个问题，那么你创业成功的胜算将会较高，你可以决定着手去创业了。

2. 以小组为单位分工合作制订一份开办小企业的计划书。从市场调查、产品或服务定位、组织形式、选址、资金来源和使用、聘请员工、企业宣传等方面做一份详细的可行性分析报告。

3. 上网搜索几篇有关创业成功的企业家报道，思考这几位企业家是怎样运作企业的，试着归纳他们的共同点。

4. 找一家企业实习，注意老板的日常管理行为，并分析其管理特点。

中小企业质量成本管理容易出现的问题

1. 缺乏质量成本管理意识

质量成本管理是一个系统化的工程，需要从企业主到员工的全面认识与配合，然而，中小企业由于规模、待遇等方面的原因，很难吸引并雇用到学历、素质和能力都较高的员工，员工普遍缺乏质量成本管理的意识，工作只是为了完成老板交代的任务，至于这些任务或工作到底是什么或者要达成怎样的目的就与自己无关了。其工作起来也往往各自为政，缺乏整体意识和团队合作精神，干完了交差了就万事大吉了，至于其他人做什么或怎样做都与自己无关，更不要说按照质量成本管理体系的要求，形成一个全面整体的质量控制体系了。

2. 产品质量差，无法保证产品质量的相对稳定

中小企业的又一特点就是追求短期利益，这主要是由于中小企业的产品处于边缘化所造成的，产品的“短线”行为比较严重。中小企业设备简单，往往转型也比较快，这就使得其更看重短期快速的获利而不重视长效机制。这反过来也导致了中小企业的产品质量相对较差，且产品质量也不稳定，即使一时能够生产出质量较好的产品，往往也因为急功近利而忽视了后期产品质量的控制，一味盲目扩张，等质量问题出现了再纠正为时已晚。

中小企业质量不稳定的又一原因可以归结为中小企业人员流动性大，人员素质较低，这都可能造成其产品质量差及质量不稳定，但仔细分析却能够发现，中小企业没有一个能够保证质量稳定的长效机制，才是导致这一现象的根本原因。

3. 难于界定产品质量责任

由于没有一套完整的质量控制体系，产品在生产过程中质量往往难以监控，企业的生产体系（或过程）也不像大企业那样严密，人员分工也不明确，一人身兼多职的现象也比较普遍，当产品出现质量问题的时候，往往也无法界定产品出现质量问题的真正原因所在。生产过程的每一个环节都可能是引起质量责任的原因，分工不明确的最终结果就是一旦出现质量问题时，由于分工不够明确导致了员工之间的相互推诿，质量责任很难界定并追究。而这些问题的产生也是因为没有适当的质量成本管理体系所造成的。

4. 产品质量控制缺乏制度保证

中小企业经营的最大特点就是家族式管理，管理的主要力量是家族成员，通过人的“看管”来控制产品质量，而不是通过一整套完善的制度来约束并激励员工来提升质量或服务。而人的力量是有限的，再认真负责的人也有疏忽大意的时候，更何况他们的监督对象可能是几人甚至是几十个人。用人来监督的最大缺点就是有监督和没监督时，员工的表现会不一致，每个人“凭良心”来做事，一旦监督不力或疏忽大意就会影响产品质量。

家族式的管理模式最大的特点，是没有一个有效的制度性保证来长效控制产品质量，这就使得中小企业无论在质量还是在成本上容易缺乏竞争力。

完善中小企业质量成本管理的对策

质量成本管理并非朝夕之事，中小企业要想在竞争中打破弱势格局，就必须站在企业整体的高度，全面实施质量成本管理措施，才能起到长效作用。

1. 将质量成本管理制度化，建立全面的质量控制体系

中小企业由于人员少，技术薄弱，所生产的产品往往是工艺相对简单、大企业不屑于生产的边缘化产品，所以在生产时往往不重视生产过程的控制，认为质量成本管理是大企业的事。如果产品质量出了问题，失去了现有的市场，大不了转型改做其他生意。然而这是一种极其错误的观念。

当下的许多大企业也都是从小企业发展起来的，这些大企业当初如果不重视产品的质量，不将产品质量作为一项日常工作来抓，恐怕也不会有今天的辉煌。建立全面的质量控制体系，并不需要多么深奥的理论基础，只需要将生产过程进行制度化设计，将生产的每一步骤进行标准化设计即可，也不需要投入过多的人力物力。

2. 通过程序化的工作顺序来进行不同工序的质量控制

质量成本管理更多的是程序化的日常事务，也就是通过对企业的工艺流程进行全面的剖析，将生产过程细化到每一个具体的工序，分析每一道工序具体的操作步骤，进而分清哪些是提高产品质量的关键工作，哪些可能是多余的或可以改进的工作过程。如此一来，自然也就有了全面的质量成本管理体系。

经过对这一过程的分析，不但可以改进产品质量，更重要的是可以避免因对整个生产过程监控不到位而产生的质量责任，以及因工艺流程不细而产生的难以纠偏的尴尬境地。同时，通过这一过程，也可以将工作过程进行重新细分，并设计成最适宜生产且易于控制质量的工作过程。此外，对每一工作过程的各个环节也可以进行工序设计，力求将生产的每一个细节固定下来，这样不论是新员工还是老员工都可以采用同样的方式进行生产，因

而就可以最大限度地保证产品质量，并降低产品的生产成本。

3. 加强员工质量成本意识，建立各工序质量责任负责制

要想控制产品质量并降低产品成本，最关键的就是要进行质量责任控制，再健全的制度目的也只有一个，就是让员工在规范化的制度内生产出优质的产品来。制度化的设计能够在出现质量责任时，分清是哪个环节或人员出了问题，以纠偏或进行相应的惩罚。加强员工质量成本意识，建立各工序质量责任负责制，就是要让生产过程中的每一个环节都在规定的条件及要求下进行，每道工序对本工序的工作质量负责，拒绝接收上一工序不合格的产品，并避免将不合格产品流向下一道工序。有了制度化的保证，就可以最大限度地消除人为因素带来的质量不稳定情况，并让每一个员工产生责任意识。

4. 奖励与约束机制并进

建立质量成本管理体系虽然目的是提高产品质量，但要想提高产品质量不能一味地惩罚，还要有相应的奖励机制，并做到赏罚分明。对于能够始终保持高质量或低废品率的员工，一定要给予必要的奖励，以激励其工作热情，避免因为激励不到位而产生的消极怠工及优秀员工流失的问题。要知道，培养一位成熟的员工所付出的代价往往大于在工资待遇方面所给予其的补偿。

后 记

生涯规划与就业创业是一门面向职业院校学生的公共课课程，其脉络体系如下。

全书分五个单元，第一单元“职业分类与生涯发展”，帮助学生了解职业、了解职业理想，为后四个单元的学习做铺垫。第二单元“了解个性与正视自我”，帮助学生从职业的角度了解自己，为第三单元“发展目标与措施制定”，即完成一份具有个人特征的职业生涯规划做铺垫。要把握住第二单元的教学重点不是学会测试个性，而是引导学生理解“兴趣可以培养、性格可以调适、能力可以提高”，理解只有主动适应职业对从业者的要求，职业生涯才可能可持续发展。个性固化的人，职业生涯发展的机遇会少得多。测试个性是为调适个性服务的手段，调适个性是为了主动适应职业生涯发展过程中职业或岗位变换的需要。

第三单元是本教材的重点，也是前两个单元的落脚点。在学习第三单元第一课后，学生应该能在捕捉发展机遇的基础上，用长远目标、阶段目标搭建出追梦蓝图的框架，绘制自己的职业生涯发展路线图，把“我的梦”与“中国梦”契合起来。

第三单元第二课学习职业素养、劳模精神、工匠精神、创新能力、学习能力等内容，既是为了引导学生为自己的职业生涯发展找到方向、树立标杆，也是为制定发展措施即学习第三课做准备。在第二课里还专门对当今社会崇尚的创新能力的核心——创新思维做了专门介绍，希望任课教师能探索此项内容的教学，更好地为中华民族伟大复兴培养有创新能力的从业者。

第三单元第三课则是通过措施制定与规划管理，在找出“现在的我”与“将来的我”区别的基础上，按照“前细后粗”的原则，写精、写好如何制定在校阶段的发展措施，并适当介绍如何制定其他阶段的发展措施。本课教学既要完成制订规划后剩余的主要内容，又要引导学生深刻理解不落实措施的规划只能“墙上挂”。同时，要帮助学生明确，只有树立职业理想，珍惜在校生活，把措施落在实处，撸起袖子加油干，才能圆梦。

只要学生能完成前三个单元各课“思考与体验”栏目中与制订规划相关的练习，就完成了职业生涯规划即“我的梦”的主要“零部件”的制作。学完第三单元后，稍加整理就能用这些“零部件”“组装”出自己追梦蓝图的雏形，并以此引导学生关注未来、珍惜现在，形成有梦、追梦的动力机制。这也是本教材教学的灵魂之所在。

第四单元“角色转换与求职准备”和第五单元“创业精神与创业准备”，是第三单元的延伸，目的在于引导学生认识：首次就业是职业生涯发展的起点，创业是职业生涯的飞跃，并在这种认识的基础上修改、完善自己的发展蓝图。

因此，第四单元的重点是第一课“角色转换与适应社会”，第五单元的重点是第一课“企业家精神”。其余有关求职技巧、创业准备的内容，教材既使用了通俗易懂的表述，又插入许多案例和小资料，教师可以在引导学生自我阅读、讨论式学习的基础上加以点拨即可。其实，一个人如果平时不在职业素养提升上下功夫，即使凭着就业技巧就了业，也难以可持续发展。创业教育的重点，可以放在创业意识的熏陶上，创业准备应该面向有创业欲望的学生，其他学生做些常识了解即可。

在生涯规划与就业创业这门课的教学过程中，建议教师尝试“学中做”“做中学”“做中考”的方式。在第三单元教学结束后（已超过学期期中），可进行期中考核，考查的主要内容为职业生涯发展路线图、职业生涯规划初稿。期终考核在第五单元教学过程中就可以开始进行，考查的主要内容为完善后的职业生涯规划终稿；考核标准为第三单元第三课中的小资料“一份完整职业生涯规划应有的内容和格式”，和第三单元第三课“思考与体验”栏目中的“职业生涯规划各要素应达到的标准”；考核方式可在自评基础上，通过小组讨论、征求同学和老师意见等形式进行他评。建议任课教师与各班的班主任、辅导员配合，依靠班委会出壁报，张贴优秀的、甚至全班所有学生的职业生涯规划，并召开主题班会等活动宣讲“我的梦与中国梦”。如果能够通过学生处或团委在全校开展相关活动，取得院校领导的支持，那么对学生会有更有力的激励。

教师应该帮助学生筑梦、追梦、圆梦，当好学生的引路人，为学生点亮理想的灯、照亮前行的路。生涯规划与就业创业这门课可以作为引路人的抓手，“点心火”的蜡烛，引导学生有梦、追梦，并成为把“我的梦”与“中国梦”契合在一起进行教育的有效突破口。

上述对本教材脉络体系的梳理，希望能协助任课教师更好地把握教材主旨。本课教学要抓住重点，有些内容属于常识性了解内容，不必展开，而重点内容要前呼后应、贯穿教学过程始终。要注意，不要把此课混同心理学课程，不要把重点放在心理测试上，教学目标不是培养生涯咨询师。

生涯规划与就业创业这门课的教学，要“上摸天、下接地”。“上摸天”即要与党和国家的要求保持一致，与国家经济社会发展、学生所学专业对应的行业动向契合；“下接地”即符合职业院校培养目标，符合学生所学专业要求，符合职业院校学生实际。因此，本课教学，要从职业理想教育切入，渗透社会理想，联系生活理想，要贴近社会、贴近职业、贴近职业院校学生，要正视职业院校学生实际和他们内心深处对成功职业生涯的企盼，要把重点放在引导学生动力机制的重构上，即树立职业理想，关注未来、珍惜现在，在为成功的职业生涯即“我的梦”拼搏努力的同时，为“中国梦”做贡献。

杜爱玲老师为本教材编写了“思考与体验”，路宝仓、徐锡慧、石艳梅、杜东硕、路志华、史康华、张廉、姚小吟、杨欣等同志提供了文字和图片材料，并做了文字梳理。在此一并表示感谢！由于本人水平有限，再加上时间紧迫，如有漏误之处，请批评指正。

蒋乃平

2018 年 11 月